BAYERISCHE AKADEMIE DER WISSENSCHAFTEN

BAYERISCH-ÖSTERREICHISCHES WÖRTERBUCH
II. Bayern

BAYERISCHES WÖRTERBUCH (BWB)

Herausgegeben
von der
Kommission für Mundartforschung
Bearbeitet von Josef Denz, Edith Funk,
Anthony R. Rowley, Andrea Schamberger-Hirt
und Michael Schnabel.

Heft 19 (2. Heft des 3. Bandes)
brechenlich – [auf]bringen

DE GRUYTER
AKADEMIE FORSCHUNG

ISBN 978-3-11-034831-6

Library of Congress Cataloging-in-Publication Data
A CIP catalog record for this book has been applied for at the Library of Congress.

Bibliografische Information der Deutschen Nationalbibliothek
Die Deutsche Nationalbibliothek verzeichnet diese Publikation in der Deutschen
Nationalbibliografie; detaillierte bibliografische Daten sind im Internet
über http://dnb.dnb.de abrufbar.

© 2014 Walter de Gruyter GmbH, Berlin/Boston
Genthiner Straße 13, 10785 Berlin, Deutschland

Satz: Typodata GmbH, Pfaffenhofen
Druck und Bindung: Hubert & Co. GmbH & Co. KG, Göttingen

♾ Gedruckt auf säurefreiem Papier
Printed in Germany

www.degruyter.com

brech(en)lich
Adj. **1** brüchig, leicht brechend, ä.Spr., in heutiger Mda. nur in Komp.: *die selben ungesegenten oblaten ... wie doch sy an etlichen ennden als prechenleich warn* HARTLIEB Dial. 216,10f.
2 gebrechlich, krank, ä.Spr., in heutiger Mda. nur in Komp.: *Es ist zw wissen allen den dy prechenlich sind an den augen* Ende 15.Jh. U.WINTER, Die europäischen Hs. der Bibliothek Diez, Abschlußbd, Wiesbaden 1994,90.
3 †mit Mängeln behaftet: *waz seim lant und leuten prechenleichs anläg* Mühldf 1387 Chron. dt.St. XV,386,14.

Etym.: Mhd. *-brëchlich*, Abl. von →*brechen*; Frühnhd.Wb. IV,1027,1029.

Schwäb.Wb. VI,1688.– DWB II,352; Frühnhd.Wb. IV, 1027,1029.

Komp.: †[**ver**]**b.** verbrecherisch, zuwiderhandelnd: *so oft Einer oder Mehre mit unbilliger Abhauuung oder Hinführung des Holzes ... verbrechenlich gefunden würden* Ingolstadt 1522 OA 5 (1844) 20.

DWB XII,1,163.

Mehrfachkomp.: †[**un-ver**]**b.** dauerhaft, unverbrüchlich: *Das aber solliche Freyheidt, Begnadigung vnd Verwilligung ... vest vnnd unverbrechenlich ... gehalten* Erbendf NEW 1540 LORI Bergr. 244.

DWB XI,3,2010.

[**ge**]**b. 1** wie →*b.*1, OB, NB, vereinz.: *gebrechli* „sind Sachen, die nicht mehr ganz fest sind" Mchn.– **2** wie →*b.*2, OB, NB, OP vereinz.: *ållö Gschwisterat wea ma schå gebrechlö* Mittich GRI; *die krancken, auch alte unvermu͡gliche gebrechliche leuthe* 1658 WÜST Policey 693 (Landsordnung Oberpfalz).

Schwäb.Wb. III,135; Schw.Id. V,341; Suddt.Wb. IV,606.– DWB IV,1,1,1856f.; Frühnhd.Wb. VI,302f.; LEXER HWb. I,760, III,Nachtr. 176.– S-52L21ᶜ,87K17.

Mehrfachkomp.: †[**leibs-ge**]**b.** wie →*b.*2: *das er sich ... nit mer ernehrn. noch alls ain allte Leibsgeprechliche Khrumppe Personn ainichem diennst oder Arbait vorsteen khönde* Mchn 1587 MHStA Kurbayern Hofkammer 77,fol.85ᵛ; „Von Stummen, Tauben oder anderen *Leibs-Gebrechlichen* Personen" W.X.A. v.KREITTMAYR, Anm. über den Codicem Maximilianeum Bavaricum Civilem, Bd 3, München 1764, 264.

Schwäb.Wb. VI,2450.

[**zer**]**b.** wie →*b.*1: *zerbrechli* „z.B. Glas" Mchn; *zabrechle* BRAUN Gr.Wb. 886; *in die vnder weld,* *das ist in die Element vnd Elementliche ding. dieselben seinn zerprechlich vnd zerütlich* BERTHOLDvCh Theologey 169.

Schwäb.Wb. VI,1128.– DWB XV,663.– BRAUN Gr.Wb. 886.

Mehrfachkomp.: [**un-zer**]**b. 1** unzerbrechlich: *Unzerbrechliche Schiefertafeln* Passau Donau-Ztg 62 (1852) Nr.297[,4]; *Die ober weld, als himel, stern vnd gantz firmament seinn vnzerprechlich vnd vnzerütlich leib* BERTHOLDvCh ebd.– **2** †wie →[*un-ver*]*b.*: *haben auch beede Thaill solchen Vergleich stetts vnnd unzerbrechlich zuhalten* Schwarzach DEG 1699 HARTINGER Ordnungen III,482.

Schw.Id.V,338.– DWB XI,3,2286; LEXER HWb. II,1993.
                                                                    A.S.H.

†**Brech(en)lichkeit, -heit**
F., Gebrechlichkeit, Schwäche: *Es begegent dir auch sam das da jn jm nichcz hat prechenleichait* Tegernsee MB 1450/1460 Bonaventura. Itinerarium mentis in Deum, hg. von W. HÖVER, München 1970, I,95,258.

Etym.: Mhd. *brëchelîcheit*, Abl. von →*brechen*; Frühnhd.Wb. IV,1029.

Schwäb.Wb. I,1383.– DWB II,352; Frühnhd.Wb. IV,1029; LEXER HWb. III,Nachtr. 101.

Komp.: †[**Ge**]**b.** dass.: *Welche aber jrer armut vnd gebrechligkait halb/ des allmusens nottůrfftig seind* Landesord.1553,fol.176ʳ.

DWB IV,1,1,1857; Frühnhd.Wb. VI,303f.; LEXER HWb. I,760; WMU 567.

Mehrfachkomp.: †[**Leibs-ge**]**b.** dass.: *das er seiner Leibsgebrechlichkait wegen in ain Path ziehen soll* Mchn 1591 MHStA Kurbayern Hofkammer 101,fol.66ᵛ.

Schwäb.Wb. VI,2450f.   A.S.H.

-brechens
N., nur im Komp.: [**Blut**]**b.** Erbrechen von Blut, NB, OP vereinz.: *dei Bloutbrechats is fei nixn Rars* „bedenklich" Kötzting.   A.S.H.

Brecher(er)
M. **1** Werkzeug, Gerät.– **1a** Breche für Flachs od. Hanf: °*da Brecha* Aholming VOF; *brę̄hər* Burghm ND nach SBS XII,467.– **1b**: *Brecher* „mechanische Vorrichtung zum Zerkleinern von Gestein, Metall usw." Mchn.
2: *Brecher* „Wellenbrecher zum Uferschutz" ebd.
3 †Pranger: *sollen [Ehebrecher] ... bey nechst-*

Brecher(er)

gelegner Pfarrkirchen in Eysen für die Kirchenthür/ oder in den Brecher ... gestellt werden Landr.1616 702; *3 mal in den brecher mit entblösten arm* Auerbach ESB 1781 HELM Konflikt 120.

4 jmd, der Flachs bricht: *Brecher* OB; *Ham s' bon Kawi ... brecht, ham dö Brecherer bis vom Angerhof eina müassn!* Grafenrd VIT Bayerwald 28 (1930) 178.

Etym.: Ahd. *-brëhhâri*, mhd. *brëchære*, Abl. von →*brechen*; WBÖ III,814.

SCHMELLER I,339.– WBÖ III,814; Schw.Id. V,338.– DWB II,351; Frühnhd.Wb. IV,1027; Mhd.Wb. I,974.– S-52L21ᶜ.

Komp.: †[**Auf**]**b.** wohl Dachdeckergehilfe: *Bernhart Fürsten vnd seinem Auprecher von beeden Zieglstädl Deckherlohn ime angedingt* 1596 Stadtarch. Rosenhm Abt. B/A Nr.31, 163.

Schwäb.Wb. I,367.– Rechtswb. I,854; Frühnhd.Wb. II,354.

[**Aus**]**b. 1**: *Ausbrecher* „Inhaftierte, die aus dem Gefängnis ausbrechen" Mchn.– **2**: *Ausbrecher* „Pferd, das beim Rennen nicht in der Bahn bleibt" ebd.– **3** jmd, der Flachs das zweite Mal bricht: „In der Wittinger Brechstube war der alte Kistler von Bergangert als *Ausbrecher* tätig" Witting EBE Obb.Heimatbl. 6 (1928) Nr. 9[,1].

LEXER HWb. II,2037.

[**Ehe**]**b.** Ehebrecher, °OB, °NB, °OP, OF, MF vereinz.: *a Neebrecha* Erding; *a Äibrecha is und bleibt a miserabla Kerl* Wdsassen TIR; *Aba wart du Ehebrecha, dir blas i an Marsch!* Altb. Heimatp. 58 (2006) Nr.35,25; *Ich hân vor mir den morder, den êbrecher* BERTHOLDvR II,209, 30; *WJewol bißhero die ledige Manspersonen/ die mit andern Eheweibern die Vnzucht getriben/ nicht als Ehebrecher ... gestrafft worden* Landr.1616 705.– Ra.: *Ehebrecher wern grauhaaret, und was no schlechter is, werd plattet* Neubeuern RO, ähnlich FFB.

WBÖ III,814; Schwäb.Wb. II,533; Schw.Id. V,334.– ²DWB VII,119; Mhd.Wb. I,1482.– S-11I10ᵃ.

[**Ein**]**b.** Einbrecher, OB, NB, OP vereinz.: „am letzten Beichttag *göhn d'Roßdiab und d'Eibröcha* zum Beichten" Burghsn AÖ; *Na hans eini, de Änbrecher und de Kammerfensterboum* KÖZ BJV 1952,29; *einBrecher/ nachtdieb ... einsteiger* SCHÖNSLEDER Prompt. H4ᵛ.

WBÖ III,814.– ²DWB VII,535.

[**Eis**]**b.** Vorbau an Brückenpfeilern zum Schutz vor Treibeis, OB, NB, SCH vereinz.: *Eisbrecha* Kochel TÖL.

²DWB VII,1169.– S-106E13.

[**Ver**]**b.** Verbrecher, °Gesamtgeb. vereinz.: *dea schaut scho wia a Vobrächa* Hengersbg DEG; *dea s bei ana Schlägarei mid zehn Vobrecha auf oamoi aufnimmd* J. BERLINGER, Wohnzimmer-Gflimma, Feldafing 1976, 7; *Deßgleichen soll der, dem der verprecher gearbeit, dem Gericht auch zw Straff geben, ain halb pfundt pfenning* Wolnzach PAF 1556 ZILS Handwerk 120; *So weiß auch der Ambtmann ... dergleichen Verbrecher anzuzaigen* Schambach SR um 1700 HARTINGER Ordnungen I,398.– Als Schimpfw.: „ein Pferd, das mit allerlei Untugenden, wie z.B. Schlagen oder Beißen Unwillen erregte ... wurde ... als *Verbrecher* tituliert" HÄRING Gäuboden 73.

WBÖ III,814; Schwäb.Wb. II,1083; Schw.Id. V,335.– DWB XII,1,163; LEXER HWb. III,82.– S-52L21ᶜ.

[**Flachs**]**b. 1** Flachsbreche: °*Flågsbrecha* Mosbach SC; *zwei Flachsbrecher* Dingolfing Landshuter Ztg 18 (1866) 282; „Darauf wurde er sofort mit dem hölzernen *Flachs[b]recher* gebrecht oder *gebrochen*" Mimbach u. Mausdf 111.– **2** wie →*B.*4, OB, OP vereinz.: *Flachsbrecha* OP.

†[**Fried**]**b.** jmd, der den Frieden verletzt: *Hat aver der vridprecher fůrbaz icht [etwas] ze chlagen* 1340 Stadtr.Mchn (DIRR) 349,22; *soll der Richter den Fridbrecher/ nach ... vmbständ der sachen ... straffen* Landr.1616 392.

Schwäb.Wb. II,1764; Schw.Id. V,338f.– ²DWB IX,1066 (Friedens-); LEXER HWb. III,509; WMU 2240.

[**Gersten**]**b.**: *Gerschnbrecha* Vorrichtung zum Stampfen der Gerste Prien RO.

†[**Kies**]**b.** Pochwerk zum Zerkleinern von Kies: *8 Sägmühlen, 1 Malzbrech, 2 Kiesbrecher* Zwiesel REG HAZZI Aufschl. IV,1,99.

†[**Kirchen**]**b.** Kirchenräuber: *Das Land-Recht von Anno 1518 ... will, daß man die Kirchenbrecher verbrennen soll* AnmCJB 49.

Schwäb.Wb. IV,395.– DWB V,798.

[**Knie**]**b.** steiler Weg, OB, NB, SCH vereinz.: *Gniabröcha* Metten DEG.

[**Malz**]**b. 1**: *Moizbrecha* „Malzschrotmühle" Valley MB.– **2** jmd, der Malz schrotet: *Moizbrecha* ebd.; *von Malzbrechern ... welche bei eigenen Malzmühlen der Bierbräuer oder Branntweinbrenner angestellt sind* Königlich-Baier. Regierungsbl. 1807, 1290; *dem Malzbrecher 15 Kr.* Neunburg 1593 Oberpfalz 8 (1914) 95.

[**Nuß**]**b.**: *Nußbrächa* Nußknacker Burglengenfd.
Schwäb.Wb.VI,2700; Schw.Id.V,339.– DWB VII,1016.

[**Obst**]**b.**: *Obstbröcher* an einer langen Stange befestigte Vorrichtung zum Pflücken von Äpfeln, Birnen usw. Geiersthal VIT.

†[**Sipp(e)**]**b.** jmd, der Inzest begeht: *Dû bist ein sippebrecher und ein êbrecher* BERTHOLDvR I,313,7 f.; *wir priester geben allen sundern püß nach parmherczichait, mördern, prechern, sipprecher* Ebersbg 1453 Clm 5858,fol.111ᵛᵇ.
SCHMELLER II,318.– Schwäb.Wb.VI,3121.– LEXER HWb. II,939.

[**Stein**]**b.** Steinbrecher, Facharbeiter, OB, NB, °OP vereinz.: *Schtoabröchar* Peiting SOG; *Lapidarii ... steinprechere* Windbg BOG 12.Jh. StSG.I,582,14-17; *Distributa den Stainbrechern zu Abach* [KEH] Rgbg 1459 VHO 16 (1855) 83; *Sich zu erkundigen, wer denen Stainprechern ... und den ... Stainmetzmaister aufzumessen pfhleget* Mchn 1736 HIERL-DERONCO Lust zu bauen 217.
WBÖ III,814 f.; Schwäb.Wb. VI,3194; Schw.Id. V,339.– DWB X,2,2054 f.; Frühnhd.Wb. XI,301; LEXER HWb. II, 1164; Gl.Wb. 589.– S-65L4.

[**Zahn**]**b.** Zahnarzt, als solcher tätiger Bader, ä.Spr., in heutiger Mda. v.a. scherzh. u. im Vergleich, OB, NB, OP, MF vereinz.: *da Zanbrecha* Mchn; *Zoahbrecher* „war ein von Markt zu Markt ziehender Zahnarzt" ¹SINGER Arzbg. Wb. 147; *Nachdem sich auch ... Zanprecher ... Vnd ander Landtfarer ... In Vnserm Fürstenthumb ... von dorff ... Zu dorff haussyrn* Ambg 1536 VHO 25 (1868) 17.– Im Vergleich *schreien / blecken / bägen wie ein Z.* sehr laut schreien, °OP, °OF, °MF vereinz.: °*der bleckt wöi a Zohbrecher* Nürnbg; *er haout ... laut wöi a Zoahbrecher gschriah, daaß aoumbds die Eröffnungs- und Galavorstellung is* SCHEMM Stoagaß 145.
SCHMELLER I,1126.– WBÖ III,815; Schw.Id. V,340.– DWB XV,150-152.– BERTHOLD Fürther Wb. 261; BRAUN Gr.Wb. 886,925. A.S.H.

Brecherin

F., Frau, die Flachs bricht, NB, OP vereinz.: *Brächare* Fürnrd SUL; *Do hammant eahn' de Karln poßt, bis hoamgengant, de Brächeringa* KÖZ, VIT BJV 1954,199.
Etym.: Mhd. *brëchærinne*, Abl. von →*brechen*; Frühnhd.Wb. IV,1028.
Schwäb.Wb. I,1383; Schw.Id. V,340; Suddt.Wb. II,593.– Frühnhd.Wb. IV,1028; Mhd.Wb. I,974.

Komp.: [**Ehe**]**b.** Ehebrecherin, OB, NB, OP, OF, MF vereinz.: *sichst döi schlächt Äibrächeri, dös Mensch* Leupoldsdf WUN; *Welher man well wizzen, ob sein fraw ein eprechärinn sey oder nicht, der leg ir den stain vnder daz haubt, wenn sie slaff* KONRADvM BdN 488,9 f.; *in der süntflus ... all ander eeprecher vnd eeprecherjn ... verdurben vnd ertrunckhen* 15.Jh. ZDA 112 (1983) 270,109-112; „Schimpfwörter ... ehebrecher(in), tausendsacramenthische bluethurn" Auerbach ESB 2.H.17.Jh. HELM Konflikt 130.
Schwäb.Wb. II,533.– ²DWB VII,119 f.; Mhd.Wb. I,1482.– S-11I10ᵃ.

[**Ver**]**b.** Verbrecherin: *in seinem selbs Hauß ... die verbrecherin gentzlich zu vermawren* Landr. 1616 705.
DWB XII,1,163.

†[**Flachs**]**b.** wie →*B.*: „*sie kamen zu einer flachsbrecherin*" Vohenstrauß PANZER Sagen II,475; *einer Flachsbrecherin und Pleuerin soll sambt der Kost ein Tag 12 dn gegeben ... werden* Schwarzenfd NAB 1561 HARTINGER Ordnungen II,888.
DWB III,1702. A.S.H.

brecherisch

Adj., ä.Spr., in heutiger Mda. nur im Komp., flau, übel (vom Magen): „*es ist mir brecherisch ... ich habe ... Bedürfniß mich zu erbrechen*" SCHMELLER Mda. 409.
SCHMELLER I,339.– Schwäb.Wb. I,1383.

Komp.: [**ehe**]**b.** ehebrecherisch, OP vereinz.: *a eibracharösch Boa* Beilngries.
²DWB VII,120.– S-11I10ᵇ. A.S.H.

brechern

Vb. **1** brechen, schroten.– **1a** (Flachs od. Hanf) brechen, OB, °NB vereinz.: *Hoor brächan* Baumgarten FS; *brēhan* Kühnham GRI SNiB V,86.– **1b** schroten, grob mahlen: °*brehan* Sachrang RO.

2 hervorkommen, hervorbrechen: *brechan* „der Hirsch durchs Gebüsch" Wasserburg.

brechern

3 †unpers.: „*es brechert ... mich ... ich habe ... Bedürfniß mich zu erbrechen*" SCHMELLER Mda. 409. A.S.H.

Brechet, Schrot, Spreu, →*Brechach*.

Brechler
M., jmd, der Flachs od. Hanf bricht, °OB, NB vereinz.: *Brechla schloffand nå da Nåchtsupm um fimfö bis af zwejfö* Aicha PA; „Zu einer solchen Flachsdörre kann man 8 *Brechler*, und zwei *Dürrer* gebrauchen" VOF Bauern-Ztg aus Frauendorf 1 (1819) 403; „die *Brechler* ... bereiten Flachs oder Hanf ... für ihre Frauen zum Spinnen vor" KROHER Ache 67.
WBÖ III,815.

Komp.: [**Haar**]**b.** jmd, der Flachs (→*Haar*) bricht: *der is a guata Horbrechla, aba a uguats Luada* Traunstein. A.S.H.

Brechlerin
F., Frau, die Flachs bricht: *Brechlerin* Möslbg WEG.
WBÖ III,815; Suddt.Wb. II,594.– Frühnhd.Wb. IV,1028.– S-102D3. A.S.H.

Brechlet
N.: *'s Brechöad* Spreu beim Flachs Kchdf PAN. A.S.H.

brechneln
Vb., (Flachs) brechen, OB, NB vereinz.: *Hoor brechnän* Wiessee MB. A.S.H.

brechnern
Vb.: *brechnan* „Flachs brechen" Rogglfing EG. A.S.H.

Brechs
M.: °*a Brex* „ein schweres Mannsbild" Wald AÖ.
Etym.: Wohl Abl. von →*brechen*; anders WBÖ III,815 (Prĕchsel).
Suddt.Wb. II,594. A.S.H.

brechseln[1]
Vb. **1** prasseln, krachen, °OP vereinz.: *präckslts* „vom Hagel" Maxhütte BUL.
2: *Keazn brexlt* „flackert" Ingolstadt.
Suddt.Wb. II,594. A.S.H.

brechseln[2], brutzeln, →*brägetzeln*.

brechsnen
Vb.: °*es brexnt* „prasselt, von gut brennendem Feuer" Pielenhfn R.
WBÖ III,815f.; Suddt.Wb. II,594. A.S.H.

Brecht →*Breche*.

[**laut**]**brecht**, laut, →*-prächt*.

Brechtel →*Ruprecht*.

[**rot**]**brechtig**, rot, →*-prächtig*.

†**Brechung**
F. **1** das Flachsbrechen: *das zu verhiettung besorgendter Feurs gefahrn ... zu dör: Prech: ... vnd richtung des haars ... gewisse Prechheüser ausgesezt werden sollen* Esting FFB 1680 BJV 1952,130.
2 Versetzen mit anderen Metallen: *ein gar große Anzahl ... der Goldarbeitern ... welche ... mit Brechung des Silbers ... allerhand Vortheilichkeit suchen* Mchn 1665 LORI Münzr. III,2.
3 Reißen, Zerreißen: *Brechung des Stricks in der Execution* CJB 6.
Etym.: Ahd. -brëhhunga, mhd. brëchunge, Abl. von →*brechen*; vgl. Frühnhd.Wb. IV,1030f.
Schwäb.Wb. VI,1689.– DWB II,352; Frühnhd.Wb. IV, 1030f.; Mhd.Wb. I,980.

Komp.: †[**Ab**]**b. 1** Abriß, Niederreißen: *in abbrechung der alten fleischpencken* Rgbg 1528 Chron.dt.St. XV,87,31.– **2** Zerlegen in Einzelteile: *Balthasarn Graspeunter von Aufmach: vnd Abbröchung der Stendt aufm Rhathauß zalt 14 Kr.* 1648 Stadtarch. Rosenhm Abt. B/A Nr.68, fol.50ʳ.– **3** Enthaltsamkeit, Entsagung: *sunderleich durch glassenhait vnd abprechung wird zw genähet dem endt ewr heiligen regel* Indersdf DAH 15.Jh. G. STEER, Scholastische Gnadenlehre in mhd. Spr., München 1966, 136, 30.
WBÖ III,816; Schwäb.Wb. I,7.– ²DWB I,80f.; Frühnhd. Wb. I,27; Mhd.Wb. I,9.

†[**Ehe**]**b.** Ehebruch: *Des wirt sy alles peraubt durch die eeprechung irs mans* 15.Jh. ZDA 112 (1983) 280,458f.
Schwäb.Wb. II,533.– ²DWB VII,120; Mhd.Wb. I,1482.

†[**Ver**]**b.** Verbrechen, Untat: *So soll vnd will ich ... nach solcher verprechung meyner gnedigen herschafft zwayhundert gulden Reynisch zw penfall verfallen sein* Michelfd ESB 1477 MB XXV, 373; *der Ybertretter und Verprecher nach Gestalt der Verprechung* Lutzmannstein PAR 1662 HARTINGER Ordnungen II,731.

WBÖ III,816; Schwäb.Wb. II,1083; Schw.Id.V,335.– DWB XII,1,164; LEXER HWb. III,82.   A.S.H.

predigen
Vb. **1** die Predigt halten, (Gottes Wort) verkündigen.– **1a** (im Gottesdienst) predigen, °Gesamtgeb. vielf.: *pretit* „gepredigt" Reitrain MB; *wans schee prödöngan, nacha is dö ganz Kiacha voi Lait* Hengersbg DEG; *da Här Pfårra tuat bretinga* Rgbg; *Vom Eh'stand hat der Pfarra 'predigt* Fliegende Bl. (München) 73 (1880) 99; *konnst du mia vielleicht erzähln, was da Pfarrer predigt hod?* HERRLEIN Wallfahrt 15; *er prediget an sand Matheiss tag* ARNPECK Chron. 539,12; *nutzt kein bredigen auch nicht* Bilanz 1782 26.– Ra.: *der Pfarrer predigt nicht zweimal / nur einmal* u.ä. Weigerung, etwas Gesagtes zu wiederholen, °OB, °NB vielf., °OP mehrf., °MF, °SCH vereinz.: °*moanst du laichd, da Bfara bredigd dswoamoi fia di!* Rosenhm; °*da Pfoarra predicht blouß oamal* Wdsassen TIR; „*Der Pfarrer predigt nicht zweimal ... wenn einer nicht aufpaßt, wenn man ihm etwas sagt*" Oberpfalz 78 (1990) 194.– **1b** (Gottes Wort) verkündigen: *dös werd scho' dö richtige Religion sei', dö wo der predigen kunnt* LUTZ Zwischenfall 38; *Categorizo ich p̄[re]dion* Tegernsee MB 11.Jh. StSG. IV,242,11; *do er sein hilig junger daz hilig ewangelium in der heidenschaft über alle die werlt bredigen hiezze* O'altaicher Pred. 29,8-10; *es sei dann in derselben Woche kein Feiertag, daran göttlichs Wort gepredigt* Wunsiedel 1544 ZILS Handwerk 23.
2 in eindringlicher Weise ermahnen, ans Herz legen, OB, NB vereinz.: *hör auf mit deim Predign!* Haag WS; *Das is die christli' Menschenlieb, woaßt, die si uns predinga* S. SCHUBAUR, Mein Vermächtniß an Bayern, Leipzig 1831, 294; *Da sitzt aa so oana, der allawei predigt hat: nur Ruhe – nur Ruhe!* THOMA Werke II,256 (Lokalbahn).– Auch in fester Fügung: *moralpredign* eine Moralpredigt halten G'weismannsdf FÜ.
3: °*predign* „schnurren, von der Katze" Parsbg.

Etym.: Ahd. *predi(g)ôn*, mhd. *predi(g)en*, aus lat. *praedicare* 'öffentlich verkünden'; KLUGE-SEEBOLD 721.

Ltg: Entspr. dem Primäruml. gemäß Lg. § 3o1 *brēdi(g)ŋ* u.ä., auch *-diŋa(n)*, *-din*, ferner *-dixŋ* MF (dazu BUL), *bre-* (GUN, WUG), *brī-* (SUL; HEB, HIP, N), *bri-* (HEB), *briadiŋa* (NEW), *brēniŋa* (WS).

SCHMELLER I,468.– WBÖ III,818; Schwäb.Wb. I,1384; Schw.Id. V,405f.; Suddt.Wb. II,595f.– DWB VII,2079-2081; Frühnhd.Wb. IV,1032-1034; LEXER HWb. I,346, II,291; WMU 286; Gl.Wb. 465.– BRAUN Gr.Wb. 471; DENZ Windisch-Eschenbach 222.– S-89D13, M-267/8, W-186/11.

Abl.: *Prediger*.

Komp.: [**ein**]**p.** einbleuen, °OB, NB vereinz.: *dem muß man's eipredign* Hengersbg DEG.

WBÖ III,819; Suddt.Wb. III,626.– DWB III,245.

[**für**]**p.**, [**vor**]- wie →*p.*2, OB, NB vereinz.: *der hat mir firpredigt* Dietelskchn VIB.

DWB IV,1,1,787, XII,2,1382f.   E.F.

Prediger
M. **1** Geistlicher, der die Predigt hält, OB, NB, SCH vereinz.: *der is a guada Prediga* Haag WS; *Wird der Prediger auf der Kanzel irre* Baier. Sprw. II,63; *die werltleichen laŭt, die ir pfarrer vnd ir predigǎr mit gaben v̆ber windent* KONRADvM BdN 158,17f.; *Der Prediger hat über die Unzucht ... so scharf gedonnert* SELHAMER Tuba Rustica I,244.
2 †Verkünder von Gottes Wort: *dar zŭ sand unser herre zwen siner junger, daz sint zwaier slacht [Art] predigær* O'altaicher Pred. 76,27f.; *du prediger der warheit* Tegerns.Hym. 80,2; *O daß ... die Prediger des Worts noch heut so mächtig wären* SELHAMER ebd. 433.
3 †Dominikaner, Angehöriger des Predigerordens: *Vnd svlen piethen predigeren vnd minner brvder* Eichstätt um 1250 Sammelbl.HV.Eichstätt 64 (1971) 26; *prueder Nyclas von den predigeren zu Lanndshuet* Frsg 1483 Sammelbl. HV.Frsg 11 (1918) 59.

Etym.: Ahd. *predigâri*, mhd. *predigære* stm., Abl. von →*predigen*; WBÖ III,819.

SCHMELLER I,468.– WBÖ III,819; Schwäb.Wb. I,1384f.; Schw.Id. V,407; Suddt.Wb. II,596.– DWB VII,2081f.; Frühnhd.Wb. IV,1034-1037; LEXER HWb. I,345, II,291; WMU 285f.; Gl.Wb. 465.– S-89D14.

Komp.: [**Früh**]**p.** in der Frühmesse predigender Geistlicher: *Friahprediger* Endlhsn WOR.

Schwäb.Wb. II,1803.– DWB IV,1,1,319.

[**Stadt**]**p.** Prediger in einer Stadt, best. geistliches Amt: °*an den Jubiläum bredigt gwis da Städbredigo vo Straubing* Straubing; *wia brödögt a denn nachha, da Schdodbrödöga?* SCHLICHT

[*Stadt*]*prediger*

Altheimld 61.– Übertr. Kaplan einer best. Stadtpfarrei: °*Schtadtprediga* Aichach.
DWB X,2,1,491.

†[**Winkel**]**p.** unrechtmäßig Predigender: *soll er den sectischen Predicanten und Winckhl Predigern ... khain Hülff oder Fürschub thun* 1566 Chron.Kiefersfdn 214.
Schwäb.Wb. VI,855; Schw.Id. V,408.– DWB XIV,2,376f.; Lexer HWb. III,906. E.F.

Predigt, -ige
F. **1** Predigt, Verkündigung.– **1a** Predigt (im Gottesdienst), °Gesamtgeb. vielf.: *Schaurfreita* [Freitag nach Christi Himmelfahrt] *koa Bröding!* Hfhegnenbg FFB; *a Briiding häian* Fürnrd SUL; *under dr Breedi* Derching FDB; *Koa' schöneri Predi' hat koana no'tho'... als unser Kaplo'* Kobell Schnadahüpfln 142; *so oarch bressiert's no niat, 's is allawal no d'Bredich* Schwägerl Dalust 184; *Dux uerbi vuristoderopridigo* Tegernsee MB 10./11.Jh.StSG. I,746,39; *diu predig von unsers herren chunft* O'altaicher Pred. 12,23; *War dem gueten Herrn Pfarherr der Kopf schwer, hatte auf kein Predig gestudiert* Möhner Schwedenzeit 70.– In fester Fügung →*Amt* und *P.* feierlicher Gottesdienst.– Ra.: *Du ... hast mi mit einer leer'n Predigt abg'speist* [mit leeren Worten] Meier Werke I,136 (G'schößlbauer).– **1b** †Verkündigung von Gottes Wort: *diu selbe stat ze Jerusalem diu waz wider die junger unsers herren, wan si ir lere und ir predige nie wolt enpfahen* O'altaicher Pred. 8,1-3; *die ... Schar ... Die im Feldt bey seinr Predig war* Gesangb. 143.

2 Vorhaltungen, ermahnende Worte, OB, NB, OP, MF vereinz.: *und dej Pretich, wo oan der halt!* Allersbg HIP; *I brauch koa Predi' in der mittinga Nacht!* Christ Werke 855 (Bauern); *Da kimmt am Abend d' Predi* Stieler Ged. 48; *nu hat ain end unser predig* Nürnbg 15.Jh. Fastnachtsp. 703,26.

Etym.: Ahd.*prediga*, mhd.*predi(g)e*, aus mlat.*predica*; Kluge-Seebold 721.

Delling I,94, 99f.; Schmeller I,467; Zaupser Nachl. 33.– WBÖ III,816f.; Schwäb.Wb. I,1384; Schw.Id. V,400-402; Suddt.Wb. II,597.– DWB VII,2083f.; Frühnhd.Wb. IV, 1038-1041; Lexer HWb. I,345, II,290; Gl.Wb. 465.– Berthold Fürther Wb. 170; Braun Gr.Wb. 471; Denz Windisch-Eschenbach 222.– S-68F15, 89D12, 103B1, M-267/7.

Komp.: [**Pfinz-tag**]**p.**: °*Pfinztapredigt* „an den Donnerstagen in der Fastenzeit gehaltene Predigt" Berching BEI.

[**Kar-frei-tag**]**p. 1** Predigt am Karfreitag: *Koafreidapredi* Ostin MB.– **2** wie →*P.*2: *host a Koafreidapredi griagt?* „spottweise, wenn jemand arg geschimpft wurde" ebd.
Schw.Id.V,404.

[**Toten**]**p.** Grabrede: *Doanbreedi* Derching FDB.

[**Esel**]**p.** letzte Predigt am Palmsonntag, °OB, °NB, °OP vereinz.: °*heid håschd an Hauffa Boimesl gseng, de bei da Eslbredi gschlåffa håm* Dachau.
W-41/25.

[**Fasten**]**p.** Fastenpredigt, °OB, NB, OP, SCH vereinz.: °*in Fosdnpredigt geh am Sundanamidog* Marktlbg AÖ; „*fåſtenbrēdi ... alle Donnerstage*" nach Schweizer Dießner Wb.43.
WBÖ III,818; Schwäb.Wb. II,970.– ²DWB IX,191.– S-72B35.

[**Gardinen**]**p.** wie →*P.*2, OB, NB, OP vereinz.: *Gardinapredigt* Rudelzhsn MAI; *Gardīnapredicht* „Strafrede der Ehefrau" Berthold Fürther Wb.64.
DWB IV,1,1,1345.– Berthold Fürther Wb.64.

[**Grab**]**p.** wie →[*Toten*]*p.*, OB vereinz.: *Grabpröde* Hohenpeißenbg SOG.
DWB IV,1,5,1534; Frühnhd.Wb.VII,251.

Mehrfachkomp.: [**Heilig-grab**]**p.** wie →[*Karfreitag*]*p.*1: *heit gets fei olli in t heili Grobpreedi* Ostin MB.

[**Kantinen**]**p.** wie →*P.*2: *Kantinöpredö* Rinchnach REG.– Wohl Spielform zu →[*Gardinen*]*p.*

[**Kapuziner**]**p.** Predigt eines Kapuziners, nur im Vergleich.: °*„sie hat Haare, lang wia a Kapuzinapredi"* Tittmoning LF.
DWB V,202.

[**Leich(en)**]**p. 1** †Predigt bei einem Requiem: *wie auch zur Leichpretig welche der Ehrwdt: herr P: Anthonis vögele ... verricht vnd gehalten* 1650 Haidenbucher Geschichtb. 170.– **2** wie →[*Toten*]*p.*: *Leichprödögt* Peiting SOG; *Leich'npreedich* „Grabrede" Braun Gr.Wb.367.
Schwäb.Wb. IV,1134; Schw.Id. V,403.– DWB VI,621, 628; Frühnhd.Wb. IX,1,784.– Braun Gr.Wb.367.

[**Moral**]**p.** wie →*P.*2, MF mehrf., OB, °NB, OP vereinz.: *den howwi a Moralbridi kaldn* Stein N. M-202/10.

†[**Nach**]**p.** am Nachmittag gehaltene Predigt: *alle feyrtag vor der zwelfften stund ... auch vor der nachpredig* Nabburg 1448 Heimat Nabburg 3 (1982) 51 (Schulmeisterordnung).

Schwäb.Wb.VI,2640; Schw.Id.V,403.

[**Oster**]**p.** Predigt am Ostersonntag, OB, NB, OP vereinz.: *d'Austapriading* Naabdemenrth NEW; *hingegen geniesset der Pfarer ... das Stipendium von der Oster Predig* Poikam KEH 2.H.18.Jh.WAGNER Kapfelbg u. Poikam 357.

WBÖ III,817.– DWB VII,1378.– S-3F4.

[**Stand**]**p.** wie →*P.*2, °Gesamtgeb. vereinz.: *a Standprede hoitn* Prien RO.

[**Straf**]**p.** dass., OP, SCH vereinz.: *oin a Schtråfbriding håltn* Fürnrd SUL.

WBÖ III,818; Schwäb.Wb.V,1818.– DWB X,3,680-683.

[**Hoch-zeit(s)**]**p.** Hochzeitspredigt, OB, NB, OP, °MF, SCH vereinz.: °*Houxatpridi* Raitenbuch WUG.

S-9D15ª, W-142/7. E.F.

Bredouille
F., Bredouille, °OB, °NB, °OP, °MF vereinz.: °*bei den seln Kammerfensterln is da Schorsch gescheit in d'Bredulli kemma* Hunding DEG; *Dou bist ina scheina Bredulteri kumma* BERTHOLD Fürther Wb. 28; „*Er kam in die Prädulti*, ins Gedränge, in Verdruß" HÄSSLEIN Nürnbg.Id. 105.

Etym.: Aus frz. *bredouille* 'Dreck, Matsch' als Ausdruck eines Brettspiels; KLUGE-SEEBOLD 149.

HÄSSLEIN Nürnbg.Id. 105; SCHMELLER I,348.– WBÖ III, 819; Schwäb.Wb. I,1385; Suddt.Wb. II,597.– BERTHOLD Fürther Wb. 28.– W-41/26. E.F.

Brefe
F., mürrisches Gesicht: °*Breverl* Reut PAN; „*Iətz schau, wàs deər für ə~ Breəf·n* (saures Gesicht) *macht*" M'nwd GAP SCHMELLER I,351.

Etym.: Abl. zur selben onomat.Wz. wie →*brefeln*.

SCHMELLER I,351. E.F.

Brefel
1 F.: °*dös is a Brefe* schwatzhafte Frau Lembach GRA.

2 (Genus?): *Bräfe* Holzschuhe Pfaffenhfn RO.
WBÖ III,820. E.F.

-**brefel**
N., nur im Komp.: [**Ge**]**b.** Gemurmel: °*was hast denn für a Bräve* Berchtesgaden; „*ein unverständliches Gemurmel ein Gebrevel*" STEMPLINGER Altbayern 65.

WBÖ III,821. E.F.

brefeln
Vb. **1** viel reden, schwätzen, °NB vereinz.: °*der breflt den ganzn Tag* Deggendf; *brêfln* SCHMELLER I,351.

2 undeutlich, schwer verständlich reden, °OB, °NB vereinz.: °*brefen* „murmeln" Hohenpolding ED; *håt ebbs g'sågt, dês wos koa Mensch vo'standn håt, so ebbs „brevët"* hojt HALLER Frauenauer Sagen 86; *brêfln* „entweder zu geschwind, oder zu langsam, oder zu leise" SCHMELLER ebd.

3: °*brefin* schimpfen, keifen O'piebing SR.

4 zucken, zittern (von den Lippen), °OB, °NB vereinz.: °*schau, wia eam da Fotz brefed* „vor dem Weinen" Schönanger GRA.

Etym.: Wohl onomat.; anders WBÖ III,820.

SCHMELLER I,351.– WBÖ III,820; Suddt.Wb. II,598.– ANGRÜNER Abbach 18; KOLLMER II,72.

Abl.: *Brefel*, -*brefel*, *Breflach*, *Brefler*.

Komp.: [**da-hin**]**b. 1** wie →*b.*1: *dahibrefön* Aicha PA; *Er hod einfach ewig dahibreven kenna, da Dokter* MAIER Was mir begegnet ist 67.– **2** wie →*b.*2: °*dea breved de ganz Zeit dahi* „murmelt dauernd vor sich hin" Kötzting; „Mit zahnlosem Mund *brevelte* sie *dahin*" WANDTNER Apfelbaum 41.

[**nachhin**]**b. 1** nachahmend verspotten, °NB vereinz.: °*nachibrefln* Ruhmannsdf VIT.– **2** nachmaulen, OB, °NB vereinz.: *dua ma net oiwei nachebrefln* Grattersdf DEG. E.F.

Breferer
M.: °*Breferer* kleiner Hund, der viel bellt Schwandf. E.F.

brefern
Vb.: °*der brefad, daß ma ned versteht* undeutlich sprechen Marching KEH.

Etym.: Abl. zur selben onomat.Wz. wie →*brefeln*.

Abl.: *Breferer*. E.F.

brefetzen

brefetzen
Vb.: *brevetzn* „klagen, unzufrieden jammern" Unterer Bay.Wald KOLLMER II,319.

Etym.: Abl. zur selben onomat.Wz. wie →*brefeln*.
KOLLMER II,319. E.F.

Breflach, -let
N., dummes Gerede, Geschwätz, °NB vereinz.: *Breflad* Aicha PA.
WBÖ III,821. E.F.

Brefler
M. **1** Vielredner, Schwätzer: *Brefla* Aicha PA; *Brēfla* „Mann, der zu viel und zu rasch redet" AMAN Schimpfwb. 39.
2 Mensch, der undeutlich spricht, °OB, °NB vereinz.: °*des is a aita Brefla* Halfing RO; „*a brḗfia* ist einer, der immerfort spricht, meist unverständlich und in der Art eines Selbstgespräches" BRÜNNER Samerbg 162.
WBÖ III,821. E.F.

bregeln, brutzeln, schwätzen, →*brägeln*.

†Bregen
N., Gehirn: *daz bregen von einem sperhen* [Sperling] ... *vnd daz bregen von ainer chran* [Krähe] Polling WM Ende 14.Jh.Cgm 592,fol.37ʳᵇ.

Etym.: Mhd. *brëgen* stm./n., germ. Wort idg. Herkunft; vgl. KLUGE-SEEBOLD 146.
SCHMELLER I,352.– DWB II,353; Frühnhd.Wb. IV,1044; Mhd.Wb. I,981. E.F.

†Breger
M., Bettler: „Um diese Zeit gab es in München etwa zwanzig Arten von Bettlern. Da waren die *Breger*, die wirklich Armen" 1732 Mchn.Stadtanz. 10 (1954) Nr.17,4.

Etym.: Aus rotw. *Breger* (WOLF Wb.Rotw. 62 f.); vgl. WBÖ III,822.
WBÖ III,822; Schw.Id.V,516.– DWB II,353; Frühnhd.Wb. IV,1044 f. E.F.

†brehen, brechen
Vb., glänzen, leuchten: *dô sach ich ir geblüede brehen gegen der sunnen vaste* LAMPRECHT v R 404,2177 f.; *Nu morgens, alls die sunn mit ir liechten prehen über die höch der perg erglenste* FÜETRER Lanzelot 318.

Etym.: Mhd. *brëhen* st./swv., Herkunft unklar; vgl. E. SEEBOLD, Vergleichendes u. etym. Wb. der germ. starken Vb., The Hague, Paris 1970, 131.
SCHMELLER I,352.– WBÖ III,823; Schwäb.Wb. I,1386.– DWB II,353; Frühnhd.Wb. IV,1045; Mhd.Wb. I,981 f. E.F.

Brei, Brein
M. **1** Brei, Gericht daraus.– **1a** Brei, früher v.a. Hirsebrei, °OB vielf., °NB mehrf., °OP, °MF, °SCH vereinz.: °*de Arma ham an Brein* (Hirsebrei) *gfressn, de andan an Türkn* Halfing RO; *Brai* „Kompott" Fürnrd SUL; „uralte Hochzeitspeisen ... sind ... besonders der *Brein*, d.h. Hirsebrei mit Milch gekocht" OB Bavaria I,401; *Hannerl, nimms Pfannerl, koch n Sannerl an Brei!* Neustadt HORN-EICHENSEER Opf.Kost 78; *puls prio* Tegernsee MB 10.Jh. StSG. II, 371,25; *ob* [wenn] *obß, arbeiß, prein vor hannden wär* Indersdf DAH 1493 HuV 17 (1939) 211; *Stampf* [enthülste Gerste] *zum Preün* Erding 1600 ZILS Handwerk 107.– Ra.: *wennst neat glei(ch aafhäiast, schloch a de za latta Brei!* BRAUN Gr.Wb. 64.– *an wårma Brei üms Maal schmiern* „auf jem. schmeichlerisch einreden" ebd.– *Brei im Mai ham* „mundfaul sein" Etzenricht NEW, ähnlich OP vereinz.– *Der rührt den Brei an* Anführer irgendeines Streiches Wegscheid.– *Um den (heißen) B. reden* u.ä. um etwas herumreden, °OB, °NB, °OP, °MF vereinz.: °*do redst und redst um den Brä umme, soch glä, wos d wüllst* Rötz WÜM.– *Einem den Brei verderben* „die gute Laune" Weiden.– °*Dou hobms an Brei mit da Seins* [Sense] *gföittat* „er hat einen großen Mund" Wdsassen TIR.– *wan man ÿbl von leüthen redet, so schütt ich halt auch meinen breÿn darzue* [gebe ich meinen Kommentar] 17./18.Jh. Cgm 4504,162.– Sprichw.: *båi fiaddö, båi Brai* „je eher ihr fertig werdet, je eher könnt ihr essen" Rottal.– „*Mängel* ... *Wenn es Brey regnet, so hat man keine Schüsseln*" Baier.Sprw. II,45.– Reim: *Da Brei tuat dös Sei, und wenn as nöt tuat, is a nöt guat* SCHMALHOFER Brautweiser 31.– Scherzh. Deutung der Türbeschriftung an Dreikönig (→*CMB*): *Caspar magst an Brein* Aicha PA.– **1b** Gericht aus gebackenem Brei, °OB, °NB vereinz.: °*Brein* „gebratener Hirsebrei, in Stücken in Eier getaucht und im Schmalz herausgebacken" Altenbuch LAN; „Zu Essen bekamen wir meistens *Brein* (gebratene Hirse)" Altb.Heimatp. 14 (1962) Nr.14,4; *allahand 'bacha's Zeug ... Brei(n) ... und Krapfa möi'n aa dabei sei(n)!* LAUTENBACHER Ged. 86.– Auch in festen Fügungen: *gebackener B.* °NB mehrf., OB vereinz.: *zum båchan Braiⁿ muas da Braiⁿ a gantzö Stund kocha* Mittich GRI; *Z' Mitåg gibts an bàchan Breiñ heiñt* FEDERHOLZNER Wb.ndb.Mda. 40; „*Küchlein, gebacknen Brein, gekraußte* (gebackne) *Semmelschnittel* sind Festtagspeisen" Zwiesel REG HAZZI Aufschl. IV,1,113.– „da gab es den *g'rest'n Brei.*

Der wurde in der Reine mit Milch ... und Schmalz gebraten" SCHMALHOFER Brautweiser 31.– **1c** dicke, zerkochte Speise, °OB, °NB vereinz.: °*was hast heit wieda für an Brei zamkocht!* Stephanskchn RO.
2 Körnerfrucht, Pfln.– **2a** Frucht u. Pflanze der Echten Hirse (Panicum miliaceum), °OB, °NB vielf., °OP, SCH vereinz.: *da Brai horlt* „bildet Rispen" Polling WM; *a Khöpfö Brai^n* „etwa anderthalb Liter" Aicha PA; °*Brein* „gibt man den Küken zum Fressen" Dietfurt RID; *Mir nenn ma's 's Brä-Ackerl, wa ma durt frejhers en Brä baat håt ghåt!* HALLER Bodenmaiser Sagen 59; *Dees Zeiserl und Mäuserl ... hab'n g'fress'n Mit anand an Brein* PANGKOFER Ged.altb.Mda. 138; *schafft ein paumaister den diernen preyn, pflantzen oder zwifl ze jeten* Indersdf DAH 1493 HuV 17 (1939) 213; *In der Schupfen ... 1 Vrl. Prein* M'rfels BOG 1649 BJV 1962,208 (Inv.); „Man bauet alle Gattungen von Getreide – Weitzen, Korn ... Bohnen und *Brein*" Teisendf LF HÜBNER Salzburg I,157.– Auch in fester Fügung *gelber B.*: *Frejers hamma an gejbn Brein* (Hirse) *gmacht* VIT BJV 1951,168; „einem Mittagessen von rokkenen Klösen ... auch in Milch gesottnem *gelben Brei*" Bärnstein GRA HAZZI Aufschl. IV,1,24; „dann nimm auch ein Handvoll *gelben Bräun*, der in guter Milch gekocht worden" HAGGER Kochb. IV,2,47.– Ra.: *ö danö Oan kant ma Brei^n ba^n* „sie sind dreckig" Iggensbach DEG.– Ortsneckereien: *Ignsbäh [DEG] lauttən Brei^n* Mittich GRI, ähnlich Waltersdf DEG.– Kinderspiel: *Brai noön* [stampfen] „zwei Kinder wippen mit eingehakten Armen Rücken an Rücken und sagen *Brai noön, Brai noön! Wous noöst? An Brain*" Rottal.– **2b** Frucht u. Pflanze des Buchweizens (Fagopyrum sagittatum), OB, NB vereinz.: *Brei^n* Seeon TS; „*Prein* oder Buchweizen" PEETZ Volkswiss.Stud. 271; *Brein* „Buchweizen für Brei und Grütze" POELT-PEUKER Wb.Pökking 9.– **2c** Kohlreps (Brassica Napus arvensis): *Brai* „Raps" Kienbg TS.– **2d** Leinsamen: *Brein* „zum Ölpressen" Passau.– **2e** †Frucht des Hafers, in heutiger Mda. nur im Komp.: *Brei~* „die Körner der Hirse ... des Buchweizens ... zuweilen auch die des Hafers ... die ... zu Brey gekocht, eine beliebte Speise sind" SCHMELLER I,353.– **2f** in fester Fügung *wilder B.*– **2fα** Gemeines Labkraut (Galium mollugo): *Wilder Brein* Lam KÖZ MARZELL Pfln. II,579.– **2fβ** †Grüner Fennich (Setaria viridis): „der wilde Brein, grüner Fench, panicum viride" SCHMELLER I,354.

3 übertr.– **3a**: °*arbeit schneller, du hast so viel Brei^n vor de Fiaß* „Garbenhaufen, der nicht bewältigt wird" Malching GRI.– **3b** Unsinn, dummes Gerede: °*wos redsdn do für an Brei dahea, do kennt se ja da Deife net aus!* Lenggries TÖL.

Etym.: Ahd. brî(o) stm., mhd. brî st./swm., wohl idg. Herkunft, Formen mit -n aus einer n-stämmigen Ableitung; KLUGE-SEEBOLD 149 f.

KRANZMAYER Kennwörter 17.– DELLING I,94; SCHMELLER I,353 f.; ZAUPSER 18.– WBÖ III,823–827; Schwäb.Wb. I, 1386 f.; Schw.Id. V,1033 f.; Suddt.Wb. II,598 f.– DWB II, 353 f.; Frühnhd.Wb. IV,1046 f., 1051; Mhd.Wb. I,1000; WMU 1402; Ahd.Wb. I,1409 f.– ANGRÜNER Abbach 18; BRAUN Gr.Wb. 64; KOLLMER II,70; POELT-PEUKER Wb.Pöcking 9; SINGER Arzbg.Wb. 42; SOJER Ruhpoldinger Mda. 7; Spr.Rupertiwinkel 11.– S-9E10^b, 85K4, 99E24, 100L1,4f., W-8/35.

Abl.: *breiig*.

Komp.: [**Apfel**]b., [**Äpfel**]- Apfelbrei, °OP, °OF, °MF mehrf., °OB, °NB vereinz.: °*Apflbrei* Lohbg KÖZ; *Aepfelbrei. Schäle 25 gute Aepfel* Küchenkalender od. vollst. Küchenzettel ..., Sulzbach 1831, 62; *Epflbrei* SINGER Arzbg.Wb. 60.

WBÖ III,827; Schwäb.Wb. VI,1526; Schw.Id. V,1034 f.– DWB I,534; Frühnhd.Wb. I,1631.– SINGER Arzbg.Wb. 60.

Mehrfachkomp.: [**Erd-äpfel**]b. **1** Kartoffelbrei, °OP mehrf., °OB, °NB, °OF, °SCH vereinz.: °*Erdäpfebrein* Dürnzhsn PAF; °*Eräpflbrä* Rötz WÜM; *Erdäpflbrei, Sterz, g'spaltne Erdäpfl* Oberpfalz 45 (1957) 126.– Im Vergleich: *a Gsicht wia da gspim Erdöpföbrei* „blasses Gesicht" Hengersbg DEG.– Ra.: *håust eba an Eardepflbrei gessn* „wenn einer in den Zähnen stochert" Naabdemenrth NEW.– Reime: *Erdepflbrei, is di Wochn vorbai!* Thierstein WUN.– *Erdöpf'lbrei uu Zwiefala droa(n', kumm af d' Nåcht; kröigst aa davoa(n'!* BRAUN Gr.Wb. 121.– **2** dicke Kartoffelsuppe: °*Eadepflbrae* Speichersdf KEM.

Schw.Id. V,1035.– BRAUN Gr.Wb. 121; SINGER Arzbg.Wb. 60.

[**Bätzlein**]b. Suppe mit Mehlklümpchen: °*Batzlbrai* Haselbrunn KEM; *Stampf* [Kartoffelbrei] *und Schwammabröih, Saua Erdöpf'l, Baatzlbrei* Boxdf NEW Wir am Steinwald 1 (1993) 71.

†[**Pfenich**]b. Fenchbrei: *er schol nicht ezzen phenich prein oder hyersprein* Schrobenhsn 2.H.15.Jh. Cgm 589,fol.157^v.

SCHMELLER I,428.– WBÖ III,827 f.

[*Bier*]brei

[Bier]b. Biersuppe: *Böiabrai* „mit Brot, Eiern und Fett" (Ef.) Fürnrd SUL; *Bierbrei* Küchenkalender od. vollst. Küchenzettel ..., Sulzbach 1831, 107; *jedem ein ... Bierprey und ein kalte Milch* Ambg 1540 VHO 52 (1900) 227; *Das Hönig wird zu verschiedenen Speisen gebraucht, als zu Bierbrey* SCHREGER Speiß-Meister 159.

[Erd-birn]b. wie → [*Erd-äpfel*]b. 1, °westl.OP, °MF vereinz.: °*Äbionbrei* Lauf; *Bauern, kocht Knödel und Erdbirnbrei* Lieder für die Altdorfer Liedertafel, Altdorf um 1830-1840, 23; *Wia dank'n ... für'n Erdbirnbrei! ... Fleisch ... woa koin's nit derbei* Etzelwang SUL Oberpfalz 49 (1961) 145.

[Botzen]b., **[Bötzlein]**- Einlaufsuppe: *Boutznbrei* „ein Teig aus Mehl und Eiern wird in eine ... Knochensuppe gerührt ... auch *Böitzlbrei*" SINGER Arzbg Wb. 40 f.– Zu → *Botzen*'Klumpen'.
SINGER Arzbg Wb. 40 f.

[Brätlein]b.: *Brahlabrei* „Bratensoße" GÖTTLER Dachauerisch 18.
GÖTTLER Dachauerisch 18.

[Brechel]b. best. Gericht nach dem Flachsbrechen: „der weitberühmte *Brechelbrei* der Bäuerin" MEIER Werke I,105.– Auch: „War alle Brechhausarbeit beendet, gab es ... das *Brechelfest* oder den *Brechelbrei*, wobei üppiges Essen aufgetragen wurde" PEINKOFER Werke I, 323.

†**[Preschel]b.**: *Brieschelbrey* „Brey aus allerley Ingredienzien" SCHMELLER I,366.– Zu einer Nebenf. von → *Pretschel*'Durcheinander'.
SCHMELLER I,366.– DWB II,443.

[Brot]b. Brotsuppe: *Braodbrai* „schwarzes Brot in Wasser aufgekocht und geschmalzen" (Ef.) Fürnrd SUL.
DWB II,402.

[Kirch-tag]b. an Kirchweih gegessener Hirsebrei: °*Kirtabrein* „Hirsebrei" OB; *Es sollen auch alle Paurn ... Zum Kirchtag ... ainem Pader, das Kürchtragprot sambt dem Kirchtagbrein ... geben* wohl Rohrbach PAF 16.Jh. Cgm 2157, fol.17ʳ (Ehehaftordnung).
SCHMELLER I,353.– WBÖ III,828.– DWB V,827; Frühnhd. Wb. VIII,968.

[Eier]b.: *Oiabrai af Hefakniadla* „Rühreier auf Dampfnudeln, Erntespeise" Fürnrd SUL.
Schwäb.Wb. VI,1802; Südtt.Wb. III,548.– DWB III,85; Mhd.Wb. I,1513.

[Vogel]b. 1 Zittergras (Briza media), OB, NB vereinz.: *Voglbrein* Rohr PAF.– **2** Wiesengeißbart (Filipendula ulmaria): *Voglbrein* „Spierstaude" Klinglbach BOG.– **3** †Wegerich (Plantago): *der Vogelbrein* „plantago major et media L." SCHMELLER I,354.
SCHMELLER I,354.– WBÖ III,828; Südtt.Wb. IV,391.– S-100L5.

[Fransen]b.: *Fransnbrei* „Kartoffelpuffer" REGLER Opf.Dorf 105.

[Gerst(en)]b. 1 Gerstenbrei, OB vereinz.: *Gäschtnbrei*ⁿ (Ef.) Valley MB; *Də' Giə'stbrei~* „Gerstengrütze" Bay.Wald SCHMELLER I,353.– **2** Gerstengraupen: *Gerstnbrein ... hamma aa gmacht, in Kollergang* [Mahlwerk] VIT BJV 1951,168.
WBÖ III,828f.; Südtt.Wb. IV,706.– DWB IV,1,2,3734, 3737; Frühnhd.Wb.VI,1153; LEXER HWb. I,887.– S-99E23.

[Grieß]b. Grießbrei, °OB, OP vereinz.: °*an Griasbrei moge scho gwis ned* Pelka FS; *wia dank'n für di Nudl'n, für'n Gröisbrei und Kraut!* Etzelwang SUL Oberpfalz 49 (1961) 145.
WBÖ III,829; Schwäb.Wb. III,831; Schw.Id. V,1035.– DWB IV,1,6,280.– BRAUN Gr.Wb. 201.

[Haber(n)]b. 1 Haferbrei, °OB, NB, °OP vereinz.: *Howabrai*ⁿ Valley MB; *Hamma Haberbrein ... gmacht, wej Graupln* VIT BJV 1951, 168; *Haberbrein* „Hafergrütze" SCHMELLER I,353; *Der gemain man ... ersettiget die natur mit milich käs haber prei oder mues* AVENTIN IV,81,3-6 (Chron.); *daß die Kinder, so mit Haberbrey gespeiset worden, sehr starck seyn* SCHREGER Speiß-Meister 128.– **2** wie →*B.*2e: *Hobanbraj* Lailling LAN; *An Haberprein i Schaf* 1477 DORNER Herzogin Hedwig 112.
SCHMELLER I,353, 1782.– WBÖ III,829; Schwäb.Wb. III,996; Schw.Id. V,1035; Südtt.Wb. V,32.– DWB IV,2,80; Frühnhd.Wb.VII,815; LEXER HWb. I,1134.– S-99E27.

[Hattel]b. 1 Hirsebrei: *Kocht dö Mutta an Hadl-Brei(n), Stampft da Vatta mit'n Föüßn nei(n)* Königstein SUL Oberpfalz 3 (1909) 83.– **2** †Echte Hirse (Panicum miliaceum): *Der Hàd·lbrei~* „Hirse, welche Rispen treibt" SCHMELLER I,1186.– Zu → *Hattel* 'Rispe'.

†[**Heidel**]b. Frucht des Buchweizens: *Arbeiß/ Haidlprein/ Bonen vnd Linsen/ sollen zu dem Getraidt/ als zu dem grossen Zehent gerechnet werden* Landr.1616 326.– Zu →*Heidel* 'Buchweizen'.

DWB IV,2,803.

[**Heiden**]b. **1** Brei aus Buchweizen: *Haidenbrein* Wasserburg; *Haidenbrein* „Grütze von Buchweizen oder Haidekorn" SCHMELLER I,353.– **2** wie →*B*.2b: *Håönbrein* Gottsdf WEG; *Heidenbrein* DELLING I,256; *Haiden-Bräun gedämpfter* HAGGER Kochb. IV,2,55.– Zu →*Heiden* 'Buchweizen'.

DELLING I,256; SCHMELLER I,353.– WBÖ III,829.– DWB IV,2,804.– S-100G35.

[**Hennlein**]b. wie →*B*.2a: *Hendlbrein* Furth LA; *da Henndlbrei* HÄRING Gäuboden 129.

WBÖ III,829.

[**Hirs(en)**]b., [**Hirsch**]- **1** wie →[*Hattel*]b.1, °OP mehrf., Restgeb. vereinz.: *Hiasnbrei* Mchn; *Hirsch-brein* DELLING I,94; *Kocht d'Bäuri an Hirschbrei, Flöigt da Tauba mitt'n'nei* Floß NEW Oberpfalz 2 (1908) 96; *ein Haber- oder Hirsch-Prey* Ambg 1540 VHO 52 (1900) 227.– In Vergleichen: *af ålln Kirwan sa wöi da Hirschbrei* „überall dabeisein" Naabdemenrth NEW, ähnlich BRAUN Gr.Wb. 257.– *Du bist ja dümma wöi Hiarschbrei* „strohdumm" SINGER Arzbg. Wb. 101.– **2** wie →*B*.2a, OP vereinz.: *wais in Mading* [Matting R] *lada Hirschbreü bauua, drum sengs allö so müchö aus* Beilngries; „Der *Haiden-* und besonders *Hirsbrein* scheinen ehmals in B[ayern] häufiger gebaut worden zu seyn" SCHMELLER I,353; *Hyrspreynn … vi Schaff* Landshut 1475 WESTENRIEDER Beytr. II,212; *Wasche den Hirsch-Bräun … biß er schön gelb wird* HAGGER Kochb. IV,2,56.

DELLING I,94, 269; SCHMELLER I,353.– WBÖ III,829 f.; Schwäb.Wb. III,1691; Schw.Id. V,1035.– DWB IV,2,1571.– BRAUN Gr.Wb. 257; SINGER Arzbg.Wb. 101.– S-99E25, 100L4, M-26/31.

[**Holler**]b. **1**: *Holabrai* „gekochte Holunderbeeren" Stadlern OVI.– **2**: *Hullabrai* „Holundermarmelade" Fürnrd SUL.

[**Hönig**]b. Gericht aus gebackenem Brei mit Honig: *Henöbrai* Aicha PA; „Um *Henöbrei* zu machen, wurde der *Millibrei* auf ein Linnentuch … gestrichen … kalt gestellt, in Stücke geschnitten und beim Essen mit Honig bestrichen" SCHMALHOFER Brautweiser 31.

[**Hühner**]b., [**Hühnlein**]- **1** wie →[*Hattel*]b.1: *Hühnerbrei* Merching FDB.– **2** wie →*B*.2a, OB, NB vereinz.: *Höallbreiö* Mittbach WS.

WBÖ III,830.

[**Kartoffel**]b. wie →[*Erd-äpfel*]b.1, °OB, °NB, °OP, °MF vereinz.: *an Koatofflbrein übaschlågn* „gegen Zahnweh" Gleiritsch OVI; *Kartoffelbrei* PREINL Neumarkt 43.

DWB V,245.– S-99E33.

[**Kinds**]b., [**Kindleins**]- Brei für ein kleines Kind, OB, °OP vereinz.: *Kindsbrai* „aus Mehl oder Grieß" Ingolstadt; *Kinnlasbrei* „Kinderbrei, Grießbrei" SINGER Arzbg.Wb.119; *Ein guter kindsbrey* A.WECKERIN, Ein Köstlich new Kochb. Von allerhand Speisen …, Amberg 1598, 19.

Schwäb.Wb. IV,381, 383; Schw.Id. V,1035.– DWB V,734; Frühnhd.Wb.VIII,927.– SINGER Arzbg.Wb. 119.

[**Knollen**]b. best. Kartoffelgericht, °OP vereinz.: °*Knollnbrein* „Puffer aus gekochten Kartoffeln" Wdmünchen.

[**Kolben**]b. Welscher Fennich (Setaria italica): „auf sandigem Grund wurde *Kolmbrei*ⁿ gebaut" Tittling PA; *Kólbmbrei~* SCHMELLER I,1186.

[**Korn**]b. Gericht aus gebackenem Roggenbrei: „*af an Kornbrä oder an Woiznbrä … in der Rein angebratener Schrotbrei von Roggen oder Weizen*" KÖZ,VIT BJV 1954,199.

[**Maschen**]b.: *Maschnbrai* „warmes Kompott aus Pflaumen" Fürnrd SUL.– Zu *Masche* (→*Damaske*) 'Pflaume'.

[**Mehl**]b. Mehlbrei, °OB, °OP vereinz.: °*da Möhlbrei mou söiß sa* Weiden; „Zu der Muttermilch erhalten sie auch von der Geburt an den *Mehlbräu*" 1858/1859 Heimat TIR 20 (2008) 53.

WBÖ III,830; Schwäb.Wb. IV,1594; Schw.Id. V,1035.– DWB VI,1867.

[**Milch**]b. Milchbrei, NB vereinz.: *Millöbrei* Hengersbg DEG; „Der *Millibrei* wurde in der Milch gekocht" SCHMALHOFER Brautweiser 31.

WBÖ III,830; Schw.Id.V,1035.– DWB VI,2190.

[**Be-rahmel**]b. Brei, der einen Schmutzrand (→[*Be*]*rahmel*) hinterläßt, nur übertr.: „eine unangenehm eingebrockte Sache … *Daou haoust wieda n schäin Broamlbrei zsammgricht!*" SINGER Arzbg.Wb. 42.

SINGER Arzbg.Wb. 42.

[Reis]brei

[Reis]b. Reisbrei, OB, °OP vereinz.: *Reisbrei* Chiemgau; *Reisbrei* BRAUN Gr.Wb. 496.
WBÖ III,830; Schwäb.Wb. V,274; Schw.Id. V,1035.– BRAUN Gr.Wb. 496.– DWB VIII,717.

[Riffel]b. best. Gericht während od. nach dem Flachsriffeln, OB, °NB vereinz.: °*Rifflbrei* Breitenbg WEG; „Den *Riffelbrei* hat die Bäuerin aus Hirse gekocht" MILLER Lkr.WEG 86; „wenn diese arbeit geschehen ist, wird der ... *rifflbrei*~ ... mit krapfen und anderen mehlspeisen, gegeben" Wdkchn WOS PANZER Sagen II,161.
WBÖ III,830.

[Ritt]b. wie →[Kirch-tag]b.: „der *Kirta*- oder *Ritbrei* aus Hirse, auf dem goldgelb und fingerdick die Butter stand" Herrgottswinkel 22.10. 1952,[1].

[Sam]b. für die Aussaat vorgesehene Hirse: *Da hat mei Vata a zwoa r a drei Back-Keabö ... voö Sambrei herg'richt* SCHMALHOFER Brautweiser 30.
DWB VIII,1733 (Samen-).

[Schlötterer]b. wohl wie →B.1a: *Kocht sei Muatta an Schledererbrei* T'nbach WÜM Oberpfalz 6 (1912) 22.
WBÖ III,830 (Schlöter-).

[Schmalz(en)]b. Rückstand beim Zerlassen der Butter, nördl. OP mehrf., OF vereinz.: *Schmolznbrei* Maiersrth TIR.
WBÖ III,830 (Schmalzer-).– BRAUN Gr.Wb. 551.

[Schnurren]b. 1 wie →[Erd-äpfel]b.1, °OB, °OP vereinz.: °*Schnurrnbrei* „Kartoffelstampf mit Salz und Rahm angerührt" Thanning WOR.– **2** wie →[Erd-äpfel]b.2, °OB, °OF vereinz.: °*Schnurrnbrei* „Kartoffelsuppe, die am Bart hängenbleibt" Autenzell SOB; *Schnurrnbrei* SINGER Arzbg.Wb. 207.
BRAUN Gr.Wb. 563.– W-41/27.

[Singelein]b. 1 wie →[Hattel]b.1, °NB, °OP vereinz.: °*Singerlbrei* Laaber PAR.– **2** Futterbrei für Küken: „Mit *Singerlbrein*, gehackten Brennnesselblättern und eingeweichtem Brot" WANDTNER Apfelbaum 84.– **3** wie →B.2a: „Auch Hirse (*Singerlbrei*) wurde angebaut und gegessen" BOG Gdebote Rattiszell Dez. 2007/ Jan.2008, 11.– Zu →*Singelein* 'Küken'.

[Stöcklein]b. Gericht aus gebackenem, in Stücke geschnittenem Brei, °NB vereinz.: °*Steklbrei* „herausgebacken" Passau.

[Stücklein]b. 1 dass., °NB (v.a. O) mehrf., °OB, °OP vereinz.: °*Stücklbrein* „nur zur Erntezeit" Wdkchn WOS; „*Stücklbrein* ... Nach dem Erkalten werden ... Stücke geschnitten, die ... herausgebacken werden" FRIEDL ndb.Kuchl 30 f.– **2**: °*Stücklbrein* „Brei aus Milch und Semmelstücken" Fronau ROD.
W-41/28.

[Zottel]b. Suppe aus roh geriebenen Kartoffeln: °*da Zurlbrei* „weil die geriebenen Kartoffeln Fäden machen" Schönwd REH; *Zurlbrei* SINGER Arzbg.Wb. 282.
WBÖ III,831.– BRAUN Gr.Wb. 943.

[Zwetsch(g)en]b. Zwetschgenkompott, MF mehrf., OB, OP vereinz.: *Zwaddschgabrai* Stein N; *Zwatschgabrai* BRAUN Gr.Wb. 954.
Schwäb.Wb. VI,3525.– BRAUN Gr.Wb. 954.   E.F.

breiig, -icht
Adj., breiig, NB, °OF vereinz.: *der breiige Mist* Mittich GRI.
WBÖ III,831; Schwäb.Wb. I,1387; Suddt.Wb. II,599.– DWB II,355.   E.F.

†Preim
F. **1** Prim, kirchliches Morgengebet: *Die vrowen ... scholen ouh niht chauffen untz* [bis] *nach preime* nach 1320 Rgbg.Urkb. I,718; *den anderen dag hat Man vmb halbe 6 zur Breim geleidtet* 1621 HAIDENBUCHER Geschichtb. 45.
2 Glocke, die zur Prim läutet: *vmb zway Sail zw der Preim* 1493 Frsg.Dom-Custos-Rechnungen I,699.
3 Prime, Grundton einer Tonleiter: *man psaliert preim und terz aufeinander* Frauenchiemsee RO 1600 MHStA KL Frauenchiemsee 98, fol.13ʳ.

Etym.: Mhd. *prîme* st./swf., lat. Herkunft; WBÖ III,832.
SCHMELLER I,469.– WBÖ III,832; Schwäb.Wb. I,1419; Schw.Id. V,607 f.– DWB VII,2128 (Prime); Frühnhd.Wb. IV,1049; LEXER HWb. II,295; WMU 1403.   E.F.

breimen, verzieren, →brämen.

Breis
M., N. **1** Einfassung, Saum an Kleidung, °OB, °OP, °SCH vereinz.: °*Preis* Schrobenhsn; *das*

bráis Dinzling CHA BM I,72; *sament ermbl mit perlein preyss* 1476 Rgbg.Judenregister 128.
2 Ziegel, Tonplatte.– **2a** gewölbter Dachziegel, °OB, °OP mehrf., °NB, °SCH vereinz.: °*do geht wieda a Preiß å Moosach* EBE; °*s Doch is deckt, öitz möin blouß mäja d'Preißn afmauert wern* Pertolzhfn OVI; „100 Ziegelsteine, *Preiß* und *Hacken* 2 fl. 5 kr." HÜBNER Mchn II,488; „die ältesten Gebäude haben ... das Walmdach und als Deckungsmaterial *Haken* und *Preißen*" POLLINGER Landshut 140; *fur tzwaÿ vnd zwaintzig Hundert Preÿs* sol.22 1457 Frsg.Dom-Custos-Rechnungen 86; *daß ihr unter der arbeith ein Preis von dem tach herunter auf den armb gefallen* 1759-1760 Mirakelb.Aunkfn 204.–
2b: *Preisn* „längliche gerillte Tonplatte als Brennhilfe im Brennofen" GRASMANN Hafner Kröning 384.
3 Einfassung aus Dachschindeln am Ortgang, °OB vereinz.: °*Preis* „gerader dichter Abschluß am *Schoamantl* [Ortgang] aus Schindeln" Weildf LF.
4 †Krone des Pferdehufs: *Prenn im den hueff neben her vmb ob dem preiß ab* Roßarznei (DEINHARDT) 46.
5 †wohl Beule: *also ... das Ros mit den hintern fiesen an den bauch breusen schlagt* HÖFLER Sindelsdf.Hausmittelb. 60.
Etym.: Mhd. *brîs* stm., *brîse* stf., Abl. von → *breisen*; WBÖ III,834.
SCHMELLER I,471f.– WBÖ III,834f.; Schwäb.Wb. I,1388; Schw.Id. V,789f.– DWB II,355, VII,2092, 2097; Frühnhd. Wb. IV,1055; Mhd.Wb. I,1015.– BRAUN Gr.Wb. 471; KOLLMER II,70.– W-41/29f.

Komp.: [**Dach**]b. **1** wie → *B*.2a, °OB vereinz.: °*Dochbreisn* „Firstziegel" Rechtmehring WS; „Zu verkaufen. Alte ... *Dachpreis* am Domberg" Freisinger Tagbl. 64 (1868) Nr.245[,4].–
2 Holzschindel, °OB vereinz.: °*Dachpreis* „am First" Marquartstein TS.
W-41/30.

[**First**]b. Firstziegel, °OB vereinz.: °*Firstpreisl* Frasdf RO. A.R.R.

Preis[1]
M. **1** Geldwert, zu zahlender Betrag, OB, °NB, OP, SCH vereinz.: *i hab mei Sau um an schöna Preis anbracht* Passau; *i gib d'as no zum altn Preis* OB Altb.Heimatp. 57 (2005) Nr.29,25; *Ein Preis, wo man damit zûfrîden seyn kann* SCHMELLER Mda. 397f.; *eine tafel, daran der preiß von allem getranck* Rgbg 1641 WÜST Policey 786.– In festen Fügungen *um (einen) jeden / keinen P.* u.ä. auf jeden / keinen Fall, °OB, °NB, °OP, SCH vereinz.: *um koan Preis tua i dös wieda* Ascholding WOR.
2 Belohnung, Auszeichnung, OB, °NB vereinz.: °*dea hod an Breis gwunga* Neufraunhfn VIB; *Zum Beispüi wird in Zeitung ... Vom Viech a Listn gebn ... Und aa dö Preis danebn* BECK Bauernbluat 58.– Übertr.: *wei er ganz genau woaß, daß er do koan Preis kriagt* [keine Anerkennung findet] TOCHTERMANN Oiß wos Recht is 79.
3 Lob, Ruhm, ä.Spr.: *Pfalzgraf Philipp was ein fürst mit grossem preys* ARNPECK Chron. 544,36.
Etym.: Mhd. *prîs*, aus afrz. *pris*; PFEIFER Et.Wb. 1039f.
WBÖ III,832f.; Schwäb.Wb. I,1388; Schw.Id. V,794f.; Suddt.Wb. II,599f.– DWB VII,2086-2092; Frühnhd.Wb. IV,1051-1054; LEXER HWb. II,296f.– BRAUN Gr.Wb. 471.– S-107/77.

Komp.: [**Brot**]p. Brotpreis, OB, NB, OP vereinz.: *der Brotpreis geht alleweil höcher nauf* Wasserburg.
WBÖ III,833.– S-30D9.

[**Diebs**]p. Spottpreis: *Das is freili' a Diebspreis!* MEIER Werke I,260 (Brautschau).

[**Ehren**]p. **1** Echter Ehrenpreis (Veronica officinalis), OB, NB vereinz.: *Ehrapreis* Hohenpeißenbg SOG; „der *Ehrenpreis* wegen seiner hustenstillenden Wirkung" STADLBAUER Heilpflanzen Opf.92; *nim ... Ehrn preiß Riter SPorn* Roßarznei (GFRÖRER) 62.– **2** Bachbunge (Veronica beccabunga): *Ehrnpreis* Naabdemenrth NEW.– **3** Gamanderehrenpreis (Veronica chamaedrys), NB vereinz.: „wenn man *Ehrenpreis* abbrockt, kommt ein Gewitter" Passau.
WBÖ III,833; Schwäb.Wb. II,788; Schw.Id. V,795; Suddt. Wb. III,534.– [2]DWB VII,231; Mhd.Wb. I,1862.– BRAUN Gr.Wb. 112.– S-85B19, L1, W-159a/A18.

[**Ganter**]p. Bierpreis, den der Wirt an die Brauerei zahlt, NB, °OP vereinz.: °*s Bier wird um an Ganterpreis verkaft* Deusmauer PAR; „der Staatsminister der Finanzen und der Hofbräuwirt standen sich Aug im Auge gegenüber, ohne vom *Ganterpreis* zu reden" Mchn.Stadtanz. 14 (1958) Nr.18,6; „*Ganterpreis* von 4 kr. 3 dl. ... *Schenkpreis* [Preis beim Ausschank] von 5 kr. 1 dl. für die Maß" Kreis-Amtsbl. von Niederbayern 1 (1854) 1190.– Zu → *Ganter* 'Balkenunterlage'.

[Kauf]preis

[**Kauf**]**p.** Kaufpreis, OB, NB, OP, SCH vereinz.: *da Kafpreis* Mengkfn DGF; *haben den Kaufpreis eingenomen* Indersdf DAH 1608 OA 25 (1864) 316.

WBÖ III,833.– DWB V,344.– S-107/57.

[**Mark(t)**]**p.** Marktpreis, OB, NB, SCH vereinz.: *Marchtpraiß* Staudach (Achental) TS.

Schw.Id.V,795.– DWB VI,1654.– S-107/78.

[**Sau**]**p.** Preis für Schweine: °*Saubreis* Neufraunhfn VIB; *Saupreis* SCHWEIGER Sauhändler 107.

[**Weit**]**p.** Preis für den Wettbewerbsteilnehmer mit der weitesten Anreise: *Weitpreis* „beim Kegeln" Passau; *Weitpreis, Schönheitspreis* [bei einem Umritt] Julbach PAN BHV 8 (1921) 6; *du Schafskopf ... Du kriegst schon die große Medaillon auf dem Oktoberfest, sammt dem Weitpreis!* Leben, Wirken u. Treiben der Kellnerinnen ... am Schlenkeltage, München 1833, 61.

DWB XIV,1,1,1307.– Spr.Rupertiwinkel 94. A.R.R.

†Preis²
M., Beute: *also schriern di knecht über den nachrichter: 'preiß, preiß'* Rgbg 1552 Chr.dt.St. XV,227,9 f.– In festen Fügungen: *zum P. bringen* überreichen, überlassen: *an X. X. seiner Tochter bringt a Betta zum Preiß* Irschenbg MB 1841 QUERI Bauernerotik 117.– †: *Preis machen etwas* „es sich zueignen, besonders: gewaltsam" SCHMELLER I,471.

Etym.: Aus afrz. *prise*; PFEIFER Et.Wb. 1040.
SCHMELLER I,471.– WBÖ III,833 f.; Schwäb.Wb. I,1388 f.; Schw.Id. V,795 f.– DWB VII,2090-2092; Frühnhd.Wb. IV,1054 f. A.R.R.

Preisel
F.(?), Preiselbeere, NB vereinz.: *Preißln* Regenhütte REG; *braisai* nach KOLLMER II,319.

Etym.: Verkürzt aus →[*Preisel(s)*]*beere*; WBÖ III,791.
WBÖ III,791; Suddt.Wb. II,600.– KOLLMER II,319. A.R.R.

breisen
Vb., (Kleidung) schnüren: *bräise Schuhe schnüren* Bernbeuren SOG; *swenne dû die arme ... gestellet hâst ... zuo brîsen* BERTHOLDvR I,516,1-3; *Also ein buler ... In sein kleydung sich schmuckt und preist* SACHS Werke XVI, 517,6-8.

Etym.: Mhd. *brîsen* st./swv., Herkunft unklar.
SCHMELLER I,364, 472.– WBÖ III,836; Schwäb.Wb. I,1389; Schw.Id. V,791-793.– DWB II,355 f., VII,2096; Frühnhd. Wb. IV,1058 f.; Mhd.Wb. I,1015.– W-41/29.

Abl.: *Breis*.

Komp.: [**ein**]**b. 1** (Kleidung) einfassen, °OB vereinz.: °*der Ärmel muaß einpreist wern* O'igling LL.– **2** wie →*b.*, °OB vereinz.: °*Schua einpreisa* Eresing LL.– **3** mit Firstziegeln decken, °OB vereinz.: °*hint müaßma no einpreisn* Edelshsn SOB.

WBÖ III,836; Schw.Id. V,793.– ²DWB VII,497; M. LEXER, Mhd. Taschenwb., Stuttgart ³⁸1992, 98.– W-41/29. A.R.R.

preisen
Vb., preisen, loben, °OB, °NB, OP vereinz.: °*dea mågs, wenn ma'n aiwei recht preist* Ismaning M; *braisn* nach KOLLMER II,71; *Aea hot seinö drei Weiba rächd preist* SCHLICHT Altheimld 107; *Wer lang ain rainer degen* [Unverheirateter] *plib, wart am höchsten gepreist* AVENTIN IV,78,24 f. (Chron.).

Etym.: Mhd. *prîsen* st./swv., aus afrz. *preisier*; KLUGE-SEEBOLD 721.
WBÖ III,835; Schwäb.Wb. I,1389; Schw.Id. V,795.– DWB VII,2093-2096; Frühnhd.Wb. IV,1056-1058; LEXER HWb. II,297.– KOLLMER II,71 f.

Komp.: [**an**]**p.** anpreisen, °OB, °NB, OP vereinz.: *d'Wår oapreisn* Naabdemenrth NEW.

WBÖ III,835; Suddt.Wb. I,388.– ²DWB II,1228.– S-107/85.

[**aus**]**p. 1** herumerzählen, °OP vereinz.: *wos aspreisn an die große Glocke hängen* Hessenrth KEM.– **2** (jmdn) öffentlich ausrichten: *Preis a de aus im ganzen Land* Mockersdf KEM Oberpfalz 7 (1913) 23.

WBÖ III,835; Suddt.Wb. I,640.– ²DWB III,1259.

[**ein**]**p.** aufschwatzen, °NB vereinz.: °*der möchte ma unbedingt sei Kua eipreisn* Straßkchn SR.
A.R.R.

Breisling
M.: °*Breisling* dürrer Ast, Fallast Utzenhfn NM.
Etym.: Herkunft unklar. A.R.R.

breit
Adj. **1** breit, ausgedehnt.– **1a** von großer seitlicher Ausdehnung, °Gesamtgeb. vielf.: *da Weg wird ojwa breada* Haunswies AIC; *håt dea a*

Stolltor a broads großes breites Maul Schönau VIT; *d Wiaschi* [Wirsing] *hat an broatn Khobf* Rgbg; *da I'* [Inn] *is platzweis no breada, am ollabreadan aba is d'Donau* BAUER gut bayer. 126; *hätt dir'n zammadruckt wie an Kuhflad'n so broat!* MÜLLER Lieder 185; *daz preita uuasal* [Erde] 9.Jh. SKD 69,58 (Muspilli); *vir halbeu̇ tuch von Mastricht, der praiden* 1405 Runtingerb. II,234; *derley prait lederne Gürtl* Landstreicherord. 27.– In festen Fügungen: →*lang und b.*– →*Weit und breit.*– *Sich b. machen* sich ausbreiten, viel Platz einnehmen, °OB, NB vereinz.: *si broat macha und neidrucka* O'ammergau GAP; *d' Sunna macht sö öfta broat* BECK Bauernbluat 51; *Jetz' hat si' broat der Winter g'macht* KOBELL Ged. 62;– übertr.: sich einnisten, niederlassen: *Do werd er lacha ... bal si oana vo seina Rass in mein'm Hof broat macha konn!* Altb.Heimatp. 61 (2009) Nr.4,25;– sich eingebildet benehmen, wichtig tun: *si broat mȧcha* Kchnbuch BUL; *mach dich nöt so broat* STURM Lieder 104.– *B. getätscht* sehr breit, OB, NB mehrf., OP vereinz.: *dea hot amol an broatdetschtn Bilmas* (Kopf) Cham; *Sogar die Flunder macht a Gfries, Weil s' brettlebn und broattetscht is* EHBAUER Weltgschicht I 16.– *B. dreschen / treten / schlagen* zu ausführlich darlegen, OB, NB vereinz.: *richti broat trettn* Kiefersfdn RO.– Ra.: *der macht's broata wia lang* „macht aus der Not eine Tugend" Staudach (Achental) TS.– **1b** von best. seitlicher Ausdehnung, OB, NB, OP vereinz.: *koan Finger broat* Hengersbg DEG; *Grad zwoa Hand broat unterm G'nack* J. KREIS, Ringelspiel des Alltags, München ²1943,88; *da Weg is nur a Spann broat drucka* C.T. MÜLLER, Der Keferloher Markt bey München, München 1832, 6; *ain wullein rotz tůch, daz ainer spann prait sey* 1392 Runtingerb. II,24; *sechzehen schuech lang, sex prait* AVENTIN IV,95,14f. (Chron.).– **1c** übertr.– **1cα**: *broat* „dick" Weichs DAH.– **1cβ** schwanger, OB, NB vereinz.: *die is scho vor der Håuzet broat woarn* Ruhpolding TS; *De is aa scho wieda broat!* Söllhuben RO FANDERL Obb.Lieder 99.– Auch: *broat* „trächtig" Ruhpolding TS.– **1cγ** †: *Vom Braɘt·n hernehmen* „vom Ersparten" SCHMELLER I,370.
2 unangemessen viel Platz einnehmend: °*der hod si wieda broat hergsitzt* Simssee RO; *da dritte leit* [liegt] *drin ois a Broada und plauscht ihr vom Heirat'n für* BAUER gut bayer. 133.
3 völlig, ganz: *der is broat glifat* Mengkfn DGF.

Etym.: Ahd., mhd. *breit*, germ. Wort unklarer Herkunft; KLUGE-SEEBOLD 150.

Ltg, Formen: *brǫad* OB, NB, OP, SCH (dazu EIH, GUN, HEB, HIP, WUG), auch *-ua-* NB, OP (Bay.Wald), *-ǫi-* (IN; AM, OVI, PAR; EIH, HIP, WUG; ND), z.T. analog den flekt. Formen (s.u.), vgl. SCHMELLER I,370, ferner *-ǭ-* u.ä. OF (dazu ESB, KEM, TIR; GUN, WUG), *-ā-* MF (dazu BT, PEG), vereinz. *-ea-* (SOG). Flekt. Formen mit *-ǫi-* OP (v.a. N), OF (dazu BOG, KÖZ, SR, VIT).– Kompar. auch *breada* u.ä. OB, NB, OP (dazu EIH, SC, WUG; FDB), *-ia-* (KÖZ; AM, NAB, NEN, NEW, SUL), *-ē̜-*, *-ē-* (GUN, SC).

SCHMELLER I,370; WESTENRIEDER Gloss. 57; ZAUPSER 18.– WBÖ III,836-839; Schwäb.Wb. I,1390f.; Schw.Id. V,917-920; Suddt.Wb. II,601f.– DWB II,356-358; Frühnhd.Wb. IV,1061-1063; Mhd.Wb. I,983f.; WMU 286; Ahd.Wb. I,1340-1342.– BERTHOLD Fürther Wb. 27f.; BRAUN Gr.Wb. 60, 64f.; CHRISTL Aichacher Wb. 210; GÖTTLER Dachauerisch 19; KOLLER östl.Jura 15; POELT-PEUKER Wb.Pöcking 10; RASP Bgdn.Mda. 34; SINGER Arzbg.Wb. 41.– S-29B70, 35D12f., 37C55, M-2/19, 34/5, 273/14.

Abl.: *Breite, Breitel, breitelicht, -breiteln, breiten, Breiter, Breiterin, -breitern, Breiting, Breitling, Breitung.*

Komp.: [**brettlein**]**b. 1** von sehr großer seitlicher Ausdehnung, °OB, °OP mehrf., °NB, °OF, MF vereinz.: *bretlbroat offa* sperrangelweit offen Pförring IN; *a brelbroads Gsiecht* Bärnau TIR; *da rutscht er aus, liegt brettlbroat da* Roider Jackl 28; „am Morgen ... liegen sie *bredlbroid* zusammengedrückt da" SCHÖNWERTH Opf. I, 319.– In festen Fügungen: *sich b. machen* sich stark ausbreiten, vordrängen, °NB, °OP, °SCH vereinz.: °*macht der sie brellabroat* Mering FDB; *Sich* [brettl]*breit machen* ⁴ZEHETNER Bair.Dt. 79.– *Bredlbroatdredn an die große Glocke hängen* Fuchsmühl TIR.– **2** wie →*b.2*, °OB, NB, °OP, °SCH vereinz.: *bredlbroat* „sehr kommod, meist auf Kosten des Nachbarn" Neustadt KEH; *Brettlbroat ... Haun sa si auf d' Liegebänk* SCHNEIDER Mchn.Rass' 115.– **3** sehr ausführlich, NB, °OP vereinz.: *brödlbroat vozelln* „lang und breit" Passau; „so vertraut ... daß er ihr sein ganzes Anliegen *brettlbreit* erzählt" Altb. Heimatp. 6 (1954) Nr.18,3.– **4** offen, ohne Umschweife, °NB vereinz.: *den honös brödlbroad eigsagt* Mirskfn LA; *Den ... hã-e-s ... bredlbroȧd ȧs Gsichd gsǫgd* „offen meine Meinung gesagt" KAPS Welt d.Bauern 140.

WBÖ III,840; Schwäb.Wb. VI,1692; Suddt.Wb. II,621.– BRAUN Gr.Wb. 64; DENZ Windisch-Eschenbach 117; GÖTTLER Dachauerisch 18; KILGERT Gloss.Ratisbonense 48; SINGER Arzbg.Wb. 42; Spr.Rupertiwinkel 13; Wb.Krün 7.

Mehrfachkomp.: [**pritsch-brettlein**]**b.** wie →[*brettlein*]*b.*1: °*britschbrelbraad* Trevesen KEM; *bri:dšbre:dlbroad* KILGERT Gloss.Ratisbonense 48.

KILGERT Gloss.Ratisbonense 48.

[*pritsch(en)*]**b.**, [**pritschlein**]- 1 dass., NB, °OF, MF vereinz.: *britschlbroat* Passau.– 2 wie →*b.*2: °*dea liigd britschabrååd dou* Thierstein WUN; *Pritschlbrat mittn in der Stubm hockst* SCHEMM Neie Deas-Gsch. 69.
BERTHOLD Fürther Wb. 171; BRAUN Gr.Wb. 472; MAAS Nürnbg.Wb. 90; SINGER Arzbg.Wb. 42.

[**daum(en)**]**b.** daumenbreit, OB, NB, OP vereinz.: *a dambroada Sam* Mittich GRI.
WBÖ III,840.– ²DWB VI,413.– S-35D24ᵃ.

[**ellen**]**b. 1** †eine Elle breit: *4 Ellen Loden Ellenbreit* LENTNER Bavaria Almen 109.– **2** wie →[*brettlein*]*b.*1: *ellnbroat* Rudelzhsn MAI.
WBÖ III,840.– ²DWB VII,1237.

[**finger**]**b.** fingerbreit, OB, NB vereinz.: *fingerbroat* Hengersbg DEG.
WBÖ III,840; Schwäb.Wb. II,1509.– ²DWB IX,515f.; LEXER HWb. III,355.

[**fuß**]**b.** einen Fuß breit, OB, NB vereinz.: „einen Streifen beim Eggen *fuasbroad aulasn*" Kchasch ED.– Als M. in fester Fügung *keinen F. nachgeben* gar nicht, NB, OP vereinz.: *koin Fousbroat naugem* Kohlbg NEW.
WBÖ III,840.– ²DWB IX,1359f.; LEXER HWb. III,580.– S-19H1ᵐ.

[**haar(lein)**]**b. 1**: *hoarlbroat (gar nicht) gib i ninx hea* Iggensbach DEG.– **2** als N., Haarbreit: *a Hoabroat, na war a higwen!* „er wäre beinahe gestorben" Ingolstadt.– V.a. in festen Fügungen *auf das / um ein H.* u.ä. OB, NB vereinz.: *aufs Hårbroad is's danöbm ganga* Höhenstadt PA.
WBÖ III,840.– DWB IV,2,25; Frühnhd.Wb. VII,1139.

[**hand**]**b.**, [**hände**]- handbreit, OB, NB, OP vereinz.: *händbroad* Kreuzbg WOS; *So hot zwischn dem Kummet und da Luftröhr a handbroata Abstand sei miassn* PINZL Bäuerin 146; *ein Hand breit schwarz-lederne Gürtl umb den Leib* Landstreicherord. 2.– Als F. in fester Fügung *um eine H.* um eine Kleinigkeit: *da faits um a handbroat* Wasserburg; *Da hab i's um a Handbroat z'weit hint' schnallen lassen* THOMA Werke III,322 (Wilderer).
WBÖ III,840; Schwäb.Wb. III,1109; Schw.Id. V,920.– DWB IV,2,365,367; Frühnhd.Wb. VII,1021f.– S-19H1ᵐ.

[**himmel**]**b.** wie →[*brettlein*]*b.*1, NB, OP vereinz.: *himlbroad* Eilsbrunn R.
DWB IV,2,1343.

[**meter**]**b.** dass., NB, OP vereinz.: *meddabroad* M'rteich TIR.

[**nagel**]**b.** ein wenig: *naglbroat hett no gfeit, war der überfahrn wordn* Mchn.– Als M., Kleinigkeit: *als daß sie sollten von ihrem GOtt/ JEsu Christo … nur ein Nagelbreit abweichen* SELHAMER Tuba Rust. II,245.– In festen Fügungen *nicht einen / keinen N. weichen* u.ä. gar nicht, OB, OP vereinz.: *koin Noglbroat weichn* Wdsassen TIR.– Auch: *koan Naglbroat hanö kriagt* „gar nichts" östl.OB.
WBÖ III,840.

[**spann(en)**]**b. 1** eine Spanne breit, OB, NB, OP vereinz.: *spånbroat* Simbach PAN; *dass der Taig lang und etwann Spannen-breit werde* HAGGER Kochb. II,1,5.– **2** wie →[*brettlein*]*b.*1: *spannbroat* „sehr breit" O'ammergau GAP.
WBÖ III,841; Schwäb.Wb. VI,3135.– DWB X,1,1908; LEXER HWb. II,1068f.– S-50I27.

[**wutzel**]**b.** sehr dick: *Dem Moar sei Oberdirn ist a wutzelbroat* Obb.Heimatbl. 3 (1925) Nr.14[,1].
A.R.R.

Breite
F. **1** Breite, seitliche Ausdehnung, OB, °NB mehrf., OP, OF, SCH vereinz.: °*in da Löng sands drei, in da Breadn zwoa Meta* Wimm PAN; *dö Broidn von Aga gejd bis zo dem Birabam* Beilngries; *De Schindln han verschiedenerloi gwen in der Breatn* KÖZ BJV 1952,28; *Bräəd·n* SCHMELLER I,370; *Der âne breite und âne lenge, ân end ist* LAMPRECHT vR 306,1f.– In fester Fügung *in die B. gehen*: *der Weg get in Breatn* wird immer breiter Wasserburg.– Dick werden: *dös Mannsbild geht ganz in d'Bräatn* Passau; *i woaß ned, warum i gor so in d'Broatn geh* Altb.Heimatp. 47 (1995) Nr.8,5.– Ra.: *was håd denn dea heut scha füa a Glück, wie eam s Gsicht gau so in Broan ganga is?* „weil er so strahlt" Mittich GRI.

2 Körperfülle, °NB vereinz.: *de kimt mit da gånzn Breadn dahea* „von einer Schwangeren" Aicha PA; *Mei Liawa, de hod vielleicht a Breadn beinand (korpulente Figur)!* BINDER Bayr. 32.– Übertr.: *mit da gånzn Breatn daheakema* „protzig" Aicha PA.

3 breite Seite, breiter Teil eines Gegenstands, OB, NB, OP, MF vereinz.: *de Broadn* stumpfes Ende des Ostereis Rohr PAF.

4 auszubreitender Gegenstand.– **4a** einfacher Teppich: °*Broatn* „einfacher Läufer" Wasserburg; „eine schmale *Broatn*, eine Teppichlänge aus ... Stofflicken" HAGER-HEYN Dorf 53f.– **4b**: *Bråitn* Netz, in das die Heubüschel eingebunden werden Zwiesel REG.

5 weite, breite Fläche.– **5a** Acker, Wiese, °OB, °NB vielf., °OP mehrf., SCH vereinz.: *dea hat a ganzö Broatn Woaz* N'aschau RO; *Broitn* „breite Wiese" Tirschenrth; *heid muas nou da Hawr rei von dr Broadna* Mering FDB; *Beim Pfoarra seina Broat'n h'na'* LAUTENBACHER Ged. 43; *an Hirlinger sei Broatn, dös Häusl und 's Schlössl* O.M. GRAF, Die Chron. von Flechting, München 1975, 96; „*Reichker ... verkauft seine praitten ... genant die Haberpeunt*" 1371 Rgbg.Urkb. II,372; *Im weingarten sind dreu praitl daran man traidt paut* 1523 J. DÜRNEGGER, Neubeuern am Inn, Rosenheim 1922, 81.– Häufig als Fln.– **5b**: *a Broatn* ebener, unbewachsener Platz auf einem Berg Schrobenhsn.– **5c**: „die Städel haben über der Tenne meist zwei Böden, *Bråitn* genannt" Kchnthumbach ESB.

Etym.: Ahd. *breitî* stf., *breita* swf., mhd. *breite* stf., Abl. von →*breit*; PFEIFER Et.Wb. 168.

Ltg: *bṛoatn, bṛoa(d)n* u.ä. OB, NB, SCH, vereinz. *bṛoatna* (GAP; FDB), ferner *bṛoitn, bṛoi(d)n* NB, OP, OF, MF (dazu TS), vereinz. *bṛoid* OF, *brā(d)n* MF. Mit analogem Uml., vgl. Lg. § 20n1, v.a. in Bed.1 *bṛeatn,-(d)n* u.ä. OB, NB, OP, SCH, südl.MF, vereinz. *bṛead* (BGD), *briatn, -(d)n* (KÖZ; AM, NEW, VOH; HEB, LAU; DON), *bṛedn* u.ä. (GAP, RO; CHA, ESB; FÜ, GUN, SC), *bṛeati* (SOG).

HÄSSLEIN Nürnbg.Id.53; SCHMELLER I,370.– WBÖ III,841-844; Schwäb.Wb. I,1391f., VI,1690; Schw.Id. V,920, 922; Südtr.Wb. II,602.– DWB II,358f.; Frühnhd.Wb. IV,1064-1066; Mhd.Wb. I,985f.; WMU 286f.; Ahd.Wb. I,1342, 1348f.– BERTHOLD Fürther Wb. 27; BRAUN Gr.Wb. 60, 65; CHRISTL Aichacher Wb. 134; GÖTTLER Dachauerisch 19; KOLLMER II,70, 74; LECHNER Rehling 165; POELT-PEUKER Wb.Pöcking 10.– S-16B2, 16, 38D13, 79E27.

Komp.: **[Achsel]b.** Schulterbreite eines Kleidungsstücks, NB, OP vereinz.: *Achzlbriatn* Kohlbg NEW.
WBÖ III,842.– S-38D15.

[Acker]b. 1 Breite eines Ackers, OB, NB, OP vereinz.: *nå da-r-Åggabreadn* St.Englmar BOG.– **2** großer, breiter Acker, °OB vereinz.: °*Ackerbroatn* „Ackerland" Garching AÖ; *Ackabreutn* „großes Feld" JUDENMANN Opf.Wb. 14.
WBÖ III,842.– ²DWB I,1425.– S-16B16.

[Anhin]b. Pflugwende: *Oibroitn* Marquartstein TS DWA VIII,49.

[Boden]b. wie →*B.*4a: °*die Bombroatn* „Fleckerlteppich" Inzell TS.

[Brust]b. Brustbreite eines Kleidungsstücks, OB, NB vereinz.: *d Brustbräatn* Hengersbg DEG.

[Buckel]b. Rückenbreite eines Kleidungsstücks, OB, NB vereinz.: *Buglbreadn* Aicha PA.
WBÖ III,842.

[Trat]b.: *Drodbroadn* „Brachacker" Haimhsn DAH.– Zu →*Trate* 'Brache'.

[Flachs]b. Flachsfeld: °*de große Flachsbroatn* Benediktbeuern TÖL; *eine Flachsbreiten* RO, WS HuV 14 (1936) 286.

[Grund]b. wie →*B.*5a, OB, OP vereinz.: *Grundbroidn* Beilngries.

[Hasen]b. Gemeine Quecke (Agriopyrum repens): *Hoserbroit* Edelsfd SUL DWA XVII,77.

[Haus]b. Acker in Hofnähe, °OB vereinz.: *Hausbroatn* „mit Kartoffeln bebaut" Traunstein.

[Hennen]b. scherzh. kleiner Acker: °*Henabråitn* Dornwang DGF.

[Hof]b. 1 wie →*[Haus]b.*, °OB, °NB, °OP, SCH vereinz.: *d'Hofbroadn* „nahe beim Hof" Haimhsn DAH.– **2** Acker, Wiese, zum Hof gehörig, NB, °OP vereinz.: *Hofbroatn* „von jeher zum Anwesen gehörig" Kötzting; *dem grossen marchstain ... der gesezt ist vor Irer genaden Hoffpraitten* Kösching IN 1527 MB XVIII,697.
WBÖ III,844.– Rechtswb.V,1191.– S-14B1ᶠ.

[Klee]b. großes Kleefeld: *Kleebreutn* G'muß KEH; „*Von seiner Kleebreiten zum Feichtner* [PN] *hinüber*" OP Alt-Bayer.Heimat 3 (1950) Nr.5[,4].
WBÖ III,844.

[Mahd]b. Grasschwade: *Mahdbroadn* Abensbg KEH DWA III,17.

[Schulter]b. wie →*[Achsel]b.*, OB, NB vereinz.: *Schuötabreatn* Innviertel.
WBÖ III,843.

[Üchsen]b. dass.: *Irksnbroaddn* Kochel TÖL.– Zu →*Üchse* 'Achselhöhle, Schulter'.

[Zwerch]b.: °*Zwerchbroil* quer liegender Acker Kemnathen PAR.
DWB XVI,1088.
A.R.R.

Breitel
M.: *Bråidai* Kröte Spiegelau GRA.
Schw.Id.V,920.– DWB II,359.   A.R.R.

breitelicht
Adj.: *wultl broatalat* „ziemlich breit" Partenkchn GAP.
WBÖ III,849; Schwäb.Wb. I,1392; Schw.Id.V,923.   A.R.R.

-breiteln
Vb., nur im Komp.: [**hin**]**b.** refl.: °*se hibroatln* „sich bequem und breit hinsetzen" Rottendf NAB.   A.R.R.

breiten
Vb. **1** auf eine Fläche verteilen, auseinanderstreuen, °Gesamtgeb. vielf.: *die Deanstbotn genga naus zum Dunget broatn* Dachau; *Hoa broatn Flachs zum Dörren ausbreiten* U'höft EG; *Gros broin* Beilngries; *Ach, wenn nur der Mist scho broat waar!* Klenau SOB BÖCK Sagen Neuburg-Schrobenhsn 94; „Den Mist, Flachs, das Heu ec. *brǫatt·n*" SCHMELLER I,370; *1 tag Mist praitten* Leuchtenburg NEW 1601 StA Ambg, Abgabe BayHStA 2003 GL Leuchtenberg 123a,fol.12ᵛ. **2** breit od. ausgebreitet hinlegen, OB vereinz.: *de Zepf werdn um an Khobf broat* O'audf RO; *Nacha hat er sein'Mantel ins Gras broat'und si' draufg'setzt* FRANZ Lustivogelbach 46; *wie der Boanlkramer mi'n Aschaugn firti gwest is, broat der ander vor ihm sei Kartn* KOBELL Werke 136 (Brandner Kaspar). **3** breit machen, groß tun.– **3a** breit machen, dehnen: *dea broat d'Nosn schon* „bläht die Nasenflügel" Erding; *Amplare pʳaiten* 8./9.Jh. StSG. I,42,18; *daz [Münzmasse] sullen si mir stükchln und praitten, als ez in di münisse gehort zu helbling* 1396 Runtingerb. II,252.– In festen Fügungen: *die →Trensche b.* weinerlich schauen.– *Das →Maul / →[Ge]wäff / den →Fotz b.* lachen.– *Die →Waffel b.* großtun.– **3b** refl., sich ausbreiten, ausdehnen: *Da Kittl muaß in Roafn steh, damit a si halt broat recht schö* Zell TS KIEM obb.Volksl. 407.– **3c** refl., unangemessen viel Platz einnehmen,°OB,°NB vereinz.: *he, broat dö nöt gar aso an Tisch!* Altötting; *sitzn si nieda und broatn si drei* Zell TS KIEM ebd. 408; *sich braiten* „sich breit machen" SCHMELLER I, 370.– **3d** refl., großtun, prahlen: *dea broatt sö wia-r-an Åjbuaga Baua* „ein Alburger, der typische wohlhabende Gäubodenbauer" Reisbach DGF; *sich braiten* „ein Ansehen geben" Bay. Wald SCHMELLER ebd.

4 †refl., sich verbreiten, in Umlauf kommen: *do braite sich diu gotes lêre* Kaiserchron.384,16769; *mein geticht ... doch sol es sich weitter breiten, des hoff ich* HAYDEN Salomon u.Markolf 299, 8-10.

Etym.: Ahd. *breiten,-ên*, mhd. *breiten*, Abl. von →*breit*; PFEIFER Et.Wb. 168.

Ltg: *brǫatn* OB, NB, SCH (dazu CHA, R, ROD; EIH, WUG), -*tə* westl.OB (dazu FDB), *brǫitn*, -(d)n u.ä. NB (v.a. N), OP, OF, MF (dazu AÖ, IN; ND), *brā(d)n* MF (dazu NM; FO, PEG), *bra(d)n* (GUN, HEB,SC,WUG).
SCHMELLER I,370.– WBÖ III,845 f.; Schwäb.Wb. I,1392; Schw.Id.V,921; Suddt.Wb. II,602 f.– DWB II,359 f.; Frühnhd.Wb. IV,1066 f.; Mhd.Wb. I,986-988; Ahd.Wb. I,1342-1345, 1347 f.– BRAUN Gr.Wb. 60; LECHNER Rehling 165; POELT-PEUKER Wb.Pöcking 10; RASP Bgdn.Mda. 34.– S-18E12ᵃ.

Komp.: [**an**]**b. 1** wie →*b.*1,°OB mehrf., °NB, OP, SCH vereinz.: *boi [wenn] da Mist außegfån is, miaßn de Weiwadn [Frauen] obroatn* Erding; *s Gros åubroaddn* Derching FDB; *o(n)broatn* „Mist anbreiten auf dem Feld" RASP Bgdn. Mda. 115; „Den Mist, Flachs, das Heu ec. ... *á~braǝtt·n*" SCHMELLER I,370.– Übertr.: „*Sei~ Sach* (Vermögen) *a~braǝt·n,* verthun" M'nwd GAP ebd.– **2** (gemähtes Getreide) häufchen- od. reihenweise auslegen, °OB vereinz.: *obroatn* „das Getreide reihenweise ausbreiten" Klingen AIC; *åubroatn* „den gemähten Roggen und Weizen zum Binden von Garben häufchenweise zusammentragen" nach LECHNER Rehling 135.
SCHMELLER I,370.– WBÖ III,846 f.; Suddt.Wb. I,323.– CHRISTL Aichacher Wb. 221; LECHNER Rehling 135; RASP Bgdn.Mda.115.

[**auf**]**b. 1** wie →*b.*1, OB, NB, OP, MF vereinz.: *Hoa afbroaitn Flachs zum Dörren ausbreiten* O'schneiding SR; *Drischldrusch ... D'Weibsleut ziahgn an Stock (Viertel in der Scheune) vanand ... und broatn auf in der Tenne* um Kösching IN HuV 12 (1934) 313.– **2** wie →*b.*2, °OB,°NB vereinz.: °*tua an Bonhodan [Teppich] aufbroatn!* Reichersbeuern TÖL; *auf-proatn* SCHWEIZER Dießner Wb. 14.– Auch: *afbroin* „den Tisch decken" Fürnrd SUL.– „hohe Festtage ... an denen sie ... *aufbroat* ... das weißseidene Fransentuch um die Schultern legt" BAUER Oldinger Jahr 143 f.
WBÖ III,847; Schwäb.Wb. VI,1537; Suddt.Wb. I,497.– ²DWB III,443; Frühnhd.Wb. II,354; LEXER HWb. II,1689.– S-100F13.

[**aus**]**b. 1** wie →*b.*1, OB, NB, OP, MF vereinz.: *Flachs zum Dürrn asbroin* Burglengenfd; *aus:broaddn* „Mist auf dem Feld" CHRISTL

Aichacher Wb. 223.– **2** wie →*b*.2, OB, °NB, OP vereinz.: *an Stoff zon Zuaschneidn ausbroatn* Tann PAN.– **3** ausstrecken, ausdehnen.– **3a** von sich strecken: *d'Arm asbroitn* Wdsassen TIR; *Wüi da Bfoara zwüimal sà Hendd àasbreidd fias „dominus vobiscum"* LODES Huuza güi 24.– **3b** refl., wie →*b*.3c: °*no broat di net gar so aus, da hat sunst neamd mehr Platz!* Wettstetten IN.– **4** verbreiten, weitererzählen: *a Grücht ausbroatn* Mchn; *ausbröatn „Neuigkeiten unter die Leute bringen"* POELT-PEUKER Wb.Pöcking 10.– **5** refl., um sich greifen: *De Sei:ich hood se aus:broadd* CHRISTL ebd.

WBÖ III,847f.; Schwäb.Wb. I,457; Schw.Id. V,921; Suddt. Wb. I,584.– ²DWB III,976-978; Frühnhd.Wb. II,922-924; LEXER HWb. II,2020; Ahd.Wb. I,1347.– CHRISTL Aichacher Wb. 223; POELT-PEUKER Wb.Pöcking 6.– S-102C7, M-45/1, 7, 258/12.

[**einhin**]**b. 1**: *s Beddou änöbraötn öss Bett* „das Bettuch ins Bett hineinbreiten" Zandt KÖZ.– **2** refl., sich hinlümmeln, breit hineinsetzen, °OB, °NB, OP vereinz.: *kannst di niat nu bessa üban Disch einebroin?* Sulzbach; *Wann d'Weiberleut in Kircha genga ... Sie hockant sich nieda und broat'nt sich eine* BERTHOLD Lieder 13.

WBÖ III,848; Suddt.Wb. III,597.

[**ver**]**b.** wie →[*aus*]*b*.4: °*dera wennsd ebbs vozoisd, de duadd oiss vobroaddn* Neufraunhfn VIB.

WBÖ III,848; Schwäb.Wb. II,1083.– DWB XII,1,164-166.

[**hin**]**b.** wie →*b*.2, NB, °MF vereinz.: *s Dischdou hibraötn* Zandt KÖZ; *hin-proatn* SCHWEIZER Dießner Wb. 155.

WBÖ III,848; Suddt.Wb. V,392.– DWB IV,2,1403.

[**weg**]**b.**: *wegbroatn „das geformte Weißgebäck auf die Backbretter legen"* O'audf RO. A.R.R.

Breiter
M., einfacher Teppich, Vorleger, °OB mehrf., °NB, °OP, °MF, °SCH vereinz.: °*tua'n Broata auflegn* Thanning WOR; *Daß d'an Broata naustoa muaßt* BAUER Oldinger Jahr 27.

Wb.Krün 7.– W-41/31.

Komp.: [**Auf**]**b.** dass.: °*Aufbroata* Partenkchn GAP.

WBÖ III,849.

[**Aus**]**b.** dass.: *Ausbroata „Fleckerlläufer, auch Stück zum Füße abstreifen"* Garmisch-Partenkchn. DWB I,837.

[**Fleck(e)lein**]**b.** Fleckerlteppich, °OB, °NB vereinz.: °*Fleckerlbroata* Aidenbach VOF.

[**Fuß**]**b.**: °*Fuaßbroata* „Vorleger vor der Tür" Freienrd FDB.

[**Mist**]**b. 1** jmd, der den Mist auf dem Acker verteilt, OB, NB, OP, OF vereinz.: *dåu san grod d Mistbroita draß gwest* Vohenstrauß.– **2** Dungstreuer: °*der Mieschbroata* Partenkchn GAP; *Soin de mit'm Mistbroater auffi fliagn ...?* Ü'see TS Bayer. Landtag. 16. Wahlperiode. Plenarprot. 16/5, 13.11.2008, 154.

WBÖ III,849; Schwäb.Wb. IV,1693. A.R.R.

Breiterin
F., Frau, die den Mist auf dem Acker verteilt: *iaz deafen se Broatarenna umtoa, sist ockat ma s ei* Erding.

Komp.: [**Mist**]**b.** dass., OB, NB, OP, OF, SCH vereinz.: *Mischdbroadarin* Mering FDB.

WBÖ III,849. A.R.R.

-breitern
Vb., nur im Komp.: [**ver**]**b.** breiter machen: °*vobreadan* Neufraunhfn VIB; *fa-proata*ʳ*t* SCHWEIZER Dießner Wb. 35.

Schwäb.Wb. II,1083.– DWB XII,1,166. A.R.R.

Breiting, -in
1 F., Kröte, °NB (v.a. Bay.Wald) mehrf., OB vereinz.: *Broadeng* Grabenstätt TS; „*Broadön*, Mz. *Broadönga*" Garham VOF; *Broatö* HÄRING Gäuboden 130; „die kröte ... hat auch noch die namen: *Heppin ... Braəte*" NB PANZER Sagen II, 195.– Im Vergleich *wie eine B.* sehr breit, °NB vereinz.: °*dromgsessn aam Raadl is a wiara Broade* Straubing.– Ra.: °*den soit ma schnejn wiara Broatö* „schwer bestrafen" Metten DEG. **2** †M., Fladen, Kuchen: *Lapates fladun ... preitinga* Tegernsee MB 10./11.Jh. StSG. I,484,3; *praiting* 15.Jh.Voc.ex quo 1426.

Etym.: Ahd., mhd. *breitinc* 'Fladen' stm., Abl. von →*breit*, in Bed.1 wohl volksetym. als f. Abl. mit →*-in* umgedeutet; vgl. WBÖ III,849.

SCHMELLER I,370.– WBÖ III,849; Suddt.Wb. II,603.– DWB II,361; Mhd.Wb. I,988; Ahd.Wb. I,1349f.– KOLLMER II,74. A.R.R.

Breitling
M. **1** Kröte, °NB (v.a. Bay.Wald) vielf., °östl.OB mehrf., °SCH vereinz.: *da Broatlöng muas voa*

Sunawendtn daschlagn und an Schatn troknet wern „ein blutstillendes Mittel" Altötting; *da Broidling* Grainet WOS; *brɘǝtling* „Kröte" Passau Sb.Mchn 1887, 410; *Da sitzt a Broatling unterm Brunnstoa* STEMPLINGER Obb.Märchen I,55.– In Vergleichen: *wie ein B.* sehr breit, NB vereinz.: *dea håd a Vozzn wia a Broadling* Innernzell GRA; *Der Oberknecht hat ein Maul wia-r-a Bratling* STEMPLINGER Altbayern 45.– *Aufblasn wie a Broatleng* „sehr eitel" Wasserburg.
2 Kaulquappe: *Broatling* Palling LF DWA V, 22.
3 von Menschen.– **3a** breiter, dicker Mensch, °OB, °NB vereinz.: *du Broatlöng, kimst gent* [gar] *nöt vorbei bei mir* Innviertel; *Dee Broatling flacka oisa* [alle] *am Feier dortn* PESTENHOFER Drahtverhau 64; *Brɘǝdlin'* SCHMELLER I,370.– **3b** Mensch, der viel Platz einnimmt: *mach koan soichen Broatling* „mache dich nicht so breit" Passau; *Braătlen* „Mann, der sich recht breit ... macht" FEDERHOLZNER Wb.ndb.Mda. 40; *breǝdling* „der viel Platz zum Sitzen beansprucht" Passau Sb.Mchn 1887, 410.– **3c**: *Broatling* langweiliger Mensch Elbach MB.
4 Körperteil.– **4a** breiter Kopf, breites Gesicht, OB vereinz.: *Broatleng* Miesbach.– **4b**: *Broatling* große breite Zunge Mühldf.– **4c**: *Broatling* „breite Nase" Regen.– **4d**: *Broatling* „übergroße Hände" Eugenbach LA.– **4e**: *dried mö nöd so auffö mit deine Broatlön* „mit deinen breiten plumpen Füßen" Passau.
5 breiter Gegenstand, NB vereinz.: *Broatlön* „z.B. breiter Schuh" Aicha PA; *Broatleng* „runder, breiter, schwerer Gegenstand" ANGRÜNER Abbach 19.
6 Apfelsorte mit breiterem Ende auf der Stielseite: „der ... *Broatling* ... eine wenig ertragreiche Sorte" HAGER-HEYN Dorf 89; *Brɘǝdlin'* SCHMELLER I,370; „das feinste Tafelobst, den *Breitling* (rothen Kardinal)" 1782 PEETZ Kiemseekl. 242.
7 Großer Wegerich (Plantago major), °OB vereinz.: °*Broadling* Dachau.
8 †Fladen, Kuchen: *Placenta ... praitling* 2.H.15.Jh. Lib.ord.rer. 178; *an ... Ostern, allwo anstatt des Botenlaibel der herkömmliche Breitling ... gereicht wird* O'alteich BOG 1754 Jber HVS 36 (1933) 48.

SCHMELLER I,370.– WBÖ III,849f.; Schwäb.Wb. I,1392f.; Schw.Id.V,923; Suddt.Wb.II,603.– DWB II,361; Frühnhd. Wb. IV,1069.– ANGRÜNER Abbach 19; KOLLMER II,320; RASP Bgdn.Mda. 34; SOJER Ruhpoldinger Mda. 7; Spr.Rupertiwinkel 13, 48.–S-2A2ᵃ, 62E113.   A.R.R.

†**Breitung**
F., Breite, seitliche Ausdehnung: *Braǝding* „die Breite" SCHMELLER I,370; *merung, praitung, grözz vnd leng* KONRAD V.MEGENBERG, Von der Sel, hg. von G. STEER, München 1966, 91,529f.

WBÖ III,850; Schwäb.Wb. I,1393; Suddt.Wb. II,604.– DWB II,361; Frühnhd.Wb. IV,1069; Mhd.Wb. I,988.– S-16B2.   A.R.R.

prelgeln
Vb., schütteln, rütteln: *av an rǫpadn* [holprigen] *wē ... breiglds ... gsē̜d* nach KOLLMER II, 411.

Etym.: Wie gleichbed. österr. *preldern* (WBÖ III,858) Spielform einer Abl. von →*prellen*?
KOLLMER II,72.

Komp.: [**ein**]**b**.: *en hǫiwabroka* [Heidelbeerpflücken] *håmar åme* [immer] *t hǫiwa ēbreigld* „schüttelten wir die Heidelbeeren, damit mehr ... im Geschirr ... Platz hatten" nach KOLLMER II,411.

KOLLMER II,39,101.   A.R.R.

Prell, sumpfige Stelle, Zielloch, →*Brühl*.

prell
Adv.: °*ois is wieda prell ganga, dös is ma rausgrutscht* „überstürzt" Gangkfn EG.   A.R.R.

Prell(e)
F., M. **1**: *a Höppin* [Kröte] *broin auf da Broi* „Pfahl mit übergelegtem Brett, mit dem sie in die Höhe geschleudert wird" Mittich GRI.
2 Überstürzung, Erregung, Verliebtheit.– **2a** Überstürzung, Eile, °OB, °NB vereinz.: °*in da Prö hab i nimma gwißt, was i doa soi* Wegscheid; „*'s Fluacha ... wenn's da hoit a so außarumpet in der Prëi* (Ueberstürzung)" Bay.Wald HuV 12 (1934) 253.– **2b** Erregung, Zorn, °NB vereinz.: °*in der Prej hob e eahm oane gschmiert* Pleinting VOF.– **2c** Verliebtheit, Vernarrtheit, °NB vereinz.: °*er is so voll Prö, daß ers Fenster verwechslt* Breitenbg WEG.
3: °*der hat an Prell!* „einen Rausch" Feichten AÖ.

WBÖ III,852f.; Suddt.Wb. II,605.– DWB VII,2099f.– W-41/32-34.

Komp.: †[**Fuchs**]**p**. wohl Netz zum Prellen von Füchsen: *6. Fuxpröllen, dan noch .3. Vnbrauchsamb* Mchn 1698 MHStA FA Fasz. 433,fol.149ʳ (Inv.).   A.R.R.

prellen

Vb. **1** prellen, heftig stoßen.– **1a** an-, wegstoßen, wegschleudern.– **1aα** allg., OB, NB, °OP, MF vereinz.: *ö t He brejn Aicha* PA; *Des Linset* [Linsenabfall] ... *des is drüber* [übers Sieb] *weg ganga. Durchs Prelln is 's furtgrutscht* KÖZ, VIT BJV 1951,168; *wird schnellen, prellen* AVENTIN I, 459,5 (Gramm.).– **1aβ** (einen flachen Stein) über das Wasser hüpfen lassen: °*Stoa prelln* Rosenhm.– **1aγ**: *touma Stoa prelln* „flache Steine kräftig auf den Boden schleudern, daß sie beim Weiterfliegen summen" Wettstetten IN.– **1aδ** (ein Tier) in die Luft schleudern, um es zu töten, °Gesamtgeb. mehrf.: *Hätschn* [Kröte] *pröjn* Ingolstadt; *as Fruaschprelln* Selb; *Di duma Bauankinda hamand eahna Fraid drañ ban Hébben* [Kröten] *prêll'n* FEDERHOLZNER Wb.ndb.Mda. 170; „Ein sehr beliebter Brauch in der Fastnacht war das ... *Fuchsprellen*" Rgbg 16.Jh. VHO 53 (1901) 16.– **1b** auch unpers., durch Stoßen verletzen, Prellungen zufügen, °OB, °NB, OP vereinz.: *der hat si prellt* Wasserburg; °*i han ma d'Hend bröd* Breitenbg WEG; *Aso hods den prellt, wej er mit dem andern zammboxt is* LAUERER Wos gibt's Neis 69.– Ra.: *der käad sö min Schlegl prellt* „er ist geistig schwerfällig" Sossau SR, ähnlich ROL.– Übertr. vernichten, zugrunde richten: [Napoleon III.] *hat sei halbs Land verspoilt – da hats 'n prellt!* LF SCHMIDKUNZ Liederb. 222.

2 hereinlegen, betrügen, °OB, °NB, °OP, °OF vereinz.: °*den hams richti prellt* Rgbg; *wås uns da Goggolori duad, boi-a-s gschbänd, das man bröid hám?* ENDE Goggolori 53; *da prellt Duif'l* SCHUEGRAF Wäldler 41; *Du wirst nöt leina* [nicht wenig] *prellt* STURM Lieder 80.– In fester Fügung *die →Zeche p.*

3 kurz anbraten od. -kochen, °NB vereinz.: °*dös Fleisch is grad brejd* Hunding DEG.

4: °*prelln* „unanständig furzen" Mintraching R.– Ra.: °*wer meldt, der bröilt* „wer andere bezichtigt, gefurzt zu haben, der war es selber" Tacherting LF, ähnlich °R, SCHILLING Paargauer Wb. 109.

5 unpers., sich betrinken, °NB vereinz.: °*den hat's scho stark brejt* Pleining VOF.

6 Part.Prät.– **6a** dumm, einfältig, OB, °NB vereinz.: *Bröida!* Dummkopf Hallbergmoos FS; *brejd^a Ox!* BAUMGARTNER Wasserburger Ld 69.– **6b** verrückt, närrisch, °OB vereinz.: °*da Sepp wead a ganz a Bräida sei, dea weibadåppade Hund* Dachau; *Ja sog amol, bist du dodal prellt?* LAUERER I glaub, i spinn 93.– **6c** nervös, fahrig, NB vereinz.: °*is des a pröda Kal!* Breitenbg WEG.– **6d**: *brellt sein* verstimmt sein Margaretenrd FS.– **6e**: °*brejd* „schockiert, benommen" Kumrth WOS.

Etym.: Mhd. *prellen*, Abl. von →*Prall*; KLUGE-SEEBOLD 722.

WBÖ III,853-855; Schwäb.Wb. I,1394; Suddt.Wb. II,605.– DWB VII,2100f.; Frühnhd.Wb. IV,1070; LEXER HWb. II,291.– BERTHOLD Fürther Wb. 170f.; BRAUN Gr.Wb. 473; CHRISTL Aichacher Wb. 212, 232; GÖTTLER Dachauerisch 19, 57, 87; KONRAD nördl.Opf. 72; SINGER Arzbg.Wb. 179; Spr. Rupertiwinkel 13.– S-51K6^a, 97F53, W-41/37, 208/51.

Abl.: *prell, Prell(e), -prellens, Preller, -prellerln, Prellung.*

Komp.: [**ab**]p. **1** abprallen, OB, °NB vereinz.: *d Kugl is aprejt* Hohenpeißenbg SOG; *obroin* Spr. Rupertiwinkel 67.– Übertr.: *der is abprellt* „sie hat ihm einen Korb gegeben" Triftern PAN.– **2** abrutschen, abgleiten, °OB, °NB, °OP, °MF vereinz.: °*mit n Messa bin i abret* Breitenbg WEG.– **3** wie →*p.1b*: *a Boa^n håuds n opröllt* Wildenrth NEW.– **4** wie →*p.3*: *a åprejds Flaisch* Haidmühle WOS.– **5**: *obroin* „abnagen (mit Zähnen)" Spr. Rupertiwinkel 67.

WBÖ III,855; Suddt.Wb. I,136.– ²DWB I,650.– Spr. Rupertiwinkel 67.

[**an**]p. **1** anprallen, anstoßen, °OB, °NB, °OP vereinz.: *min Pflouch an an Stoi^n o^{n}pröln* Stadlern OVI; *anprellen* „das Schiff stößt an das Ufer an" Laufen Salzfass 29 (1995) 27; „dieß zu verhindern, bauet man [dem Holzschlitten] ... förmliche Fänge ... entgegen, an die er *anprellet* und davon aufgehalten wird" 2.H.18.Jh. SCHELLE Bauernleben 62.– Auch best. Schusserspiele spielen, °OB, °NB, °OP vereinz.: „*anprellen*, weil der Mitspieler meinen Schusser nimmt, wenn er ihn *anprellt*" Schnaittenbach AM; „Das *Anprellen*. Die Spieler ... *prellen* nacheinander ihren Schusser an einer Hauswand *an*" Mchn Dt.Gaue 12 (1911) 204;– Sachl. vgl. ebd.– **2** wie →*p.2*, °OB, °OP vereinz.: °*den howe schöi onbrellt* „ausgeschmiert" Neunburg.– **3** wie →*p.3*, °OP vereinz.: *anbröllt* Kallmünz BUL; „das Essen aus dem *Haferl* auf dem offenen Feuer etwas *angeprellt*" Wir am Steinwald 2 (1994) 14.– **4**: °*oan anprellt* „angesprochen, um Geld auszuleihen" Steingaden SOG.– **5** refl. od. unpers., wie →*p.5*, °NB mehrf., °OB, °OP, °MF, °SCH vereinz.: °*i moan, du hast di richti anbrejt* Geisenfd PAF; °*den hots a bissl obrellt* O'viechtach.– Auch in fester Fügung: °*der hat si oan aprejd* Ihrlerstein KEH.

WBÖ III,855.– ²DWB II,1229.– KONRAD nördl.Opf. 81.– W-41/35f.

[auf]prellen

[**auf**]**p. 1** aufprallen, OB, NB, OP vereinz.: *aufprejn* Simbach PAN.– **2**: *si aufprejn* „sich das Knie aufstoßen" Kochel TÖL.
WBÖ III,855.– ²DWB III,644; Frühnhd.Wb. II,587.– S-58J73.

[**aus**]**p.**: *d'Händ is ma ausbroit* „ausgerutscht zur Ohrfeige" Ruhstorf GRI.
WBÖ III,855 f.

[**ausher**]**p. 1** unpers., unbedacht sagen: °*dös hats ma direkt außaprejt, i hätts net sagn soin* Essenbach LA.– **2** herausrutschen, unbedacht gesagt werden, °OB, °NB, °OP vereinz.: °*des Wort is ma assaprellt* Winklarn OVI.
WBÖ III,856.

[**der**]**p. 1** wegstoßen: *Daweil is oan da Aerml ausg'schnellt Und hat die 42 Schneider daprellt* Pondf R Dt.Gaue 10 (1909) 198.– **2** wie →*p.*1b: *d'Hent hat a sö daprölt* Stadlern OVI; *ich hab ... auf die gefrorene Straße aufgetroffen und mir die Arme ... derprellt* ObG 19 (1930) 72.– **3**: °*daprelln* „voreilig, vorschnell sein" Tirschenrth.

[**ver**]**p. 1** wie →*p.*1b, °OB, NB, OP vereinz.: *i häb ma an Fuas verprelt* Wasserburg.– **2** refl., sich verlieben, °OB, °NB vereinz.: °*der is in dö verbrejd* Eining KEH.
DWB XII,1,977.– Braun Gr.Wb. 754.

†[**her-für**]**p.** hervordrängen: *Am jüngsten gericht werden vil herfür prellen* Aventin IV,62,2 (Chron.).

[**hin**]**p. 1** wie →[*an*]*p.*1: *wia des gscheppert hat, bal* [wenn] *so a Kiesbrocka an Tod an Schädl ... hiprellt is* F.X. Breitenfellner,Wia da Tod auf d'Welt kemma ist, Feldafing 1959, 11 f.– **2** hineilen, °NB, °OF vereinz.: °*dou bi i hiprellt, nou is a daváprellt!* Schönwd REH.– **3** unhöflich, vorwurfsvoll zu verstehen geben, °NB, °OP vereinz.: °*dös hon i eahm hiprejt* Metten DEG; „*Wird all Toch älta*", *haout nan da Braitegam hiprellt* Heinrich Gschichtla u.Gedichtla 14.– **4** refl., wie →*p.*5, nur in fester Fügung: °*dann hast da glei an saubern hiprellt* Thanndf EG.
WBÖ III,856.– Denz Windisch-Eschenbach 168.

[**zu-sammen**]**p. 1** refl., wie →*p.*5: °*da Schmie houd si so richtig zamprellt* Neustadt ESB.– **2** †hastig zusammenbauen: *die ganze Welt Ist nicht so g'schwind zusammgeprelt* Bucher Charfreytagsprocession 142.
WBÖ III,856.

[**über**]**p.** wie →*p.*1b, OB, NB vereinz.: *Oam üwabrejt* Simbach PAN.
WBÖ III,856.– DWB XI,2,448. A.R.R.

-prellens
N., nur im Komp.: [**An**]**p.** best. Schusserspiel: *O'prellats* Pasing M; „*die Buben ... trafen ... sich an den Stirnseiten der Sandkisten zum Oprellats wieder*" Sommer Blasius III,88.– Sachl.: „*man muß schauen, daß man einen anderen Schusser erwischt, und der dann in das Kacherl hineinrollt, und dann kriegt man alles, was im Kacherl ist*" C. Heim, Aus der Jugendzeit, München 1984, 67. A.R.R.

Preller
M. **1** Prall, Stoß, °OB, NB, °OP vereinz.: *es tuat an Preller Pfaffenbg* MAL; *Prella* „ein jäher Stoß" Singer Arzbg.Wb. 179.– Übertr.: °*Preja* „jäher Schicksalsschlag" Steinhögl BGD.
2 schwerer Hammer: °*Preller* „der große Hammer des Steinhauers" Falkenbg TIR; *auch soll der Breller dicht an dz dokwerk* [Amboß] *anstehen* 1780 Stadtarch. Rosenheim Abt. B/H Nr.1216, 106 f.
3: *Preller* „Hindernis zum Auffangen von Stößen" Mchn.
4: *Prellar* „Böller beim Fronleichnamsschießen" Peiting SOG.
5: *Preller* „Mensch, der andere betrügt" Mchn.
6 kurzes Aufkochen: °*die Erdepfl braung nu an Brella* Thierstein WUN; *döi brauchat'n nu an Prölla* Braun Gr.Wb. 473.
7 lauter Furz, NB, OP vereinz.: *Breja* Aicha PA.
8 Rausch, °OB, °NB, °OP, °OF, °MF vereinz.: °*der håt an Brayer!* Siglfing ED; *Preller* Berthold Fürther Wb. 170.
WBÖ III,857; Suddt.Wb. II,605.– DWB VII,2101; Frühnhd.Wb. IV,1070.– Berthold Fürther Wb. 170; Braun Gr.Wb. 473; Singer Arzbg.Wb. 179.– S-51K6ª.

Komp.: †[**Arsch**]**p.** Schlag auf den Hintern: *Was kriegts fir A-chprella Die stolze Jezabela!* Sturm Lieder 90.
Schwäb.Wb. I,330.– DWB I,567.

[**Neigelein**]**p.**: °*Noagalbreya* „Person, die stehengelassene Getränkereste trinkt" Birnbach GRI.

[**Zech**]**p.** Zechpreller, OB, NB, SCH vereinz.: *er is a Zechpreller* Wasserburg; *Zechprölla* Braun Gr.Wb. 904.
WBÖ III,857.– Braun Gr.Wb. 904.– S-97F55. A.R.R.

-prellerln
Vb., nur im Komp.: [**an**]**p.** ein best. Schusserspiel spielen, °OB vereinz.: °*onprejaln* „Schusserspiel gegen eine Wand" Mchn. A.R.R.

Prellung
F., Prellung, NB, OP vereinz.: *a Prelling* Naabdemenrth NEW.
WBÖ III,858.– DWB VII,2102. A.R.R.

Brem, Rand, → *Bräm(e)*.

Breme, -en, -ä-, -a-
M., F. **1** Bremse, Stechfliege, °OB vielf., °NB mehrf., °Restgeb. vereinz.: °*a Bröma hot mi gschtocha* Peiting SOG; *hai^{n}d kimt nå a Wöda, wai Brem so bes hand* Aicha PA; *letz war'n die Brema* GUMPPENBERG Loder 11; *Wemma nämle nu a paar Wochn wartn, naou kumma de Broama* SCHMIDT Säimal 114; *Asylo premo* Tegernsee MB 11.Jh.StSG. II,637,39; *Ysidorus spricht, daz der prem daz lieht liep hab* KONRAD v M BdN 328,16; *Das es die bremen ... stochen hetten* Roßarznei (BRUNNBAUER) 139.– In fester Fügung *blinde(r) B.* (kleine) Bremse, v.a. Regenbremse, °OB, °NB, °OP, °MF, °SCH vereinz.: °*dej blindn Bremer stechn und ploung Menschn und Vejcher* Nennslingen WUG; „*Die blinde Brem*, die Regenbremse, tabanus pluvialis L." SCHMELLER I,356; „Solange die feuchte Brunnensäule ... schwarz vor lauter ... *blinde Brem* war" SILBERNAGL Almsommer 23;– im Vergleich *wie ein blinder B. / eine blinde B.* kopflos, unbedacht, °OB, °NB, OP vereinz.: °*de laaft rum wia a blinde Brema* „läuft gegen alle Hindernisse und findet nichts" Peißenbg WM; *Deà gẹẹd drauf lous wià-r-à blindå Brem* „handelt blindlings, unüberlegt" KAPS Welt d.Bauern 92;– draufgängerisch, ungestüm, °NB, °OP, °OF, MF vereinz.: *draaf gei wei a blinda Bräma* Fürnrd SUL; *Einen anläuffen, anrennen wiə ə~ blindé Brem* „keck, ohne Scheu, blindlings" SCHMELLER ebd.; *Däa gäiht oa wöi a blinda Bräama* „geht an wie ein blutgieriges Insekt" SINGER Arzbg. Wb. 41;– *der is wia a blinda Brem* leicht reizbarer Mensch Drachselsrd VIT;– übertr. kopfloser, unbedachter Mensch, °NB, °OP vereinz.: °*blinda Brem* „einer, der nicht Obacht gibt" Neufraunhfn VIB; *Du bist a blinde Brema und findst wieda nixn* Heimat. Beil. der Kemnather Ztg 7.2.1959, Bl.475[,2].– Sprichw.: *a Hand voll Brema is bessa als a Metzn voll Haber* „bringt ein Roß schneller zum Laufen" ND.– *Wenn mar an Brem daschlogt kemmand neuni zo da Leich!* HALLER Waldlersprüch 21.– Spruch: *Wenn die Gmunder mit dem Kreuz kemma [nach Ellbach wallfahren], bringa s' die Brema Tegernsee* MB Altb.Heimatp. 6 (1954) Nr.21,3.
2 Dasselfliege, °OB, NB, °MF vereinz.: °*Breöma* Erling STA; „*brȇma ...* (Pferde)-Bremse" WHITE Eisenhfn 51f.; *Von den ... Bremen ... wann sie auß faulen Ochsenfleisch heraußwachsen* HUEBER Granat-apfel 306.
3 Hornisse, OB vereinz.: *Brem* Hornisse Wasserburg; „*ein Horneißel ... Die Breme gab aber nicht nach*" SCHÖNWERTH Opf.Sagen 252.
4 wohl Stechmücke, OP, MF vereinz.: *mi hod a Brem gstocha* Altdf HIP; *Brem* „Staunze" JUDENMANN Opf.Wb. 29.
5 Stubenfliege, sw.OP, südl.MF vielf.: *di Brema* Zimmerfliege Burggriesbach BEI; *Brem* EIH, HIP, WUG DWA I[,K.19].

Etym.: Ahd. *brēma* swf., *brēmo* swm., mhd. *brēme* swm., germ. Bildung idg. Herkunft; KLUGE-SEEBOLD 150.

Ltg, Formen: *brēm(a)*, *-ẹ̄-* u.ä., auch *-e-*, *-ę-*, ferner *-ea-* (AIC; NEW, TIR; REH, WUN; GUN, WUG), *-oa-* (REH, SEL), *-ā̱-* (TÖL; WOS), vgl. Lg. § 2g6. M. Formen mit *-a* meist nicht von *Bremer* (→*Bremer(er)*) zu trennen.– Pl. gleichl., vereinz. *-a(n)*, ferner *-ax* (FFB).

SCHMELLER I,356.– WBÖ III,858-860; Schwäb.Wb. I,1394; Schw.Id. V,603-605; Suddt.Wb. II,605f.– DWB II,362; Frühnhd.Wb. IV,1070f.; Mhd.Wb. I,988f.; WMU 2563; Ahd.Wb. I,1351-1353.– ANGRÜNER Abbach 15; BERTHOLD Fürther Wb. 29; BRAUN Gr.Wb. 60, 64; CHRISTL Aichacher Wb. 138; GÖTTLER Dachauerisch 18; KILGERT Gloss.Ratisbonense 47; KOLLER östl.Jura 15; KONRAD nördl.Opf. 53; MAAS Nürnbg.Wb. 89; POELT-PEUKER Wb.Pöcking 9; RASP Bgdn.Mda. 34; SCHILLING Paargauer Wb. 12; SINGER Arzbg. Wb. 41; Spr.Rupertiwinkel 13; Wb.Krün 7.– S-62H22.

Abl.: *Bremel*, *Bremer(er)*, *bremig*.

Komp.: [**Augen**]**b.** → *-braue*.

[**Kreuz**]**b. 1** wie → *B.1*, OB, °NB vereinz.: °*Greizbrema* Grafenau; „schon in aller Frühe surrten Fliegen und Bremsen – *blinde* und *Kreuzbrem*" Der Almbauer 47 (1995) 78.– **2** wohl wie → *B.2*: *Kreitsbrēm* „große Roßbremse" Kochel TÖL.
WBÖ III,860.

[**Roß**]**b. 1** wie → *B.1*: °*Roßbrema* Grafenau; *roṷßbrẹima* „Rinderbremse" LECHNER Rehling 265.– **2** wie → *B.2*: *Roßprēm* „die große auf den Bergen vorkommende Bremse" Kochel TÖL.
WBÖ III,860.– DWB VIII,1254.– LECHNER Rehling 265.

[**Schaf**]**b.** Schafbremse, °NB, SCH vereinz.: *Schofbreema* Schafbremse, welche die Drehkrankheit verursacht Derching FDB.
WBÖ III,860f.

[*Schnarr*]b. wie →*B*.1: *Schnoabremma* Heubg HIP; *Schnor(r)brem(a)* BEI, RID, WUG DWA V[,K.12].

[**Schnurr(en)**]b. dass.: *Schnurbrema* Röckenhfn HIP; *Schnur(r)brem(a)* BEI, NM, RID DWA ebd.

Schwäb.Wb. V,1089 f.– DWB IX,1414.

[**Stuben**]b. wie →*B*.5, MF vereinz.: *Stumbrema* Stubenfliege Irlahüll EIH. E.F.

Bremel
M., Bremse, Stechfliege, °NB vereinz.: °„*Bremln* hat man mit *Bremlöl* vertrieben" Breitenbg WEG; *Mit'm Hoar* [Flachs] *baut ma' d' Brem'l aa'* MILLER Lkr.WEG 85.

WBÖ III,861.– W-101/19. E.F.

bremeln
Vb. **1** undeutlich od. leise sprechen, murmeln, °OB, °NB, °OP, °OF vereinz.: °*döi zwoa breamln a so, do verstehst fei koa Wart* Wiefelsdf BUL; *brẽamln* „in den Bart hineinreden" Unterer Bay.Wald nach KOLLMER II,319.
2 murren, vor sich hinschimpfen, °OB, °OP vereinz.: °*was breamelts denn oiwei!* Taching LF; *breaml'n* „zanken" BRAUN Gr.Wb. 64.
3 °*breamön* „schmeicheln" Garching AÖ.
4 schnurren (von der Katze), °OB, °NB vereinz.: °*d Katz breamöt* Reut PAN; *breamen* U'neukchn AÖ nach SOB V,111.

Etym.: Abl. von österr. *prëmen* 'surren, rauschen', zur selben Wz. wie →*Breme*; WBÖ III,861 f.

WBÖ III,861; Suddt.Wb. II,606.– BRAUN Gr.Wb. 64; KOLLMER II,319.– W-41/38.

Komp.: [**an**]b. **1** in brummigem Ton anfahren, °OB vereinz.: °*an voi a'breamen* O'neukchn MÜ.– **2**: °*i hab mi nöt obreamen laßn* „ich habe der Schmeichelei nicht geglaubt" Garching AÖ.

[**da-her**]b. wie →*b*.1, °OB, °NB, °OP, °SCH vereinz.: °*der breamlt daher, i versteh ihn net* Gögging KEH. E.F.

Bremer(er)
M., Bremse, Stechfliege, °OP mehrf., OB, NB vereinz.: *Brei̯mr* O'schondf LL; °*so graußße Brembara han dåu gwest* Schnaittenbach AM; *Wenn die Bräamara kumma san und s'Väich sua knissat houd* [unruhig herumgerannt ist] FÄHNRICH M'rteich 106.– In fester Fügung nur im Vergleich *wie ein blinder B.* kopflos, unbedacht, °OP vereinz.: °*der foahrt umma wäi a blinda Bremara* „ist hektisch" Weiden;– *wai a blinda Bremmara* „kühn, verwegen" Etzenricht NEW;– °*ohne sai Brülln woar dea wöi a blinda Breamara* „sah er gar nichts" Windischeschenbach NEW.– Kinderv.: *Bremerer, Bremerer, gehi, Gehi ma niat in Kleei* Dieterskchn NEN Oberpfalz 5 (1911) 108.– Übertr.: °*Bremerer, blinder Bremerer* „Schimpfwort" mittl.OP.

Suddt.Wb. II,607.– DENZ Windisch-Eschenbach 116; KILGERT Gloss.Ratisbonense 47.

Komp.: [**Roß**]b. Libelle: *Roß-Brämmara* Rötz WÜM DWA II,15. E.F.

bremern
Vb., schnurren (von der Katze): *breamən* Winhöring AÖ nach SOB V,111.

Etym.: Wie →*bremeln* Abl. von österr. *prëmen* 'surren, rauschen', zur selben Wz. wie →*Breme*. E.F.

bremfeln
Vb., undeutlich od. leise sprechen, murmeln: °*bremfeln* Zell REG.

Etym.: Weiterbildung zu →*bremeln*; vgl. WBÖ III,863.

WBÖ III,863; Suddt.Wb. II,607. E.F.

bremig, -a-
Adj.: °*brämi, brami, aufbrami* „mannstoll" Fischbachau MB.

WBÖ III,864; Schw.Id.V,606. E.F.

†bremmern
Vb., bergmannssprl.: *bremmern* „die Erze aufziehen" OP SCHMELLER I,356.

Etym.: Abl. von *Bremmer* 'Schacht im Bergbau' (DWB II,363).

SCHMELLER I,356.– DWB II,363. E.F.

Bremse[1]
F. **1** Bremse, Stechfliege, °OB, NB, °OP vereinz.: °*Bremsn owean* „bei den Pferden mit einem Wedel" Ebersbg; „graue Stechfliege ... *Bremsn*" RASP Bgdn.Mda 34; *Die Bremse* SCHMELLER I,356; *primissa* Wessobrunn WM 9.Jh. StSG. IV,225,6.– In fester Fügung: *blinde Bremsn* „Regenbremse" Ingolstadt;– im Vergleich *wie eine blinde B.* kopflos, unbedacht: *wie a blinde Bremsn* Kollbach EG; „*der Veitl ... läuft immer herum wia-r-a blinde Brems*" STEMPLINGER Altbayern 49;– übertr.: *blinde Bremsn* „spottweise von einem Menschen, der schlecht sieht oder etwas übersieht" Ingolstadt.

2: *Bremsn* „Pferdebremse" GÖTTLER Dachauerisch 18.

Etym.: Ahd. *brimissa* f., zur selben Wz. wie →*Breme*, in heutiger Mda. aus der Schriftspr. entl.; KLUGE-SEEBOLD 150.

DWA V[,K.12].– SCHMELLER I,356.– WBÖ III,864; Schw. Id. V,615; Suddt.Wb. II,608.– DWB II,363; Ahd.Wb. I,1383.– BERTHOLD Fürther Wb. 29; CHRISTL Aichacher Wb. 138; GÖTTLER Dachauerisch 18.

Abl.: -*bremsen*, -*bremserei*, *bremsig*, *bremslig*[1].

E.F.

Bremse[2], **-brimse**
F. **1** Bremse, Vorrichtung, °Gesamtgeb. vielf.: °*tua fei guat Brems otreim, es geht gach* [steil] *obi Kchseeon* EBE; *ohne Bremsn iwan Beag åwöfån* Mittich GRI; °*drah Brems wieda auf, mia san druntn* Rdnburg; *grad als müßt er d'Brems ei'reibn* Chiemgau SHmt 48 (1959) 116.– Ra.: *Ich mou aweng die Brems eihaua* [mich zurückhalten], *waali sinst die halwe Nacht laafm mou!* SCHEMM Die allerneistn Deas-Gsch. 144.
2: °*Brems* „Knebelholz für Tiere, zum Ruhigstellen" Grafing EBE.– Auch †Maulkorb: *ich bin behafft* [festgehalten] *mit bremessen und mit zangen* HADAMARvL 206,178.
3 Bremsberg, bergmannssprl.: *brēms'n* „Steigabteilung" OB HuV 16 (1938) 267.

Etym.: Aus mnd. *premese* 'Maulholz, Zügel'; PFEIFER Et.Wb. 168.

SCHMELLER I,356.– WBÖ III,864; Schwäb.Wb. I,1395; Schw.Id. V,615; Suddt.Wb. II,608.– DWB II,363 f.; Frühnhd.Wb. IV,1072; LEXER HWb. I,349.– POELT-PEUKER Wb.Pöcking 14.– S-80B107, FM-40.

Abl.: *bremsen*[1], *Bremser*.

Komp.: [**Patent**]b. Bremsvorrichtung am Baumschlitten: °*Patentbrems* Reit i.W. TS.– Auch: °*Patentbrems* „spöttisch für primitive Prügelbremse am Schlitten" Söldenau VOF.

[**Tatzen**]b. dass.: °*Tatznbrems* „Eisenhebel mit Tatzen" Marquartstein TS.

[**Ein**]b. Bremse am Wagen: *Einbrems* Arrach ROD.

[**Hand**]b. Handbremse, °OB, °OP vereinz.: °*d'Handbrems* „am Leiterwagen" Sulzbach-Rosenbg; *håmbrems* Mörnshm EIH nach SBS XIII,279.

WBÖ III,865; Suddt.Wb.V,79.– S-105A145.

[**Hunds**]b. wie →*B.3*: *Hundsbrems* „Ohne Fördergerippe bei flachem Einfallen" OB HUBER Bergmannsspr. 12.

[**Lauf**]b.: °*Laufbrems* „Beinfessel für weidende Pferde" Söldenau VOF.

[**Rotz**]b. scherzh. Schnurrbart, °OB vereinz.: °*Rotzbremsn* Grafing EBE; *Roozbrems* JUDENMANN Opf.Wb. 131.

BRAUN Gr.Wb. 508; KILGERT Gloss.Ratisbonense 137; MAAS Nürnbg.Wb. 197.

[**Schlitten**]b. Bremse am Schlitten, °OB, NB, OP vereinz.: *Schlinbrems* Hemau PAR.

WBÖ III,865.– DWB IX,755.– S-81H27.

[**Stöcklein**]b. Bremsvorrichtung am Leiterwagen mit Bremsblock u. Schraubspindel: *ʃteklbrem*[b]*s* Waltersdf DEG nach SNiB VI,128.

[**Wagen**]b. wie →[**Ein**]b., °OB, °OP, MF, SCH mehrf., Restgeb. vereinz.: *Wongbrimms* Staudach (Achental) TS; *Wognbremsn* Breitenbrunn PAR; *wɒŋbremʃ* Aham VIB nach SNiB VI,128.

WBÖ III,865.– DWB XIII,444.– M-34/27.

E.F.

bremseln, brenzlig riechen, schmerzen, →*brennseln*.

bremsen[1]
Vb. **1** die Bremse betätigen, °OB, MF vielf., NB, OP, SCH mehrf.: *derfst aba boi bremsn* U'menzing M; *do muß mer a weng bremsn* Hohenstein HEB; *da wògnfüra hòd òyway wida brêmsn müassn, way irgnt so a dèp ned aus n-weg gánga is* KUEN Bair. 85.
2 abbremsen, °OB, NB, °OP vereinz.: °*um oins vo die Hinterradla is die schware Aahemmkettn glegt gwen, daß vo n schwarn Wogn bremst hout* Tirschenrth; *Jetzt haust d'Absätz eine, bremst und stehst* GEHRKE I und der Ludwig 54.
3 übertr.– **3a** zurückhalten, Einhalt tun, °OB, NB, °OP vereinz.: °*mit dem Eihoazn därfst bremsn* Endlhsn WOR; *Der konnse nimmer bremsn* LAUERER Wos gibt's Neis? 57.–
3b schnarchen: *der bremst* Schiltbg AIC.– Ra.: *der fahrt ge Tol, weil a gar a so bremst* Rinchnach REG.

WBÖ III,865; Schwäb.Wb. I,1395; Schw.Id. V,615; Suddt. Wb. II,608.– DWB II,364; Frühnhd.Wb. IV,1072.– S-80B108, M-209/5.

[ab]bremsen

Komp.: [**ab**]b. **1** wie →b.2, °OB vereinz.: *obremsn* Prien RO.– **2** übertr. wie →b.3a, °OB, °NB vereinz.: *den muaß ma obremsn* Einhalt gebieten Uffing WM.
WBÖ III,865; Suddt.Wb. I,17.

[**auf**]b. die Bremse lösen: °*du mouscht zoubremsn und wieda aufbremsn* Wettstetten IN.
WBÖ III,865.

[**aus**]b. dass., °OB, NB vereinz.: °*brems aus!* Eschenlohe GAP.

[**der**]b. **1** durch Bremsen rechtzeitig zum Stehen bringen: °*dea hout sein Wogn nimma dabremst und is an Baam higfoahn* Altenstadt NEW; *weil er seine Brettln nimma hat derbremsen kenna, hat er mein Fredi übern Haufm gfahrn* Mchn.Stadtanz. 18 (1962) Nr.4,5.– In fester Fügung *es d.* durch Bremsen rechtzeitig zum Stehen kommen: *bremsd howi scho, awa dabremsd howi 's hoid nimma* Altb.Heimatp. 59 (2007) Nr.18,22.– **2** übertr. wie →b.3a: *wann ... àn ǫidn Graudàrà d Liàb zo àn jungà Wàiwàds ... ã-fǫid, is-à nimmà zon dàbremsn* KAPS Welt d.Bauern 4.

[**ein**]b. **1** wie →b.1, °OB, °NB, °OP vereinz.: °*aibremsn* Cham; *ẽibrẹmsə* Steingaden SOG nach SBS XIII,280.– **2** übertr. wie →b.3a, °OB, °NB vereinz.: °*vaschür üt gor a so vui Hoiz, tua eibremsn!* Pöcking STA.
WBÖ III,865.– DWB III,156.   E.F.

bremsen², rösten, →*brennen*.

-bremsen
Vb., nur in Komp.: [**ab**]b. weglaufen, sich entfernen, OB vereinz.: *obremsn* „durchgehen, von Pferden" Endlhsn WOR.

[**aufhin**]b. stechen (von Insekten): *a Bi håut mi afibremst* Hessenrth KEM; *waoumi grod oina aaf mein Bläwarer* [Lippe] *aaffibremst ghat haout* SCHEMM Stoagaß 82.

[**durch**]b. wie →[*ab*]b., OB, NB, OP vereinz.: *durchbrömst is a* Neuötting AÖ.

[**ver**]b. refl., dass.: °*der håt se vabrämst* „aus dem Staub gemacht" O'nrd CHA.

[**da-hin**]b.: °*dea breamst grod a so dahi* „redet leise vor sich hin" Halfing RO.   E.F.

Bremser
M. **1** jmd, der die Bremse bedient, °OB, NB, OP, SCH vereinz.: °*oa End von Schloapfprügl hod da Bremsa außan Radl gheht* Wildenroth FFB; „Der Bahnbedienstete ... antwortete ... *i bin bloß der Bremser!*" Altb.Heimatp. 53 (2001) Nr.13,24.
2: *Bremsa* „langsamer, begriffsstutziger Mensch" BINDER Saggradi 32f.
3 Eisstock mit langsamer Laufsohle: „Ein perfekter Eiserer hat mindestens zwei Stöcke ... einen *Bremser* und einen *Läufer*" Mchn.Stadtanz. 18 (1962) Nr.1,6.
4 im Kartenspiel: *Bremser* „Ober, der verhindert, daß die andere Partei laufende Ober hat" PESCHEL Schaffkopfen 113.
WBÖ III,865; Schwäb.Wb. VI,1690; Suddt.Wb. II,609.– DWB II,364.– S-105A148.

Komp.: [**Rotz-glocken**]b.: *ro:zglocknbremsa* „scherzh. f. Oberlippenbart" KILGERT Gloss. Ratisbonense 137.
KILGERT Gloss.Ratisbonense 137.

[**Schlitten**]b.: °*Schlinbremsa* „Bremse an einem Baumschlitten" Pittenhart TS.

[**Kinder-wäglein**]b. **1**: *pensionierter Kinderwaglbremser* „Schimpfwort für langweilige Person" Lenggries TÖL.– **2**: *Kinderwaglbremser* grober Mensch Dfbach PA.

[**Roll-wäglein**]b. Wasserläufer, Insekt: *Rollwaglbremser* Vilsbiburg SCHLAPPINGER Niederbayer II,67.   E.F.

-bremserei
F., nur im Komp.: [**Her-um**]b. Hin-und-Her-Gelaufe: „daß man bei der *Herumbremserei* der Weiberleut doch zu keinem vernünftigen Schlummer kommen könne" Altb.Heimatp. 7 (1955) Nr.4,3.   E.F.

bremsig, -ä-, -n(g)s-, -icht
Adj. **1** in der Brunst befindlich, °OB, °NB, °OP, °SCH vielf., °Restgeb. vereinz.: °*d'Katzn san wieda bremsig, dö ganz Nacht hört mas schrein* Ismaning M; °*dö Goaß is wieda bremsö* Winklarn MAL; °*Kouh is bremsat* „muß zum Stier" Schönwd REH; „nichts hat die *bremsig* gewordenen Katzen vertreiben können" GRAF Schimpflich 49.– Auch: „eine ständig brünstige Kuh, die nicht trächtig wird, *is bremsi*" Autenzell SOB.

2 liebestoll, lüstern, °OB, °SCH vielf., °NB, °OP mehrf., OF, °MF vereinz.: °*d'Leni bal* [wenn] *an Anderl siecht, na werds lei* [gleich] *bremsi* Rosenhm; °*des Diandl is ganz bremse* Neufraunhfn VIB; °*döi is da owa bremsi* „scharf" Sulzbach-Rosenbg; *Da wern a so am bremsigen Stingl d' Haftl einighaut* [er wird festgenommen] Mchn.Stadtanz. 8 (1952) Nr.17,4.
3 von starkem Verlangen erfüllt, °OB, °NB, °OP vereinz.: °*ganz bremsi is des Kind af Erdbeern* Mchn; *d' Urschl waar do so bremsi aufs Heiratn* Altb.Heimatp. 9 (1957) Nr.39,3.
4 unruhig, nervös, aufgeregt, °OB, °NB, °OP, °SCH vereinz.: °*de Kia han heit ganz bremse* Urtlfing ED; *da Koddnabaua is nu bremsada wuan* LODES Huuza güi 22.– Auch angriffslustig, reizbar, °OB, °NB, °OP vereinz.: °*bremsi* Piding BGD.
5: °*bremsig* „recht mürrisch" Töging AÖ.

Schw.Id. V,615; Suddt.Wb. II,609.– DWB II,364.– GÖTTLER Dachauerisch 18; KOLLMER II,73; POELT-PEUKER Wb.Pöcking 9; SOJER Ruhpoldinger Mda. 7; Spr.Rupertiwinkel 13.– W-40/51, 42/1.   E.F.

bremslig[1]
Adj.: °*dös Mädla is brämslig* „mannstoll" Burggen SOG.

WBÖ III,866; Suddt.Wb. II,609.   E.F.

bremslig[2], gefährlich, → *brennslig*.

Bremsling, Erdbeere, Knackelbeere, → *Brestling*[1].

[Augen]bren → *-braue*.

Brende, Barende, †Berndlein
F., Zwischenmahlzeit, °OB, °NB vereinz., veralt.: °*die Prend* „Vor- und Nachmittagsbrotzeit" SOG; *Seine zween Knechte und 3 Pferde zum Perndl verzehrt, 2 tt. 3 ß. 23 r.dl.* 1488 BLH X,120.

Etym.: Spielform von → *Marende*; Schw.Id.V,686.
SCHMELLER I,361.– Schw.Id.V,686.– W-42/2.   A.S.H.

Prenéster(er), Rausch, → *Pranáster(er)*.

prengsen[1], langsam arbeiten, → *prangetzen*.

prengsen[2], murren, → *prangsen*[2].

Brenke → *Brente*.

-brenn
M., nur im Komp.: [**Kohlen**]**b.** Kohlenbrenner: *A Holzknecht, a Kohlbrenn möcht i net sei* HAGER-HEYN Dorf 182.   A.S.H.

Brenne, -brenn
F. **1** trockene Stelle im Gelände, °OB, °NB, °OP vereinz.: °*de ham Brennan drin im Feld* Bayerbach GRI; „Nur wo eine *Brenne* (Kiesader) durch das Haberfeld zieht, will er [Hafer] von unten her blaß werden" Garching M H. STIEGLITZ, Der Lehrer auf der Heimatscholle, München 1909, 138.– Als Fln. °GRI.
2 Einbrenn, °OB, °SCH vereinz.: °*die Brenn* „für Lüngerl, Pilzgerichte" Inzell TS.

WBÖ III,867; Schwäb.Wb. I,1395; Schw.Id.V,636f.– DWB II,304 (Bränne), 364; Frühnhd.Wb. IV,1072; LEXER HWb. I,349.– W-42/3.

Komp.: [**An**]**b. 1**: *Obrenn* das Schwarzgebrannte an der Unterseite des Kuchens Isen WS.– **2** wie → *B*.2: *Anbrenn* Walchsing VOF.– **3** eingeweichtes kleingeschnittenes Viehfutter: °*Obren* Schneizlrth BGD.

[**Ein**]**b. 1** auch N., Einbrenn, °Gesamtgeb. vielf.: °*as Eibrenn fia d'Brennsubbm* Ebersbg; °*a bahte Eibrenn* „ohne Fett" Lembach GRA; °*as Aabrenn is ja scha ganz schwoaz* Windischeschenbach NEW; *Hul's Schüsserl! Mach' an Anbrenn drin an* nördl.OP Oberpfalz 4 (1910) 38; „Von einem Stückchen Butter und Mehl wird ein hellgelbes *Einbrenn* gemacht" SCHANDRI Rgbg. Kochb. 124.– **2**: °*die Eibrenn* „Brandzeichen im Fell" Fischbachau MB.

SCHMELLER I,358.– WBÖ III,868; Suddt.Wb. III,567.– [2]DWB VII,536.– ANGRÜNER Abbach 30; DENZ Windisch-Eschenbach 130; KILGERT Gloss.Ratisbonense 47; KOLLER östl.Jura 22.– W-7/30.

[**Heiß**]**b.** wie → *B*.1, °NB vereinz.: °*Hoaßbrenn* Irlbach SR.

[**Stein**]**b.** steiniges Gelände, °NB vereinz.: *dea sitzt auf da Stoabrenn* „hat einen Hof mit steinigem Grund" Mittich GRI.– Als Fln.GRI.
    A.S.H.

brenneinen, -ern
Vb., brenzlig riechen, °OP mehrf., °MF vereinz.: °*wås brenneint denn dou?* Utzenhfn NM; „im Nab- und Pegniz-Dialekt ... *brenn-ein-en*" SCHMELLER Mda. 423 f.

SCHMELLER I,93.– W-42/4.   A.S.H.

brenneln
Vb.: °*heut duats in da Kuchl brennein* nach Angebranntem riechen Gmund MB. A.S.H.

brennen
Vb. **1** in Brand stehen, setzen.– **1a** in Brand stehen, brennbar sein, anbrennen.– **1aα** in Brand stehen, angezündet sein, °Gesamtgeb. vielf.: *dös Haus hot brennt* Jarzt FS; *ös brennd ö d'Heh!* Haidenhf PA; *vor erm schdejd a brenads Haus* Beilngries; *hom ... zuagschaug, wiads breind hod* Linden SOB BÖCK Sagen Neuburg-Schrobenhsn 110; *Der Brandwein ... Lauft brenneter zum Guß* [Ablauf] *hinaus* MÜLLER Lieder 19; *Wer zu dem fewer sol gen und wie, wann ez prennt* 1372 Stadtr.Mchn (DIRR) 508,1 f.– In festen Fügungen: *b.d* werden in Brand geraten, OB, °NB, °OP, °MF vereinz.: *°s Feier is numol brennat worn* Trautmannshfn NM; *Es kunnt ja grad sei, daß' do amal brennat werd* Altb.Heimatp. 8 (1956) Nr.47,7.– *B.d* →*heiß* sehr warm.– *B.der* →*Busch* Diptam.– Ra.: *so dürr sein, daß man brennt* u.ä. °OB, OP vereinz.: *der brent voa Dirn* Pavelsbach NM; °*dea brennt, wennst nan oazündn dast* Wiesau TIR, ähnlich EIH;– *wenn a hoaßa summa kummt ... fang'da as bre:na ... oⁿ:* „über einen extrem dürren Mann" KILGERT Gloss. Ratisbonense 195.– *Im oberen Stadel | zu | in Kopfhausen | Kopfham brennt es* u.ä. jmd hat rote Haare, OB, NB vereinz.: *bei dir brennts im obern Stooll* Wasserburg; *Z Owà-koobf-hausn brend-s* „beim Erscheinen eines Rothaarigen" KAPS Welt d.Bauern 60.– *Im obern Stockwerk brennts* „es fehlt am Verstand" Finsing ED.– *dean brent da Kuapf* „er kann es vor Ungeduld nicht aushalten" KONRAD nördl.Opf. 60.– Ausrufe in Spielen: im Versteckspiel, wenn der Suchende dem versteckten Gegenstand näher kommt: *es brennt* „beim Suchen des Osternests" Mchn; *Dao brennts!* Mintraching R SCHÖNWERTH Leseb. 241.– Im Kartenspiel, wenn ein sicherer Sieg angekündigt wird, °OB, °NB, °OP vereinz.: °*brenna tuats* Uffing WM.– Übertr.: Streit geben, OB, NB, °SCH vereinz.: °*beim Nochbar brennt's* Gundelshm DON;– *da brennts glei* für einen leicht reizbaren Menschen Mchn.– Dringlich, problematisch sein, °OB vereinz.: °*wo brennt's?* „wo hast du ein Problem?" Weildf LF; *er ... hat mitm Dismas alls durchgschmatzt* [besprochen]*, was grad brennt hat* HALLER Dismas 75.– **1aβ** brennbar, zum Verbrennen geeignet sein: *a faichtas* (fichtenes) *Hoiz brent nöd so wia denas* (tannenes) Haidmühle WOS.– Auch heizen, Wärme abgeben: °*da Ofa breend* „strahlt Hitze aus" Baiern R; *Da Uaf'm breent neat* BRAUN Gr.Wb. 65.– **1aγ** beim Kochen, Backen anbrennen, außer in fester Fügung nur Part. Prät., °OB, NB, OP vereinz.: °*brend schmegga* Tittmoning LF; *s Brenndö* das Schwarzgebrannte an der Unterseite des Kuchens Binabiburg VIB.– In fester Fügung: °*s Fleisch is in der Selch brennat worn* „begann anzubrennen" Kaltenbrunn NEW.– **1b** in Brand setzen, brandschatzen.– **1bα** verbrennen, durch Feuer vernichten, verzehren lassen, Gesamtgeb. vereinz.: *si tan Wurzl* (Unkraut) *brenna* Lauterbach REH; *Da Forst hat dann den Flurschadn miaßn brenna* BILLER Garchinger Gsch. 25; „*brennə~, I brennət, hab 'brennt ...* nur in der transitiven Bedeutung urere üblich" SCHMELLER I,357; *Adusti gaprante* Rgbg 10.Jh. StSG. II,764,47; [Hercules] *prendt vor not sich selb* FÜETRER Trojanerkrieg 107,393; *brenne eine ganze Muscat-Nuß zu Pulver* SCHREGER Haus-Apotheke 30.– In festen Fügungen: →*Prügel* | →*Holz* | →[*Oster*]*holz* | →*Judas* | →[*Oster*]*mann* | →[*Oster*]*scheit* | →*Stecken b.* Feuer in Osterbräuchen.– →*Feld b.* Johannisfeuer.– →*Reif b.* Feuer gegen drohenden Spätfrost.– **1bβ** zum Heizen verwenden: *Koin brönna* Winzer DEG; *Kohin hà ma koaň, mùaßpma lauta Hoiz brena* FEDERHOLZNER Wb.ndb.Mda. 41; *swer in der innern stat reisach prennet* 1310-1312 Stadtr.Mchn (DIRR) 273,24 f.; *die Hünndersässen ... so sy besytzen, kain Holtz, es sey zu Zimer, Zeynen, Prennen* nach 1553 BREIT Verbrechen u.Strafe 76.– **1bγ** durch Brand roden, OB, NB, OP, SCH vereinz.: *bröna* St.Englmar BOG; *sollen auch des Gotzhauß Underthanen ire aigen Hueb-Holtzer ... nit ... reutten, prennen* Passau 1550 HARTINGER Ordnungen I, 362.– In fester Fügung *Reut b.* u.ä. gerodetes Land durch Brand zum Anbau vorbereiten, OB, °NB vereinz.: *Reita brönna* „den Waldboden durch das Verbrennen von Reisig urbar machen" Peiting SOG; *Reitbrennen* „das Verbrennen des ausgereuteten Unkrauts ... um den Boden zum Graswuchse zu bereiten" HÜBNER Salzburg 976.– **1bδ** durch Sengen von etwas befreien: *brönna* Peiting SOG; „das tote Schwein wurde mit brennenden Strohbüscheln ... abgebrannt ... *Saubrennen*" R vor 1850 Dt.Gaue 19 (1918) 46; *dergleichen Frischling, welche aber schon geprenth gewest* 1683 POSCHINGER Glashüttengut Frauenau 31.– **1bε** einen Brenner betätigen: *Jetzt muaß i brenna, sonst stürz'ma ob* [mit dem Heißluftballon] SZ Lkr. München 51 (1995) Nr.191,2.– **1bζ** †brandschatzen, durch Brand-

schatzung schädigen: *Ez sol auch nieman den andern rauben noch prennen/ vmb dehainen totslach* Rgbg 1287 Corp.Urk. II,289,45 f.; *wie dan die schwedisch[en] vnd Augspurg[er] ... groß ibl gethan mit Prenen, rauben vnd Plindern* 1632 OA 100 (1975) 211.

2 durch Brennen, Erhitzen herstellen.– **2a** durch Verbrennen, Verkohlen herstellen, °OB, °NB, OP vereinz.: °*i bin vo Greising daham, wo's Koin brenna tan* Lalling DEG; „wenn das *Kohlbrenna* aufhörte, dann müsse der Bauer vom Miesenbach zu Grunde gehen" BERGMAIER Ruhpolding 499; „Die Holzarbeiten, das Spinnen und *Aschenbrennen* machen Nebenverdienste aus" KÖZ HAZZI Aufschl. IV,1,296; *reht sam ein nazzer wolgepranter asch tât* KONRADvM BdN 113,20 f.; *Zum Herrschafftl. Hammerwerck Friedenfelß* [TIR] *seint ... 284 Wehrl.* [Maßeinheit] *7 Kibl Kollen gebrennet* 1774 Wir am Steinwald 11 (2003) 181.– **2b** unter Hitzeeinwirkung härten lassen, °OB, NB, OP, SCH vereinz.: *Kachin brenna* Staudach (Achental) TS; *de Ziagl han brennt* Spr.Rupertiwinkel 13; *erdig geprent häflein, pecher und dergleichen ... hausrat* AVENTIN IV,689,23 f. (Chron.); *Von 16 ½ Ell Prenten Zeig, hab ich iedem Ell zepuchen damahls geben 3 kr* 1683 POSCHINGER Glashüttengut Frauenau 65.– **2c** im Kalkofen herstellen, °OB, NB, OP, SCH vereinz.: *mit Oawais, frisch brenttn Khâi und Dopfa an Khitt mâucha* Mittich GRI; „hinterm Steinbruch – *wos Kalk brennt ham*" Laisacker ND BÖCK Sagen Neuburg-Schrobenhsn 103; *swaz man kalchs pey der stat geprennt hat oder noch da prennet* 1346 Stadtr.Mchn (DIRR) 477,11 f.– In fester Fügung: *toutbrennt* „ist zu lange gebrannter Kalk, der sich nicht mehr löschen läßt" O'audf TS.– **2d** durch Destillation herstellen, °OB, °NB vereinz.: *aus gfrornö Äpfö lost sa sö no ganz guat Schnaps brenna* Valley MB; °*i bin a weng ruaßi vom Wognschmiabrenna* Deggendf; *des is a Selberbrennda* LAUERER Wos gibt's Neis? 97; *i soll An Kümm-Rosoli brenna* MÜLLER Lieder 18; *dem dunst, der chûmt von rosen prennen oder von weinprennen* KONRADvM BdN 108,23; *daß hinfüran ... kein Brandtwein auß Traidt gebrennt* Landr.1616 560.– In fester Fügung: *gebrennter → Wein* Branntwein.– Ra.: *jmd brennt Schnaps/ Branntwein* u.ä. jmdm läuft, tropft die Nase, OB mehrf., NB, OP, SCH vereinz.: *tuast hait scho wida Rosolö brenna* Frsg; *aha, der duad o Schnaps brenna* Mering FDB.– *Dö brenna an Schnaps* „kommen mit dem Fuhrwerk nicht mehr weiter" Baumgarten TS, ähnlich GRI.– **2e** †durch Schmelzen läutern: *Regestvm gebrante* Rgbg 13.Jh. StSG. II,594,59; *Wen er das Silber geprent, abkilt, und rain ausbraith hat* 1548 LORI Bergr. 265.– Ra. *sich weiß b.* sich herausreden: *Er hat sich weiß gebrennt* Baier. Sprw. I,50 f.– „Zorn ... *Will sich der Kerl noch weiß brennen*" ebd. II,217.

3 leuchten (lassen).– **3a** leuchten, Licht verbreiten, glühen, OB, NB, OP vereinz.: „gebeutelte Ohren *brennad*" Simbach PAN; *Auf der Station hat bloß a kloa's Lamperl brennt* FRANZ Lustivogelbach 17; *Eh' dee Wulkan brenna* PANGKOFER Ged.altb.Mda., Bd I, Nürnberg ³1854, 225; *prennenten bej dem Grab ... Tag und Nacht, 20 Kerzen* Landshut 1450 Chron.dt.St. XV,299,5 f.; *deß nachts nit ohne liecht oder brennender lucernen* [Leuchten], *auff, oder uber die gassen gegangen* 1658 WÜST Policey 711 (Landsordnung Oberpfalz).– In festen Fügungen: *b.des →Licht* Nelke, Flammendes Herz.– *B.der →Stern* geheizter Ofen in der Dörrkammer einer Saline.– **3b** zur Beleuchtung anzünden, leuchten lassen, OB, NB vereinz.: *s Nâchtliacht brena* Aicha PA; *heint hâmma scho(n' Lôicht breent* „die Stube mit Lampen – oder elektr. Licht – erleuchtet" BRAUN Gr.Wb.375; *zǔ dem lieht ... vor miner vodern grab ewichlich ze prenn* Rgbg 1277 Corp.Urk. I,294,19; *Die lesstern 3 nächt wurde das liecht geprennt* Vilsbiburg 1652 HELM Obrigkeit 82.

4 bei der Zubereitung von Speisen.– **4a** rösten, bräunen, °OB, NB, OP vereinz.: °*im Kriag ham mir an selbabrenntn Oachlkafä ghabt* Hzkchn MB; *las in ein äir, hart brot und ein salz in einer bfaneu braun brennen* HÖFLER Sindelsdf.Hausmittelb. 74; *Kaffee brenna* BRAUN Gr.Wb. 65; *ain gantzn pratn machen und prentn Kiechel darauff* um 1530 MHStA KL Seeon 65,fol.22ʳ; *Nimb ein leffel voll Mehl brenne es in den bütter ... Schön gelblecht* PICKL Kochb.Veitin 182.– **4b** mit Einbrenn zubereiten, in heutiger Mda. nur in Komp.: „Der Abend bringt ... *brennte Supp'n*" OP Bavaria II,327.– **4c** †zum Abschmalzen hinzufügen: *kannst du ... Hennenfett nehmen ... und kannst es also darauf brennen* M. v.PORTIA, Altadeliges Bayer. Koch- u. Konfektb., München 1837, 81; *Mach einen/ taig an, nimb mehl brene ein weing schmalz darann* PICKL ebd. 124.

5 (Tabak) rauchen, °OB (BGD, LF, TS) mehrf.: *brena* „Pfeife rauchen" Leobendf LF; *Er brennt âllwei Towáck* Eisenärzt TS HARTMANN Volksl. 116; *Zihgarnbrenna* HELM Mda.Bgdn.Ld 51; *Vmbweillen Georg Stibl ... mit Tobackh Prennen ... beim Tröschen sich hab betretten lassen* 1766 StA Mchn Hofmark Amerang Prot.19 (14.11. 1766).

brennen

6 sehr heiß scheinen, braun machen (von der Sonne).– **6a** sehr heiß scheinen, MF vielf., OB, NB, OP mehrf., SCH vereinz.: *d'Sunna brennt andrscht* „sehr" Peiting SOG; *dem brennt Sunn af sein Schoitl* Weiden.– **6b** braun machen, nur in der Fügung *braun b.*, OB, OF vereinz.: *brau bränta Kuapf* Fichtelbg BT; *braubrennt vo der Sunna* BERTHOLD Fürther Wb. 28.

7 sich erhitzen.– **7a** auch refl., sich erhitzen, gären (v.a. vom Heu), °OB, °OP vereinz.: *da Mist brend Floß* NEW; „Es schadet gar nichts, falls dieselbe [Streu] naß übereinander geworfen wird, weil sie sich dann schneller trocken *brennt* (dämpft)" Elbach MB HuV 14 (1936) 22.– Auch in fester Fügung *b.d werden* °Gesamtgeb. vereinz.: °*as Ha is brennat worn* Thiershm WUN.– **7b** sich fiebrig erhitzen, NB vereinz.: *s Viech hot s brenad Bluat* Rotthalmünster GRI; „In 4facher Gefahr der Schwangerschaft (Windsucht, *Brennen*, Harnwinden, Geschwulst ...)" Hölsbrunn VIB 1757 VHN 66 (1933) 119 (Mirakelb.).

8 austrocknen, erfrieren lassen.– **8a** austrocknen.– **8aα** trocken, unfruchtbar sein od. werden, °OB, NB, °OP, °MF vereinz.: *a brennada Bon* „kiesiger Ackerboden" Tuntenhsn AIB.– **8aβ** trocken, unfruchtbar machen: °*den Acker brennts leicht* Falkenbg TIR.– **8b** (er)frieren lassen, OB, NB, SCH vereinz.: *do hod dr Reiff breend* Derching FDB; *bal's aar a Kält'n hat, daß Di ferm* [völlig] *brennt* AUZINGER A so san mir 87; *Wenn die weinreb geprändt werdent von einem chalten wint* KONRAD v M BdN 381,27-29.

9 durch Berührung mit etwas Heißem verletzen, verursachen.– **9a** verletzen, °Gesamtgeb. vereinz.: °*wennst dö brennst, muaßt a vadünns Essöwossa draufdoa* T'nbach PA; *Für Brennen ... ein Baumehl anstreichen und Salz darauf sähen* 1.H.19.Jh. SCHLAPPINGER Wurzelholz 101; *i haa me brennt!* WANDTNER Apfelbaum 21; *Vnd ist, daz du in* [den Stein] *vast in der hant drukst, so prennt er dich an di hant so ser* KONRAD v M BdN 491,23 f.; *das gebrent anstreichen/ hailen* SCHÖNSLEDER Prompt. H5ᵛ; *wurde ihr liebes Kind mit einer siedheissen Suppen gebrennet* Gnadenblum 183.– In festen Fügungen: *gebrennte* →*Hand* / →*Köchin* Köchin in einem Hochzeitsbrauch.– Ra.: *lou di niat in d'Finga brena* „verschiebe nichts" Naabdemenrth NEW.– Sprichw.: *Wo-s öàn ned brend, soi mà ned blosn* „Man soll sich nicht in anderer Leute Angelegenheiten mischen" KAPS Welt d. Bauern 100, ähnlich °OB, °NB, °OP vereinz.– **9b** verursachen, NB vereinz.: *a brende Blodan* Zwiesel REG; *wenn er* [Magnet] *gepuluert ist, so hilft er den gepranten wunden* KONRAD v M BdN 488, 19 f.; *da man ihn* [den Schenkel] *schon scarificirt ... ja auch gar Blattern gebrennt* Wunderwerck (Benno) 148.

10 durch Brennen, Ausbrennen heilen, OB, NB vereinz.: *d'Wundn brenna* „desinfizieren" Kchasch ED; *brenne die blatern* [Hämorrhoiden] *bi einem fiure, unz* [bis] *si breste* Benediktbeuern TÖL um 1300 Magister et amicus. Fs. für K. Gärtner, hg. von V. BOK, F. SHAW, Wien 2003, 95; „Vstione sanare ... *einen brennen*" SCHÖNSLEDER Prompt. H5ᵛ.

11 hineinbrennen, mit einem eingebrannten Zeichen versehen.– **11a** (Metall u.a.) hineinbrennen, hineinschmieden, in heutiger Mda. nur in Komp.– Ra.: *Sich einen Thaler etc. nicht in die Hand brennen laßen* „sich nicht scheuen, einen Thaler etc. daranzusetzen, zu opfern" SCHMELLER I,358.– „Bestechung ... *Da muß man sich nichts in die Händ brennen lassen*" Baier. Sprw. I,66.– **11b** (Zeichen u.ä.) einbrennen, ä.Spr., in heutiger Mda. nur in Komp.: *soll ... obgedach[t]er Schmidt ainen neuen und gerechten Mezen der Gmain ... machen und ... in den prennen* Hadersbach MAL 1574 HARTINGER Ordnungen III,349; *Der Haller Fräntzl ... hat schon 3.March* [Male]/ *als 2. geschnittene ... und ein gebrändtes Landstreicherord.* 12.– **11c** mit einem eingebrannten Zeichen, Mal versehen: *d'Hoarra* (Hörner) *brönna* „zur Markierung des Viehs" Peiting SOG; *Der Mäßer, der nicht ein gebranntes Maaß hatte mit der Markt* 1381 GEMEINER Chron. II,203; *bezaichnete vnd gebrente Fuettermaß* Landr. 1616 555.– Übertr.: „*von einem Rind ... schöi(n' breent* ... schön 'gezeichnet' ... speziell, daß der Nasenrücken einen gerade aufsteigenden dunklen Haarfleck aufweist" BRAUN Gr.Wb. 65.

12 anschmieden, ä.Spr., in heutiger Mda. nur in Komp.: *von einem neuen Plöch an Pflug zeprennen 2 dn* Aiterbach FS 1661 HARTINGER Ordnungen III,258.

13 mit der Brennschere wellen, NB, OP, OF vielf., OB mehrf., Restgeb. vereinz.: *dö Gredl hot ihran gonzn Kobf vola brendö Hoar* Schrobenhsn; *dea brennt se d'Hoa* Innernzell GRA; *de tàut goa iarane Hoa brenna* Adlersbg R.

14 schmerzen, einen brennenden Schmerz verursachen, erleiden.– **14a** brennend schmerzen, jucken, Gesamtgeb. vielf.: *dö Wundn, grod brenna tuats* Hengersbg DEG; *wenn's rächd khoid is, brennd d'Haud* Beilngries; *mir brenna meina Boina* Arzbg WUN; *Wia(r) i auf Kraiburg bin kemma, hamt mi d' Füeß a so brennt* SCHMIDKUNZ Bauernballaden 128; *Die brennt heunt ihr Fuaß* STIELER Ged. 45.– **14b** einen brennenden

Schmerz verursachen, scharf schmecken: *des is amal a Zwetschgenwassa, wia sa si g'hört, brenna wia da Teufi* THOMA Werke III,109 (Hochzeit); *die chriechisch nezzel, dev ... prennt vester wan die gemain nezzel* KONRADvM BdN 458,19 f.; *Brennende nessel* SCHÖNSLEDER Prompt. H5ᵛ.– Rätsel: *Was brennt um's Haus rum und verbrennt doch net?* [Brennessel] STADLBAUER Heilpflanzen Opf. 72.– **14c** durch Berührung einen brennenden Schmerz zufügen: °*schau amål döi Bloudan å, ich ho mi an di Brenessl brennt* Neuhs NEW.– **14d** N., Sodbrennen: *s Brena* Naabdemenrth NEW.– **14e** †N., best. Schweinekrankheit: *Brennen an den Schweinen* ERNST Heilzauber u. Aberglaube Opf. 29.

15 schlagen, verprügeln: *brenná* „zuhauen" HEIGENHAUSER Reiterwinkerisch 6.– In fester Fügung: *oane ... bre:na* „eine Ohrfeige geben" KILGERT Gloss. Ratisbonense 67.

16 anschießen.– **16a** mit einem Schuß treffen, nur in fester Fügung *jmdm eines aufs Fell b.* u.ä.: *dem Fuchs oans aufs Fell brenna* Traunstein; *schiaßn deans auf uns! ... Damits' uns oans auf'n Belle* [Kopf] *brenna!* Mchn SZ 48 (1992) Nr.117,13.– **16b** †: „Die Kugel des Schützen *brennt* die Scheibe oder eine Abtheilung derselben, wenn sie blos am Rande trifft" SCHMELLER I,358.

17 heftig wünschen, leidenschaftlich erregt, verrückt, eingebildet, gerissen sein.– **17a** in präp. Fügung *auf etwas b.* heftig wünschen, erstreben, OB, NB vereinz.: *auf was brenna* Ingolstadt.– **17b** leidenschaftlich erregt sein, OB, NB vereinz.: *er brennt vor Wuat* Ruhmannsfdn VIT; *Wia der Sepp z'brenna ogfangt hat* P. SCHALLWEG, Vom Fliagadn Holländer zum Lohengrin von Wolfratshausen, Rosenheim ⁶1994, 99; *Allsus dy Chriechen prandten allumb gar ungeheŵr* FÜETRER Trojanerkrieg 55,140; *Brennend rach* SCHÖNSLEDER Prompt. H5ᵛ.– In festen Fügungen: *b. de* →*Liebe* Brennende Liebe, Geranie u.a. Blumenarten.– *B. des* →*Herz* Flammendes Herz.– **17c** Part. Prät., verrückt, närrisch, OB, NB vereinz.: *er is brennt* Arnbach DAH.– **17d** Part. Prät., eingebildet, überspannt: °*a Brennter* „eigensinniger, eingebildeter Mensch" N'bergkchn MÜ.– **17e** Part. Prät., gerissen, durchtrieben, °NB vereinz.: °*des is a ganz a Brenda* Breitenbg WEG.– **17f** nur in fester Fügung *b. d werden* eine Alkoholvergiftung bekommen: °„wenn ein Säufer *brennad worn is*, legt man ihn in Saumist" Pertolzhfn OVI; „Am Nachmittag hat er schon einen Schnapsrausch gehabt *und is scho brennad worn*" Kchbg R BÖCK Sitzweil 93.

18 refl., sich täuschen, °OB mehrf., °Restgeb. vereinz.: °*da, moan i, werst di brenna, wennst 's Haus von der Muatta mechst* Wettstetten IN; *dea hod sö brennt* „ist hereingefallen" Mengkfn DGF; *bay dera hòb-y-my gánz schê brend* KUEN Bair. 34; *Und vermeint, man hab sich brennt* 1685 DITFURTH Hist. Volksl. Bayer. Heer 33.

19: *brenna blaumachen* U'höft EG.

20 mittellos werden, zahlen müssen.– **20a** mittellos sein od. werden: *bre:na* „pleite sein" KILGERT Gloss. Ratisbonense 47.– **20b**: *breena* „zahlen müssen" Spr. Rupertiwinkel 13.

21 Part. Präs., dringend, sehr: °*dös hot brennat nout do* O'ndf KEH.

22 soldatensprl., in fester Fügung →*Posten* / →*Wache b.* Wache halten.

Etym.: Ahd., mhd. *brennen* swv., germ. Abl. zur Wz. von →*brinnen*; KLUGE-SEEBOLD 150.

Ltg, Formen: *brena, -ē-* u.ä.– Part.Prät. *brend, -ē-* u.ä.

SCHMELLER I,357 f.– WBÖ III,868-872; Schwäb.Wb. I,1395-1400; Schw.Id. V,616-625; Suddt.Wb. II,610-612.– DWB II,365-369; Frühnhd.Wb. IV,1074-1082; Mhd.Wb. I,989-994; WMU 287; Ahd.Wb. I,1355-1358.– BERTHOLD Fürther Wb. 29; BRAUN Gr.Wb. 61, 65; HEIGENHAUSER Reiterwinkerisch 6; KILGERT Gloss. Ratisbonense 47; MAAS Nürnb.Wb. 89; POELT-PEUKER Wb. Pöcking 9; Spr. Rupertiwinkel 13.– S-5B19ᵉ, 6G14, 22E3, 23I6ᶜ, 26O30, 27Q4ᵇ, 34C44, 57C26, 60D32, L5, 64G27, 29, 65I1, K1, 7 f., 66B24, 83A9, B77 f., 86F37, 94B8, 12, C7, D8, 108/401, M-45/18, 46/31, 74/12, 79/29, 277/3, W-6/14, 138/40.

Abl.: *-brenn, Brenne, brenneinen, brenneln, Brenner(er), Brennerei, brennern, Brennet(s), -brennler, Brenzel, brenz(e)lig, brenzeln, brenzerln, brenzig, brenzleinen.*

Komp.: **[ab]b. 1** durch Feuer zerstört werden, vernichten.– **1a** durch Feuer zerstört werden, °OB, NB, OP, MF, SCH vereinz.: *dö ganz Hofståd is åbrend* Hiesenau PA; *Wenn ma do nix untanimmt, konn 's ganze Haus obbrenna* Altb. Heimatp. 52 (2000) Nr.41,8; *grad 's Schulhaus hat nöt Abbrenna kinna!* NB 1849 SCHLICHT Bayer. Ld 291; *es stuend weder kirchen noch haus ... war alles in poden abprent* AVENTIN IV,324,25 f. (Chron.); *zu auferpauung ihrer öden und abgeprennten heuser, städl und dergleichen* Auerbach ESB 1662 HELM Konflikt 104.– Ra.: *dö bal* [wenn] *'s Mäu aufmacht, sixt nett* [gleich] *an abrents Darf* „schlechte, schwarze Zähne" Aibling, ähnlich M, °SUL.– **1b** wie →*b.* 1bα, NB vereinz.: *da Wuazhaufa wiad oft åbrennt* Hengersbg DEG; *Meim Kaibal brennan's s'Horn scho o, damits ois Kua ned staissn ko* Der Almbauer 59 (2007) Nr.2, [Umschlagrückseite]; *Butter ... und Diestelirtes Spiritum Vini ... an-*

zünden und abbrennen Wernbg NAB um 1850/1860 CH.N. OBERMEIER, Abdeckersleut' als Volksmediziner, Ponholz 2012, 64; *wie si mit der hitz der riwe ab brennen scholten diu unsaubercheit der sůnden* O'altaicher Pred. 114,16f.; *wegen der Straiffen, welche ... hauß vnd Stäbl* [Städel] *ab gebrenet* Mchn 1632 OA 100 (1975) 206.– Ra.: *a Gsicht, wäi wenna Vilseck* [AM] *obrennt häit* betrübtes Gesicht Pressath ESB.– **1c** wie →*b*.1bγ, NB, °OP, OF vereinz.: *obränds Gländ* Arzbg WUN.– **1d** absengen.– **1dα** durch Sengen entfernen, °OB, °NB, OP, OF vereinz.: *d'Weiba brenna si'n Boart o* Wdsassen TIR; *mußt ihm* [Auerhahn] *mit einer glühenden Kohl' die Haarl'n abbrennen* ALLERS-GANGHOFER Jägerb. [31]; *Er zuckt sein hantt gar snell ... aus dem wasser, das hett im hawtt und har abgeprantt* HARTLIEB Dial. 294,21f.– **1dβ** wie →*b*.1bδ, OB, °NB, °MF vereinz.: *abbrenna Schweine* absengen Haag WS; *aprenna* „z.B. mit Lötlampe ein Möbelstück" SCHWEIZER Dießner Wb. 2; *Man nim̄t von einer Brühe-Schweinlein den Kopff/ lässt ihn ... mit glüenden Eysen abbrennen* HOHBERG Georgica I, 314.– **1e** anzünden u. verbrennen lassen: *a Feiawerk obrenna* Mchn; *Do miaßts im Stall einen Weihrauch abbrenna!* Bittenbrunn ND BÖCK Sagen Neuburg-Schrobenhsn 27.– **1f** durch Brand geschädigt werden, Hab u. Gut verlieren, °OP, OF, MF vielf., °OB mehrf., °Restgeb. vereinz.: *s Åbrenna is koan a Schån* „weil man viel geschenkt bekommt" Innernzell GRA; °*a armer Obrennda bitt um a Gab* Beratzhsn PAR; *a obrennta Baua* Lauterbach REH; *ein anderer ist abbrennt und kann neet ganz aufbau'n* Bayerld 2 (1891) 267; *wennst nacha wirklich o'brennst, nacha schnuffeln s' ... rum* GRAF Werke II,31 (Der harte Handel); *wie soll ich also armes abgebrenntes Weib meine Bitt vortragen* Bilanz 1782 26.– Ra.: *Abgebrannt und ausgestohlen* „sehr arm" BAUERNFEIND Nordopf. 152.– *I zendt dr glei dein Bort a, no kaⁿst fir abrennt gange!* „als Brandgeschädigter zum Betteln gehen" Hfhegnenbg FFB.– **1g** nach einem Brand um Nachbarschaftshilfe bitten, in der Fügung: °*abrenna gou* O'igling LL.– **1h** †wie →*b*.1bζ: *Eine Person abbrennen* „ihr Haus und Hof abbrennen" SCHMELLER I,358; *Nichts ... alls die Arme leidt auf dem Landt ab brent, Plindert* Mchn 1633 OA 100 (1975) 219.– **2** wie →*b*.4a, °OB, SCH vereinz.: *Zwifl obreena* Derching FDB; *àbrent* „geröstet" FEDERHOLZNER Wb.ndb.Mda. 16; *aber das Meel must mit einem Schmaltz abbrennen* HAGGER Kochb. IV, 2,76.– **3** wie →*b*.6b, auch in der Fügung *braun*

a. u.ä., NB, OP vereinz.: *dea is obrent wäi a Mohr* Burglengenfd.– **4** sich erhitzen, damit aufhören.– **4a** wie →*b*.7a: °*s Heu brennt å* „wird braun, verliert den Wert" O'haching M.– **4b** aufhören, sich zu erhitzen, zu gären, °OB vereinz.: °*s Hai is obrend* „wieder erkaltet" Siegsdf TS.– **5** wie →*b*.8aα: *an abrenta Bon* Raisting WM.– **6** mit heißem Wasser übergießen, NB vereinz.: *Wäsch obröna* O'diendf PA.– **7** †wie →*b*.11c: *6 Fäßlein zum Abbrennen* Wunsiedel 1544 ZILS Handwerk 22.– **8** (ein Geschoß) abfeuern: „*der Posthalter von Baierbrunn blieb bei den Kugeln, die er heldenmütig auf Panduren abbrannte*" RUEDERER Erwachen 81.– **9** mittellos werden, machen, beim Spiel verlieren.– **9a** wie →*b*.20a, °OB mehrf., °NB, °OP, MF, °SCH vereinz.: *dea is ganz obrend* Floß NEW; *I bin åbrennt* „ich habe kein Geld mehr" WAGNER Zuwanderung 11.– Ra. im Wortspiel mit Bed.1f: °*der is abrennt ohne Rauch* Neukchn a.Inn PA.– **9b** †ausnehmen, schröpfen: *Eine Person abbrennen* SCHMELLER I,358; *Abbrennen* „Jemand ganz ausleeren, aussaugen" HÄSSLEIN Nürnbg.Id. 53.– **9c** im Spiel verlieren, °NB vereinz.: °*der is åbrennd* beim Schusserspiel Ergolding LA.– Auch im Kartenspiel keinen Stich od. Punkt machen, °OB, °OP vereinz.: °*mir han ohbrennt!* Urtlfing ED.– **10** abblitzen, abweisen, ledig sein.– **10a** abblitzen, °OB, °NB, °OP, SCH vereinz.: *dea is sauba obrennt* „bei der Brautwerbung" Taching LF.– **10b** abweisen, ablehnen, °OB, NB vereinz.: °*dia håt'n åbrennt* Rehling AIC.– **10c** Part.Prät., ohne Liebesverhältnis, verwitwet: °*der is a åbrennt* Ebersbg; *Gugu-Oar und d'Hörnl scheucht A selcha Obrennta net leicht* PANGKOFER Ged.altb.Mda., München 1846, 272.– **11** sich heimlich davonmachen: *dea is åbrennt* Mittich GRI.– **12** Part.Prät., von Menschen.– **12a** wie →*b*.17e: °*des is a Åbrennta* „Gauner" Rgbg.– **12b**: *Obrenda* „scherzhaft von einem, der oft betrunken war" Beilngries.

HÄSSLEIN Nürnbg.Id. 53; SCHMELLER I,358.– WBÖ III,872-874; Schwäb.Wb. I,7, VI,1485f.; Schw.Id. V,625f.; Suddt. Wb. I,18.– ²DWB I,82f.; Frühnhd.Wb. I,28; Mhd.Wb. I,9; WMU 16.– BERTHOLD Fürther Wb. 153; BRAUN Gr.Wb. 432; KILGERT Gloss.Ratisbonense 29; POELT-PEUKER Wb.Pökking 5, 9; SINGER Arzbg.Wb. 163; Spr.Rupertiwinkel 67.–
S-6N20, 14C10ⁱ, 68F4, 94B10, 13.

[**abher**]**b. 1** wie →[*ab*]*b*.1a: °*da Schdådl is scho åwabrend gwen, wias kemma san!* Ebersbg.– **2** wie →[*ab*]*b*.1dα, OB, NB vereinz.: *koana brent sö an Bächt mer åwa, anståttn Rassirn* Mittich GRI.– **3** wie →*b*.6a, OB, NB, OP vereinz.: *d'Sunn brennt na sua oia* Hessenrth KEM.

WBÖ III,884; Suddt.Wb. I,62.

[abhin]b. 1 zu Ende brennen, herunterbrennen: °döi oibrenda Kirzn howe in d'Oolgroum eichegschmissn Fuchsmühl TIR.– 2 wie →b.6a: d'Sunn brennt abe Haag WS; D' Sunn breend hoaß ōwi auf d' Flur nach POELT-PEUKER Wb.Pöcking 52.

WBÖ III,884; Schw.Id.V,626; Suddt.Wb.I,73.

[an]b. 1 zu brennen beginnen, anzünden.– 1a zu brennen beginnen, OB, NB, °MF vereinz.: s Groamat is obrönnt hat sich selbst entzündet Ascholding WOR; Wüis nan àsn Wiaddshàas ghuld hom, woa schou as Nachbaheisl aabrend LODES Huuza güi 20.– Ra.: °gäi fei net an an offan Fäer vorbä, kannst lächt s Obrenna ofanga „so dürr bist du" Rötz WÜM.– Übertr.: da brenntse wieder etwas an! da gibt es wieder Streit Massing EG.– 1b anzünden, zum Brennen bringen, °OB, °NB, MF vereinz.: Feuer obrenna Hohenstein HEB; d' Muadda hat d' Wettakirz'n obrendt Siebenellen GRA FRIEDL Geister 12; Incendere ... anbrennen Seeon TS um 1500 Voc.ex quo 1288; es soll auch keiner seinen ... Packoffen, nach zwey Uhren nach Mittag nicht haitzen oder anbrennen Alfd HEB 1617 HARTINGER Ordnungen II,451.– In fester Fügung: Juden (→Jude) a. Feuer in einem Osterbrauch.– Ra.: Hab ja kein Haus angebrennt [nichts Schlimmes getan] Baier.Sprw. II,217.– †Übertr.: „Die Älpler sagen ... zum Alpenglühen, es brennt die Berge an" BRONNER Bayer.Land 85.– 2 (Licht) einschalten: °åⁿbrejna Pöttmes AIC; o̊ubrena Klingsmoos ND nach SBS X,85.– 3 anbrennen, außen verbrennen (lassen), ansengen.– 3a beim Kochen, Backen anbrennen (lassen).– 3aα auch refl., anbrennen, °Gesamtgeb. vielf.: da Bäcker hat z'viel Hitz ghabt, d'Semmeln san onbrennt Mchn; s Obrennt an der Unterseite des Kuchens Kchbg REG; °do brentse wos o! Schnaittenbach AM; mia ratschn do und dahoam brennt d'Suppn o Altb.Heimatp. 58 (2006) Nr.35,25; „adustus cibus ... anbrennt" SCHÖNSLEDER Prompt. H5ᵛ.– Ra.: nix o'brenna louss'n „keine Gelegenheit versäumen (bei Geschäften oder Liebschaften)" JUDEMANN Opf.Wb. 117.– 3aβ anbrennen lassen, °OB, NB vereinz.: °de Köchin hat dö Dampfnudl abrennt Kay LF; die Köchin hat d' Milch anbrennt DELLING I,17; āubreina „z.B. die Milch" nach LECHNER Rehling 135.– 3b außen verbrennen, verkohlen (lassen).– 3bα verbrennen, verkohlen, OB, NB vereinz.: s Hoöz aⁿbrenna låßn „im Osterfeuer" Pfarrkchn.– Ra.: jmdm ist das Hirn / jmd ist im Hirn angebrennt u.ä. jmd ist verrückt, närrisch, OB, NB, OP vereinz.: dia iss Hian obrend Langenhettenbach MAL; Er ist angebrannt zwey Finger ober der Nase Baier.Sprw. II,66.– 3bβ verbrennen, verkohlen lassen: an Zauⁿstecka untn aⁿbrenna Mittich GRI.– Ra.: den hats Hirn anbrennt er ist ein wenig närrisch Massing EG.– 3c ansengen, OB, NB, OP, OF vereinz.: an onbrennta Bort Aubing M.– 4 †wie →b.6b: Ist aber solches [Gesicht] schon angebrannt, so wasche es ... mit Wein-Essig SCHREGER Haus-Apotheke 76.– 5 wie →b.7a: °obrend „vom Heu" Mengkfn DGF.– 6 bei Sonnenschein säen: °wenn a Gerschtn wern soll, mouß anbrennt wern Traidendf BUL.– 7 wie →b.9a, nur in fester Fügung: angebrennte →Köchin Köchin in einem Hochzeitsbrauch.– 8 †wie →b.12: eine alte Schaufel anzubrennen 6 Kr Furth LA 1764 HARTINGER Ordnungen III,310.– 9 wie →[ab]b.6, OB, NB vereinz.: sch Schnätzdaöhl aⁿbrena „um das Abfärben zu verhindern" Zandt KÖZ; „Das Heu ... hat man mit heißem Wasser angebrannt (überschüttet)" KERSCHER Waldlerleben 55; Das Tuech anbrennen „die Leinwand mit heißem Wasser anbrühen, um sie dann zu sechteln" SCHMELLER I,358; werden hierinnen die gsöder [kleingeschnittenes Viehfutter] für daß oxen- und khuevich angebrent FRIED-HAUSHOFER Dießen 78.– 10: obreena „Verdauungsstörung bei Rindern" Spr.Rupertiwinkel 67.– 11 refl., sich bewölken, °OP vereinz.: °itz brents sa se ahn Kemnathen PAR.– 12 von Menschen.– 12a sich verlieben, verliebt machen.– 12aα Part.Prät., verliebt, NB vereinz.: du abrennts Duall du, du stocknarräschs Hengersbg DEG; er ist anbrennt „von einem Menschen ... der anfängt, sich in ein Mädchen zu verlieben" DELLING I,16.– 12aβ †: Eine Person anbrennen „sie ... verliebt machen" SCHMELLER I, 358.– 12b schwängern, OB, °OP, °MF vereinz.: °döi hout oina aⁿbrennt „unehelich geschwängert" Kchnthumbach ESB; Der Gärch hout ... sei Mādla ōbrennt! BERTHOLD Fürther Wb. 153; „die ungesengte Springerin [übers Sonnwendfeuer] wird für dies Jahr nicht angebrannt (nicht schwanger)" LEOPRECHTING Lechrain 183.– Auch entjungfern: dös is a scho a Obröntö „keine Jungfrau mehr" Ascholding WOR; Eine Person anbrennen „sie um's Jungfernkränzchen bringen" SCHMELLER I,358.– 12c verrückt, närrisch sein, machen.– 12cα Part.Prät., wie →b.17c,°NB mehrf., OB, OP, MF vereinz.: er is a weng obrennt Neukchn KÖZ; à~'brennt ... seyn SCHMELLER ebd.; „angebrennt seyn ... falschen Witz, und einen elenden Geschmack besitzen"

WESTENRIEDER Mchn 324.– **12cβ** †: *Eine Person anbrennen* „sie verwirrt im Kopfe ... machen" SCHMELLER ebd.– **12d** Part.Prät., wie →*b*.17d, °NB vereinz.: *Bader, Lehrer und Schneider san obrennt* Tittling PA.– **12e** wie →*b*.17e: °*der is a a bißl obrennt gerissen, durchtrieben* Halfing RO.– **12f** sich betrinken, betrunken machen.– **12fα** Part.Prät., betrunken, °OB, °NB, OP vereinz.: *dea is abränd* Fürnrd SUL; *à~'brennt ... seyn* SCHMELLER I,358.– **12fβ** †: *Eine Person anbrennen* „sie ... berauscht ... machen" SCHMELLER ebd.– **12g** Part.Prät.: °*obrennd* „rothaarig" Rechtmehring WS.– **13** wie →*b*.20a: *dea is onbrennd* „mittellos" Haidenhf PA.– **14** †: *Eine Person anbrennen* „sie um eine milde Gabe bitten" SCHMELLER I,358.

DELLING I,16f.; SCHMELLER I,358.– WBÖ III,874f.; Schwäb.Wb. I,179; Schw.Id. V,627f.; Suddt.Wb. I,323f.– ²DWB II,780-782; Frühnhd.Wb. I,1010f.; LEXER HWb. I,58; Ahd.Wb. I,1358.– BERTHOLD Fürther Wb. 153; BRAUN Gr.Wb. 425; CHRISTL Aichacher Wb. 221; KILGERT Gloss. Ratisbonense 31f.; LECHNER Rehling 135; MAAS Nürnbg. Wb. 185; Spr.Rupertiwinkel 67.– S-6N20, 30C32, 88D5, 94B6,11,13,15,95C1,97D4, M-168/17.

[**auf**]**b. 1** emporflammen, -flackern, OB, NB vereinz.: *do brönnts houch auf* Ascholding WOR; „Das Flackern und Rußen einer ... Petroleumlampe ... *aufbrennen*" Wasserburg Teuth. 10 (1934) 103f.; *streue ... einen Schwefel darein ... biß es nicht mehr blau aufbrennet* HOHBERG Georgica I,363.– **2** verbrennen.– **2a** wie →*b*.1bα, NB vereinz.: *Stråosåk afbrenna* „am ersten Abend nach dem Tod" Drachselsrd VIT.– **2b** durch Verbrennen aufbrauchen: *aufprenna* „(Holzvorrat) völlig aufbrauchen" SCHWEIZER Dießner Wb. 14; *alles Holz, was er aufbrennen soll* 1788 REINER Waldglashütten 50.– **3** auch refl., aus einem Brandschaden Nutzen ziehen, °OB, °NB, °OP vereinz.: °*der hot se aufbrennt* Hallertau; „*der is au'brennt* statt *o'brennt*" SCHILLING Paargauer Wb. 57.– **4** †aufleuchten: *Und wiar a [Regenbogen] in sieben Farben afbrennt* PANGKOFER Ged.altb.Mda. 273.– **5** bei der Zubereitung von Speisen.– **5a** wie →[*an*]-*b*.3aα, OB, OP vereinz.: *d'Hitz [Menge Brot, die auf einmal gebacken wird] is aufbrennt* Partenkchn GAP.– **5b** wie →*b*.4a: „ein mit Zucker bestreutes Mehlmus mit einer glühend heißen Aufbrennschaufel *aufbrenna*" Mchn; *gebachene Höndl et aufbrönts Muß* Haag WS 1795 Bayerld 6 (1895) 228.– **5c** abschmalzen: „die Suppe aufschmalzen = *d'supm aufbrena*" BRÜNNER Samerbg 96; *ein wassersup mit Zwiffel yber ein halb Zerschnittenes laibl brodt aufgebrent* 1740 MHStA KL Asbach 60, 100.– In fester Fügung:

°*a zwieflaafbrennti Erdepflsuppm* „mit Röstzwiebeln abgeschmalzen" Windischeschenbach NEW.– **6** sehr braun, rot machen (v.a. von der Sonne), NB, SCH vereinz.: *d'Sun breend oan au* Derching FDB; „*der schneidige Karli-Bauchklatscher vom hohen Sprungturm. Fazit ... der Bauch is aufbrennt*" SZ Ebersberg 54 (1998) Nr.275,11.– **7** †wie →*b*.11b: *so sollen die letstere ... auß dem land mit auffgebrenntem zaichen geschafft ... werden* 1726 WÜST Policey 597.– **8** wie →*b*.12: °*Eisn aufbrehna* „glühendes Hufeisen auf den Roßhuf auflegen, bis es gut eingebrannt ist" Ebersbg; *Von ainer Feder an ain Wagen neu zumachen unnd aufzubrennen* Pullach KEH 1657 HARTINGER Ordnungen III,451.– **9** Part.Prät., mit anhaftenden Glasresten, fachsprl.: „*Das Klopfen der aufbrennten und schon großkopfigen Glasmacherpfeifen ... war am Karfreitag ... untersagt*" Spiegelhütte GRA HALLER Glasmacherbrauch 123.– **10** wie →*b*.13, OB, NB mehrf.: *mit da Brennschar d'Hår aubrenna* Gallenbach AIC; *dö Junga afbreend, Scheil voara*ⁿ Haidmühle WOS.– **11** wie →*b*.15: *Aufbrenndö Hiebe* Plattling DEG.– **12** furzen, nur in fester Fügung *einen a.* °OB, NB vereinz.: °*host oan aufbrend, Birschei!* Ebersbg; *Wer hat jetz da oan aufbrennt?* Altb. Heimatp. 58 (2006) Nr.8,11.– **13** †: *Eine Person aufbrennen wegen etwas* „sie angeben, anklagen" SCHMELLER I,358.

SCHMELLER I,358.– WBÖ III,875; Schwäb.Wb. I,367; Schw. Id. V,626f.; Suddt.Wb. I,497.– ²DWB III,443f.; Frühnhd. Wb. II,355; LEXER HWb. II,1689.– S-94B13.

[**aufhin**]**b. 1** refl., wie →[*auf*]*b*.3: *dea håd sö auföbrennt* „ist durchs Abbrennen vermögender geworden" Mengkfn DGF.– **2** wie →*b*.12: *am Eisstock an Eisnring auffobrenna* Winzer DEG.– **3** †wie →*b*.13: *Hàmt ea~ [sich] g'wîs d' Engai mehr d' Hår auffi brennt?* Kiefersfdn RO HARTMANN Volksl. 13.– **4**: *oan aufibrenna* reizen Pfarrkchn.– **5** wie →*b*.15: *etle hom ma aaffebrennt, Brouder, döi san grennt* Wiesau TIR Wirtshauslieder Opf. 138.– In fester Fügung *jmdm eine / eines a.* einen Schlag versetzen, NB vereinz.: *dem hon i oanö auffobrennt* Mengkfn DGF; *wenn s'na kemma Und möchten uns oans aufebrenna* EHBAUER Weltgschicht I 22.– **6** wie →*b*.16a, °OB, NB, OP vereinz.: *affebrenna* Floß NEW; *aufebrena* „Schuss aufs Fell" Spr.Rupertiwinkel 5.– Auch in fester Fügung *jmdm eine a.*: °*da Jaga hod eam oani auffibrend* Ebersbg; *An soichan Jaga gherad glei oane aufebrennd* BILLER Garchinger Gsch. 22.– **7** stechen (von

Insekten), OP vereinz.: *a Bi haut mi afibrennt* Hessenrth KEM.

WBÖ III,885; Suddt.Wb. I,515.– Spr.Rupertiwinkel 5.

[**Augen**]**b.** N., Brennen in den Augen, OB, NB, OP vereinz.: *a Aungbrenna* „infolge Hitze, Rauch, Staub" Ingolstadt.

WBÖ III,875.

[**aus**]**b. 1** (im Innern) durch Feuer zerstören: °*da Schdådl is scho ausbrend gwen* Ebersbg; *Graf Albrecht von Bogen ... feurt das closter an, prent's aus* AVENTIN V,360,31-33 (Chron.).– **2** wie →*b.*1bγ, OB, NB vereinz.: *Woid ausbrenna* Kchbg REG.– In fester Fügung *Reut a.* gerodetes Land durch Brand zum Anbau vorbereiten, NB vereinz.: *Reöd asbrenna* Drachselsrd VIT.– **3** durch Feuer u.ä. reinigen, entfernen.– **3a** reinigen, OB, NB, OP, SCH vereinz.: *a Faß ausbrenna* Wasserburg; *an Kella ausbrönna* „indem man grünes Reisig anzündet, um Schnaken zu vertreiben" Reisbach DGF; *ausprenna* „Kamin, Imm zur Honiggewinnung" SCHWEIZER Dießner Wb. 20; *alte Taschen auszubrennen 2 Kr.* Furth LA 1764 HARTINGER Ordnungen III,311.– **3b** wie →*b.*10, OB, NB, OP, SCH vereinz.: *a Wundn, wenn oin a tolla Hund beißt, maouß ma asbrenna* Wdsassen TIR.– **3c** durch Verbrennen entfernen, vertreiben, NB, MF vereinz.: *n Zohnerv ausbrena* Nürnbg; „Mai ... Hexen-Ausbrennen" OB BzAnthr. 13 (1899) 92; *sant Maria Magdalena diu alle die bösen gird ... mit dem fiur der hiligen minn ... gærlich auz gebrennet het* O'altaicher Pred. 89,1-3.– **4** zu Ende brennen.– **4a** aufhören zu brennen, leuchten, NB, OP vereinz.: „die Glühbirne *is ausbrönd*" Winzer DEG.– **4b:** *wanns zum ausbrenna gwen ist* „Schlussphase des Brandes [von Hafnergeschirr]" GRASMANN Hafner Kröning 381.– **5** nach außen brennen, rauchen, NB, OF vereinz.: *da brennt's beim Raufang aus* U'iglbach VOF.– **6** †durch Destillation herstellen, zur Destillation erhitzen.– **6a** wie →*b.*2d: *NAchdem man auch auß Cramet- oder Weckholderbeer ... zur Artzney Brandtwein außbrennen thut* Landr.1616 561; *schwarze Kürschen zum ausprennen des Wasser* Tutzing STA 1.H.18.Jh. Sauber! Hygiene früher in Oberbayern, hg. von F. LOBENHOFER-HIRSCHBOLD, A. WEIDLICH, Großweil 1995, 92.– **6b** zur Destillation erhitzen: *wenn man dez paums rind auz prenn, also daz wazzer dar auz ge* KONRADvM BdN 361,20 f.– **6c** wie →*b.*2e: *alles Bruch- Geschmolzen- Granalirt- und Ausgebranntsilber* Rgbg 1696 LORI Münzr. III,236.– **7** ausschmelzen, abschmalzen.– **7a** ausschmelzen, MF vereinz.: *Schmalz ausbrenna* Röckenhfn HIP.– **7b** †wie →[*auf*]*b.*5c: *mach ein schmalz heyß, brene/ selben* [Karpfen] *inen ünd aüsen wohl aüs* PICKL Kochb.Veitin 181.– **8** wie →[*ab*]*b.*4b: *ausbrennter Mist* Chiemgau.– **9** austrocknen.– **9a** wie →*b.*8aα, °OB, °NB, °OP mehrf., °SCH vereinz.: °*an der Stell brennt's Droad allerwei aus* Pfarrkchn; *wenn a hoißa Suma is, brend d'Wisn aus* Beilngries.– Auch: *de Geaschn is ausbrent* früh-, notreif Mittich GRI.– **9b** wie →*b.*8aβ, OB, NB, °OP vereinz.: *da Troad bleibt hair hint min Wagstum, dö Hitz brennt aus* Valley MB; *a Grund, wo d'Sunn ois glei ausbrennt, wenns länga nöt rönga tuat* Hengersbg DEG; „Ausbrennen, von Bäumen: durch ihren Schatten eine Wiesen- oder Ackerstelle unfruchtbar machen" SCHMELLER I,358; *die geschelte, ausgebrennte und ausgedörrte Zwetschgen* SCHREGER Speiß-Meister 141.– **10** auch refl., Abendrot hervorbringen, OB vereinz.: *wenn d'Sunn ausbrennt, werd's schön Weda* Endlhsn WOR; *D'Sunna brennt si aus* WÖLZMÜLLER Lechrainer 94.

SCHMELLER I,358.– WBÖ III,875-877; Schwäb.Wb. I,457 f., VI,1554; Schw.Id. V,629 f.; Suddt.Wb. I,584.– ²DWB III, 979-982; Frühnhd.Wb. II,925 f.; LEXER HWb. II,2020.– WÖLZMÜLLER Lechrainer 94.– S-65S19, 66B22, 94B13, 100C8.

[**ausher**]**b. 1** wie →[*aus*]*b.*5: *d'Lampn brend außa raucht* Rechtmehring WS; *sehgt er, daß aus seine Augen ein Feuer ausherbrennt* SCHLAPPINGER Niederbayer II,97.– **2** durch Trocknen, Dörren herauslösen: *an di' derfens scho no a Zeitl hindürrn, bis dir dei Bierl alls außabrennt ham* Altb.Heimatp. 5 (1953) Nr.11,3.– **3** (Saat) durch Sonnenschein gedeihen lassen, NB vereinz.: °*an Hor* [Flachs] *solls außaschwemma und an Brein außabrenna* „beim Säen" Erlach PAN.

WBÖ III,884.

[**der**]**b. 1** durch Heißes, Kaltes verletzen.– **1a** wie →*b.*9a: *i hab ma d'Hand derbrennt* Mchn.– **1b** durch Kälte verletzen, entzünden, OB, NB vereinz.: *d'Haut möchts iam dabrenna vor lauta Köit wås is* Rottal.– **2** durch Wundbrand schädigen: *wiad ja scha ganz blau, dö dabrennt da Brand scho* Hengersbg DEG.– **3** sehr braun, rot werden: *dabre:na* „verbrennen (Sonnenbrand)" KILGERT Gloss.Ratisbonense 56.

WBÖ III,878.– KILGERT Gloss.Ratisbonense 56.

[**dúrch**]**b. 1** durch Hitze od. elektrischen Strom kaputtgehen, °OB, °NB, °OP vereinz.: °*de Birn* [*dúrch*]*brennen*

is durchbrennt Schwandf; *Bis d' Schnur in da Selchkammer ... durchbrennt is* STROBL Mittel und Bräuch 7.– **2** sich heimlich davonmachen, durchgehen.– **2a** wie →[*ab*]*b*.11, °OB vielf., °NB mehrf., °Restgeb. vereinz.: °*mi wundert's net, wenn dei Tochter durchbrennt* Dingolfing; *si is mit an andan durchbrennt* Lauterbach REH; *Den andern Tag hats natürli' über dees Durchbrenna von 'n Flori an' großn Spetakl gebn* KOBELL Schnadahüpfeln 127; *nacha hat er 's Geld rausg'numma und is durchbrennt* THOMA Werke II,23 (Magdalena).– **2b** durchgehen, wild davoneilen, °OB, NB, MF mehrf., OP vereinz.: °*de Rösser sän durchbrennt* Klingen AIC; *durch... brennen* „auskommen" [4]ZEHETNER Bair.Dt. 106.– **3** verrückt, gerissen sein.– **3a** verrückt, närrisch sein od. werden: °*wenn dea sua weitamächt, brennt a bal durch* Windischeschenbach NEW.– **3b** Part.Prät., wie →*b*.17e, °NB, °OP vereinz.: °*dös is a durchbrennter Kerl* gerissen, durchtrieben Tirschenrth.

SCHMELLER I,358.– WBÖ III,878; Schwäb.Wb. II,482; Schw.Id. V,633; Suddt.Wb. III,477f.– [2]DWB VI,1574f.; Mhd.Wb. I,1406.– BERTHOLD Fürther Wb. 45; BRAUN Gr.Wb. 108.– S-46B53, 95B50.

†[**durch**]**brénnen** durch etwas ein Loch hindurchbrennen: *den* [*Wurm*] *durchbren kreizweis mit einen heisen eisen* HÖFLER Sindelsdf.Hausmittelb. 72; *Wann ein Roß spättich* [am Spat erkrankt] *ist ... so durchbrenne die Stätt alle* HOHBERG Georgica II,251.

[2]DWB VI,1574; Mhd.Wb. I,1406.– M-70/9.

[**ein**]**b.** **1**: *eibrenna* „einheizen, Feuer machen" Passau.– **2** bei der Zubereitung von Speisen.– **2a** wie →*b*.4a: *Baürön tuat a Möhl eibrenna* Valley MB; *Mêl einbrennen* „Mehl, mit Butter oder Fett vermischt, über dem Feuer braun oder gelb brennen" SCHMELLER I,358; *mit eingebrennten Semmel-Brosen* HAGGER Kochb. III, 1,171.– **2b** eine Einbrenn zubereiten, °OB, NB, OP, SCH vereinz.: *eibreena* Derching FDB; *mit zwifel ünd semel mehl ein/ brenen* PICKL Kochb. Veitin 164.– **2c** wie →*b*.4b, NB, °MF vereinz.: °*a eibrennta Suppn* „Brotsuppe mit Einbrenne" Rohr SC; *Speisen einbrennen* „sie mit also bereitetem Mehle begießen" SCHMELLER ebd.; *eingebrennte suppen* SCHÖNSLEDER Prompt. H5[v].– In fester Fügung *trocken e.* ohne Fett, nur mit Mehl bereiten: „Brennsuppen, *truckn eibrennt*, Nudeln, Kraut und Gersten" Altb.Heimatp. 8 (1956) Nr.34,8.– Ra.: *dea houd si wos abrennt* „sich in eine schlimme Lage gebracht" Naabdemernth NEW;– erweitert: *håust da 's aa(n'brennt, moußt da 's aa aaseß'n!* BRAUN Gr.Wb. 13.– **2d** wie →[*auf*]*b*.5c, °NB vereinz.: *s Kraur mit'n Brandschmäiz aibrena* Mittich GRI; *'s eibrennte Kraut aus der Schüssel löffeln* K'rathbg MILLER Lkr.WEG 14; *brene die brihe/ so in den karpfen ist, mit gewirzffleten* [gewürfelten] *zwifeln ein* PICKL ebd. 181.– **3** wie →[*an*]-*b*.6, °OB, °NB, °OP vereinz.: °*d'Geaschtn soit ma nöt eischwemma, liaba eibrenna* Metten DEG.– **4** hineinbrennen.– **4a** wie →*b*.11a: *Eisnstift ins Holz eibrenna* Mengkfn DGF; *Von 2 neuen Negl in das Mollpret* [Streichbrett am Pflug] *zumachen unnd einzuprennen* Pullach KEH 1657 HARTINGER Ordnungen III,452.– **4b** wie →*b*.11b, °OB, NB vereinz.: °*an Fleeck eibrenna* „beim Bügeln" Hirnsbg RO; *Von den Imlen und Bremen ist bekant/ daß wann sie auß faulen Ochsenfleisch heraußwachsen/ sie ... einen Ochsenkopf auff ihren kleinen Bauch gleichsam eingebrent tragen* HUEBER Granat-apfel 306.– Übertr. ins Bewußtsein einprägen: °*den habn sie's einbrennt* Berching BEI; *Dös kannst dir do' einbrenna, daß i' net in an G'schloß und als a Prinz auf d'Welt kemma bin* MEIER Werke I,443 (Natternkrone).– **5** fachsprl.: „*Am Ofen einbrennen ...* auftreiben, den Mundsaum [des Trinkglases] verschmelzen, belegen" HALLER Geschundenes Glas 53.– **6** verklatschen: °*heunt wer i euch oba eibrenna bein Vatan* Mintraching R; *Bolsd dei' Sakramentian* [Fluchen] *net a'fherst, nacha brenna da fei ba da Muattan ei'* JUDENMANN Opf.Wb. 134.– **7** kirchlich trauen, °NB, OP vereinz.: °*moang weand unsanö Nochbasleut eibrennt* Metten DEG.– **8**: °*jetzt hast aber eibrennt* „dir den Zorn eines anderen zugezogen" Frauenau REG.– **9** Part.Prät., wie →*b*.17e, °OB, °NB, °OP, °MF vereinz.: °*dös is a ganz a Einbrennter, trau eahm net* Schönbrunn LA.

SCHMELLER I,358.– WBÖ III,878f.; Schwäb.Wb. II,593f.; Schw.Id. V,628f.; Suddt.Wb. III,567f.– [2]DWB VII,536f.– BERTHOLD Fürther Wb. 47; BRAUN Gr.Wb. 13.– S-94B13, 96E22,W-42/5f.

Mehrfachkomp.: [**hin-ein**]**b.** **1** wie →[*an*]*b*.6, °OB vereinz.: °*d'Gerschtn muaß ma neibrenna* Wildenroth FFB.– **2** wie →*b*.9a: *Do san eahna de* [brennenden] *Faßl naukugld, und de Leid homse oiwei neibreind* Alteneich SOB BÖCK Sagen Neuburg-Schrobenhsn 10.

Schwäb.Wb. III,1625.– Rechtswb.V,1001.– W-42/7.

[**einhin**]**b.** **1**: °*der Bam brennt z'wäidrest in Grund äne* „macht den Boden bis in die Tiefe trocken" O'nrd CHA.– **2** wie →[*an*]*b*.6:

°*Gerschtn muaß scho im Miuchz* (März) *eihibrennt wern, wenns was Gscheits wern soj* Steinhögl BGD.– **3** hineinbrennen.– **3a** wie →*b*.11a: *Schuastaböch aichebrenna* „in die Wunde heiß hineintropfen lassen" Wackersbg TÖL.– **3b** wie →*b*.11b: *an dera Stej, wos da Böse Feind packt hod ... hod* [man] *einebrennde Fingern gseng* WILDFEUER Kchdfer Ld 45.

WBÖ III,885; Suddt.Wb. III,597.

[**Veits**]**b. N.**: *Veizbrenna* „früher am Vitustag (15. Juni) angezündetes Feuer" Haunswies AIC.

[**ver**]**b. 1** durch Feuer zerstört werden, vernichten.– **1a** wie →[*ab*]*b*.1a, OB, °NB vereinz.: *s Haus is verbrennt* Mailing IN; *Donau is ins Wasser gfalln, der Rheinstrom is vobrennt* OP I. PRÖLS, Der Ochs im Luftballon, Nabburg o.J. [, 42]; *den sûnter, der verprant ist mit der hitz der riuwe* KONRADVM BdN 99,31; *auffn grund verbrennt* SCHÖNSLEDER Prompt. H5ᵛ.– Auch †refl.: *so verbret sich das holz und das Salz* HÖFLER Sindelsdf.Hausmittelb. 27.– **1b** durch Feuer vernichten, verheizen.– **1bα** wie →*b*.1bα, °Gesamtgeb. mehrf.: *vom Gweichtn miassn d Röstl vabrönt wern* Frauensattling VIB; *host da dein ganzn Boat vobrennt mit deina Pfeifa* Adlersbg R; *habbs d'Wrzl vabrennd?* Mering FDB; *wal i am Sunntog vormittog im Gortn olte Tapeten vobrennt hob* LAUERER I glaub, i spinn 152; *Z' Cham wiad a Tragona am Scheitahaffa vobrennt* SCHUEGRAF Wäldler 66; *Deuorabit firp̄[re]nnit* Tegernsee MB 10./11.Jh. StSG. I,503, 16; *daz/ daz selb gůt/ verprennet wirt von asang* [Brandstiftung]/ *oder von aigem fiwr* Landshut 1298 Corp.Urk. IV,245,24-26 B; *daß selbige* [Flamme] ... *die gantze Statt ... verbrennt vnnd in die Aschen gelegt hat* HUEBER Granat-apfel 216.– In festen Fügungen: → *Judas* / → *Jude* / →[*Oster*]*mann v.* Feuer in Osterbräuchen.– → *Licht v.* Aschermittwochsbrauch.– **1bβ** wie →*b*.1bβ: *vå:brennâ* „verheizen" CHRISTL Aicha-cher Wb. 237; *Ez sol niemen ... chein holz chauffen, daz er wider hin wil geben, niur daz er selbe ... verbrennen wil* 1310-1312 Stadtr.Mchn (DIRR) 189,22-24.– **1c** †durch Brand schädigen: *den in- und benachbarten außlaᵉndern, so etwann verbrennet ... worden, das allmosen nit gar zuverwoᵉhren* 1726 WÜST Policey 597.– **2** (sich) durch Leuchten verbrauchen.– **2a** sich durch Leuchten verbrauchen: *s Liacht vobrend* Reisbach DGF; *ee ... der Kertzlen ains ... verprennt* Mchn 1461 ZILS Handwerk 81.– **2b** zur Beleuchtung verbrauchen: °*gäihts ins Bett, möißi 's Löicht vabrenna!* Windischeschenbach NEW; *'s Löicht vabrenna* „unnötigerweise das (elektrische) Licht brennen lassen" BRAUN Gr.Wb. 739; *ehe daß man drey Spänn verprennt bey der Nacht* Irl R 1472 HARTINGER Ordnungen II,640; *lichter, welche vor und während der Beerdigung verbrannt worden* Wunsiedel 1779 SINGER Totenbrauchtum 11.– **3** beim Kochen, Backen verbrennen (lassen).– **3a** durch zu starke Hitze verderben, OB, NB, OP, OF mehrf., Restgeb. vereinz.: *dös Brot isch dösmol föscht verbrennt, zvill Ofehitz ghött!* Hfhegnenbg FFB; *da vobrennö Kuacha* Geiersthal VIT; *'s röicht vabreent* „es riecht nach Verbranntem" BRAUN Gr.Wb. 739; *D'Nudl san alle vobrennt* Rdnburg Musikgesch. der Oberpfalz, zusammengestellt von D. METTENLEITER, Amberg 1867, 183; *Seynd die Speisen ... zu sehr gebraten, oder verbrennt* SCHREGER Speiß-Meister 18.– **3b** durch zu starke Hitze verderben lassen, NB vereinz.: *håst das Brod wida vabrent* Haidmühle WOS; *den Braten verbrennen* „ihn durch zu große Hitze schwarz werden lassen" BRAUN ebd.; *A solchani Köchin ... Dö ... nix vabrennt* OB J.G. ENTMOOSER, Gemüthliche Stunden, Traunstein 1861, 83.– Ra.: *den hat sei Muada on Ba'ofa oda ö da Rehan vobrennt* „von einem Dunkelhäutigen" Hengersbg DEG.– **4** wie →[*auf*]*b*.6, OB mehrf., NB, OP, MF, SCH vereinz.: *dea is ganz vobrönnt* Peißenbg WM; *an da Sunn håt a se sei Gsicht vabrennt* Saming PA; *Haud hods ma vobrent* Stadlern OVI; *A g'müathles G'sicht ... blos von da Sunn vabrennt* AUZINGER A so san mir 31; *Leech de neat sua lång in d'Sonn ... wirst da daa(n' Gsicht scho(n nuu vabrenna!* BRAUN ebd.; *Daß die Sonnen-Hitze dein Angesicht nicht verbrenne, und schwarz mache* SCHREGER Haus-Apotheke 75.– **5** schmelzen (lassen), einschmelzen.– **5a** schmelzen: *'s ganze Moos liegt in da Sunna ... da Reif verbrennt* DINGLER Arntwagen 10.– **5b** schmelzen lassen: *bis 's a 'n Lanks* [Frühling] *an Schnea vabrennt* DINGLER bair.Herz 80.– **5c** †einschmelzen: *wie ... die alte Münze ... verbrennt ... werde* 1461 BLH VII,105.– **6** (sich) zu stark erhitzen.– **6a** sich zu stark erhitzen, vergären, OB, OP vereinz.: *dem verbrennt der ganze Mist* Aufkchn ED.– **6b** wie →*b*.7b, NB, OP vereinz.: *s Bluat is vobrent* „von Fieberhitze" Zandt KÖZ; „Den Eiter nennt man ... ist er mit Blut vermischt, *verbrennts Geblüt*" LAMMERT Volksmed. 206.– **6c** †zu heiß machen: *hiczige speyß als pfefferr, czwifelnn vnd knoblauch, die verprennenn dir dein plut* Landshut 1.H.15.Jh. ObG 5 (1961) 361.– **7** austrocknen, erfrieren lassen.– **7a** austrocknen.– **7aα** wie →*b*.8aα, OB,

[*ver*]brennen

°NB, °OP, OF vereinz.: *vabrent, iwadirt* „vom Heu" Fürstenfeldbruck; *d'Wies vabrent* Mittich GRI; *fo'brent* „Da er zu stark getrocknet wurde, ist der Hopfen ... unbrauchbar" MEISTER Hallertauer Hopfenbauern 69.– **7aβ** wie →*b*.8aβ, OB, NB vereinz.: *d'Acka vabrennts nu ganz* „bei großer Dürre" NB; *so verprent er* [Mehltau] *daz fruhtbår march der frůhten* KONRADVM BdN 113,20.– **7b** wie →*b*.8b, OB vielf., NB, OP, SCH vereinz.: *d'Ädöpfö hot da Reif vobrennt* Valley MB; *dr heiddi Reif hodd Gchlea all vabrennt* Mering FDB; *Und's Gras vobrennt d'G'friar* PANGKOFER Ged.altb.Mda. 248.– **8** durch Berührung mit etwas Heißem verletzen, verursachen.– **8a** verletzen, Gesamtgeb. vielf.: *vabrente Hend heilt ma mit Solatoi* Hengersbg DEG; *blås d'Subbm, nåcha vabrensd da d'Zung ned!* Cham; *der Schreiner Lenz hat sih sei links Ohrwaschl verbrennt* QUERI Pfanzelter 30; *als ihm der fueß in dem Preü-hauß ser übel verbrenet worden* 1736 Mirakelb.Aunkfn 122.– In festen Fügungen: *verbrennte* →*Hand* | →*Köchin* Köchin in einem Hochzeitsbrauch.– Spruch gegen Brandwunden: *Jch habe mich verbrent Gott den Herrn den hat man erhängt schadet in sein hängen nichts so schadet dir dein verbrenen nichts* Wernbg NAB um 1850/1860 CH.N. OBERMEIER,Abdeckersleut' als Volksmediziner, Ponholz 2012, 36.– Übertr.: mit einer Geschlechtskrankheit anstecken, °OB, NB vereinz.: °*der hat si verbrennt* „hat sich den Tripper geholt" O'ammergau GAP.– Sich durch unangemessenes Benehmen schaden: *dea haod se bäis vabrend* „Anstoß erregt" Fürnrd SUL; *er hat sich verBrennt* SCHÖNSLEDER Prompt. H5ᵛf.– **8b** †wie →*b*.9b: *welsch heidtbeer oel ist gut für verbrennte schäden* ebd. H5ᵛ.– **9** wie →*b*.14c: *Sie håut se oa-n Brennessln d'Finga(r vabreent!* BRAUN Gr.Wb. 739.– **10** vom Kupferbrand od. Rußtau befallen sein: *da Hobfa is vabränd* Fürnrd SUL; *verbrannt* HORN Hersbr.Hopfenbauern 34.– **11** Part. Prät., von Menschen.– **11a** wie →[*an*]*b*.12aα: *dia zwoa san verbrennt* „verliebt" Wasserburg; *A Land'smannin, da is da Sepp Ganz narrisch drei' vabrennt* AUZINGER A so san mir 85; *Alle Madeln san in uns vabrennt* LUTZ Bayr. 57.– **11b** wie →*b*.17c: *der is vobrennt* ein wenig närrisch Steinlohe WÜM.

WBÖ III,879-882; Schwäb.Wb. II,1083-1085, VI,1874; Schw.Id. V,630-632; Suddt.Wb. IV,123.– DWB XII,1,167-172; LEXER HWb. III,82f.; WMU 2036f.; Ahd.Wb. I,1359f.– BRAUN Gr.Wb. 739; CHRISTL Aichacher Wb. 237f.– S-17C25ᵃ, 19H6ᶜ, 20B2, 22E3ᵃ, 23I6ᵇ, 30C31, 34D2, 55/44ᵇ, 72B29, D1, 77C18, 79D9, 88D5, 94B9, 13, C12, 100C8, E9, M-46/32.

Mehrfachkomp.: [**hirn-ver**]**brennt** verrückt, närrisch, °OB,°NB,OP vielf., OF, MF vereinz.: *a so a hianvabrents Frauenzimma* Ingolstadt; *wia ma na ga so hianvabrent sai kha?* Jägershf KÖZ; *ezza sou wos Hianvabrents Ambg; Fahrn dans ... wia de Hianvabrenndn!* BINDER Saggradi 95.

WBÖ III,882f.– DWB IV,2,1562.

– [**sonn-ver**]**brennt** sonnenverbrannt, OB, NB vereinz.: *a sunvobrennts Gsicht* Hengersbg DEG.

WBÖ III,883.– DWB X,1,1730.

[**Vor**]**b.** N., erster Abschnitt des Brennvorgangs, fachsprl.: „Das *Vorbrennen* musste ich als Lehrling bis 24 Uhr ... vornehmen" Bödldf VIB 1985 GRASMANN Hafner Kröning 128.

WBÖ III,883.– DWB XII,2,932.

[**Hals**]**b.** N., Halsbräune, Diphtherie, OB, SCH vereinz.: *Haisbreena* Derching FDB.

Suddt.Wb. V,65.

[**her**]**b. 1** refl., beim Kochen anbrennen, sich ansetzen: *A schwoazbraune Ram* (angebrannte Masse) *hätt si herbrennt en der Lejtseitn* [dem Feuer zugewandten Topfseite] KÖZ BJV 1952,30.– Auch sich durch Angebranntes beim Kochen stark verschmutzen: *zun Knedlsuin, do hammants Gußhefa* (eiserne) *ghat ... da hätt si a kejda(r)ner* [irdener] *recht herbrennt* ebd. BJV ebd.– **2** sehr heiß scheinen, sehr braun, rot machen (von der Sonne).– **2a** wie →*b*.6a, OB, NB, OP, MF vereinz.: *heint brennt d'Sunn her* G'klenau TIR; *Wiar aba d'Sunn de nachstn Täg so hoaß herbrennt* Sagst wasd magst, hg. von F. BREHM, München 1975, 13 (F.X. Breitenfellner).– **2b** wie →[*auf*]*b*.6, NB vereinz.: *d'Sunn hot mö heabrennt, daß ma dö ganz Haut ageht* Hengersbg DEG; *heabre:nt* „sonnenverbrannt" KILGERT Gloss.Ratisbonense 96.

WBÖ III,884; Suddt.Wb. V,253.– KILGERT Gloss.Ratisbonense 96.

[**Herz**]**b.** N., wie →*b*.14d: *Herzbrenna* BRAUN Gr.Wb. 523; *Für das Herzbrennen* SCHREGER Haus-Apotheke 10.

WBÖ III,884.

[**hin**]**b. 1** wie →[*ausher*]*b*.3: °„Hirse soll man *hibrenna* lassen" Aidenbach VOF.– **2** deutlich zu verstehen geben, die Meinung sagen, NB vereinz.: *dem han is hibrennt* Galgweis VOF; *Den ... hã-e-s ... sauwà hi-brend* „ordentlich die Meinung gesagt" KAPS Welt d.Bauern 140.

WBÖ III,884.– DWB IV,2,1403.

[los]b. 1 (eine Feuerwaffe) abschießen: *a Flintn losbrenna* Passau; *so balds die Beller … losbrennen* BUCHER Jagdlust 78.– 2 wie →[ab]b.8: *an Schuß losbrenna* Passau; *Jetzt wurde losbrennt, ein Schuß um den andern* Kollbachtal EG Landshuter Ztg 20 (1868) 232; *die Solldaten zu roß vnd zu fues mit ihren Musgeten los gebrent* 1632 OA 100 (1975) 216.

Schwäb.Wb. IV,1291; Schw.Id. V,632f.

[mord]b. Mordbrennerei begehen od. zufügen: *Räubern und Mordbrenna, dös ghärt si net!* O.M. GRAF, Die Chron. von Flechting, München 1975, 37; *Dieberey, Mörden, oder Mordprennen oder wie die schämbliche Unthatt genannt wäre* Berchtesgaden 1377 KOCH-STERNFELD Salzb.u. Bgdn II,77; *Wer jemandt haimlich Mordbrennt* Landr.1616 412.

Schwäb.Wb. IV,1751.– DWB VI,2535; LEXER HWb. I,2205.

[nach]b. 1 †eine weitere Menge Kalk od. Ziegel brennen: *hat mir Michael, Ziegler, nachprendt* 1566 Sammelbl.HV.Ingolstadt 101 (1992) 239.– 2 nach der festgesetzten Frist Schnaps brennen: „Wer … *nachbrannte*, der wurde rigoros bestraft" Altb.Heimatp. 65 (2013) Nr.9,4.– 3 wie →*b.*7a: °*nouchbrena* Berching BEI.

WBÖ III,885; Schwäb.Wb. IV,1876, VI,2633.– DWB VII,32.

[nieder]b. 1 wie →[ab]b.1a: °*da Schdädl is scho niedabrend gwen, wias kemma san!* Ebersbg; *nīdaprenna* SCHWEIZER Dießner Wb. 131.– 2 (mit einer Feuerwaffe) niederschießen: *wia da Jaaga auf da Birsch' Hat niedabrennt an' stolzen Hirsch* OB A. DREYER, Bergmoas'n u. Spötterln, München 1902, 15; *eine Gais Der Graf thuat niederbrenna* Fliegende Bl. (München) 87 (1887) 79.

WBÖ III,885.– DWB VII,751.

[zu-sammen]b. 1 durch Feuer zerstört werden, vernichten.– 1a wie →[ab]b.1a: *so liegt heunt Schwammerlhausen auf an Birnstingl* [völlig] *z'sammbrennt in Schutt und Aschn!* SCHLICHT Bayer.Ld 489; *Bis dö bloß mal blasn ham, brennt dös ganze Dörferl zsamm* WEISS Schmankerln 142.– 1b in Brand setzen.– 1bα wie →*b.*1bα: *Es habts ins die Kirchn und d' Häusa zammbrennt* Ruhpolding TS KIEM obb.Volksl. 188; *die uns 's Haus über'n Kopf hat zambrenna woll'n* M. SCHMIDT,Volkserzählungen aus dem Bayer.Walde, Bd 3 (Birgitta), München 1867, 18.– 1bβ wie →*b.*1bβ: *Hau's Hulz recht schöi klan … daß ma's zambrenna kann* nördl.OP Oberpfalz 3 (1909) 176.– 1c wie →[abhin]b.1,°OB vereinz.: *s Foir is zsammbrennt* Valley MB.– 2: *da Mist brennt zamm* „sinkt infolge zu langer Erhitzung in sich zusammen, wird weiß, leicht und wertlos" Lauterbach REH.– 3 refl., wie →[an]b.11: °*da hintn, da brennt si wieder wås zam* Laaber PAR.– 4: *zam…bre:na* „jmd. zusammenfahren" KILGERT Gloss.Ratisbonense 181.– 5: *zambrenna* schimpfen Mainburg.– 6 wie →[ein]b.7: *zambrenna* „scherzhaft, die Trauung vornehmen" Iggensbach DEG.– 7: *zam…bre:na* „sich einen tüchtigen Rausch antrinken" KILGERT ebd.

WBÖ III,886; Schwäb.Wb. VI,1362.– KILGERT Gloss.Ratisbonense 181.

[Sod]b. N., wie →*b.*14d, Gesamtgeb. vereinz.: *s Såudbrena håm* Aicha PA; *dann krejgst aaf a Boor Wiener scho Soudbrenna* LAUERER Wos gibt's Neis? 144; *das Sodbrennen, Satbrennen* „das Brennen im Magen, Magenwehe" WESTENRIEDER Gloss.540.

WBÖ III,887; Schwäb.Wb. V,1432, VI,3123; Schw.Id. V,624.– DWB X,1,1398, 1817.– BRAUN Gr.Wb. 523; SINGER Arzbg.Wb. 195.– S-52M16[b].

[sonn]ge-brennt wie →[sonn-ver]brennt: *sunbrennt* Pechofen TIR.

WBÖ III,887.

[über]brénnen 1 †mit Brand überziehen: *herre, dein veint die überbrenn daz fiur* O'altaicher Pred. 109,11 f.– 2 wie →[auf]b.5c: „Inzwischen dünstet man … Sauerkraut … gibt die Nudeln dazu und *überbrennt* noch mit einer gerösteten Zwiebelscheibe" FRIEDL ndb.Kuchl 44.– 3 †abbrühen: *Man überbrenne die Karpfenmilch im Salzwasser* HUBERINN Kochb.106.

Schw.Id.V,626.– DWB XI,2,148.

[un]ge-brennt, †-brannt 1 †nicht abgesengt, mit Borsten: *ain junge Wilthschwein, so ausgewaithneter aber ungeprenther gewogen 27 Pfund* POSCHINGER Glashüttengut Frauenau 31.– 2 noch nicht durch Hitzeeinwirkung gehärtet: *ubrenntö Ziegl* Hengersbg DEG; *dem Ziegler vmb 450 vnprent Ziegl … 4 ß 6 dn.* 1567 Stadtarch. Rosenhm Abt. B/A Nr.11, 104.– 3 †noch nicht im Kalkofen erhitzt: *Ein fürnehmer Herr … schickte seinen Diener in April, nehmlich in die nechste Apothecken, um ein halbe Ellen ungebrennten Kalch* SCHREGER Speiß-Meister 63.– 4 †ungeröstet: *Das ungebrennnte Hirsch-Horn, ist ein Schweißtreibendes … Mittel* ebd. 83.–

[un]ge-brennt

5 †ohne Brandzeichen: *ein ungepranntes Mäßlein ... vorhanden gewest* Gnadenbg NM 1651 VHO 14 (1850) 187.

WBÖ III,887; Schwäb. VI,152, 3302; Schw.Id. V,624f.– DWB XI,3,627f.

[**weg**]**b. 1** durch Feuer zerstört werden, vernichten.– **1a** wie →[*ab*]*b*.1a: *As Breihàas is wäggabreend* LODES Huuza güi 28.– **1b** wie →*b*.1bα: *mittn in da Nacht uns 's Bett untan Buckl wegbrenna* SCHLICHT Bayer.Ld 489; *Mia zünden aa koa Feuer o und brenna d'Isarbruckn weg* SZ München-Nord 64 (2008) Nr.142,R2.– **2** wie →[*ab*]*b*.1dα, NB, OP vereinz.: *Zindhölzl ozindn und wägbrena* „den Frauenbart" Beilngries.

WBÖ III,887. A.S.H.

Brenner(er)
M. **1** von Menschen.– **1a** Arbeiter, der für die Feuerung verantwortlich ist: „Der *Brenner* war verantwortlich für den Ofen, für das Setzen, Heizen und Brennen" FÄHNRICH M'rteich 79; *Brenner* „der feur einlegt" SCHÖNSLEDER Prompt. H5ᵛ.– **1b** Schnapsbrenner, in heutiger Mda. nur in Komp.: *Vom Brandwein, den i gsoffen hob, Kunnt mancher Brenner leben* MÜLLER Lieder 18; *Die Straubinger Brenner haben ihre Knechte zum Trank und Kleger fahren* Bilanz 1782 31.– **1c** †Arbeiter, der Silber durch Schmelzen läutert: *Ez sol auch dhein prenner im selben dhein silber chauffen noch prennen* 1303 Rgbg. Urkb. I,111.– **1d** †Brandstifter: *Vmb di prennær – di nahtes oder tags verholn brennen* Rgbg 1293 Corp.Urk. III,120,37 f.; *offenliche Mörder/ Brener/ Strassenrauber* Landr.1616 803.– **1e**: *Brenner* Pfeifenraucher Berchtesgaden.
2 Brennvorrichtung, OB, NB, OP vereinz.: *da Brönna* „an der Petroleumlampe" Ascholding WOR; *Brenner* „Vorrichtung, durch die das Leuchtgas ausströmt" BERTHOLD Fürther Wb. 29.
3 trockene Stelle, Dürre.– **3a** trockene Stelle im Gelände, °OB mehrf., °NB, °OP vereinz.: °*im Rotn Berg is a Brenna drin, lauta Kies, do wachst nix* Pörnbach PAF.– **3b** †Dürre, Trockenheit: „Carbunculosus ager, *erde dem brenner ... vnderworffen*" SCHÖNSLEDER Prompt. H2ᵛ.
4 †Pflanzenkrankheit.– **4a** Sonnenbrand: *die brenner ann baumen/ wann sie anr sonnen verbrinnen* ebd.– **4b** wohl Flugbrand: *der brenner ist drinn* ebd. H2ʳf.– **4c** Mehltau: „als daß der Hopfengarten von dem vergifteten Mehlthau oder sogenannten *Brenner* glücklich bewahret werde" A. v.TÖRRING, Ob der baier. Hopfen dem Böhm. an Güte gleich seie?, München 1769, 20.
5 brennender Schmerz, OB, NB vereinz.: *an Brönna* Arrach KÖZ; *Eitz ... hǫds ma ... an brẽnara ... gem* „einen kurzen brennenden Schmerz" nach KOLLMER II,423.
6 geistiger Defekt: °*der hot an Brenner* „ist nicht ganz normal" Frauenau REG.
7 Große Brennessel (Urtica dioica): *Brenner* Nantesbuch WM DWA XVII,6.

Etym.: Mhd.*brennære* stm.,Abl. von →*brennen*; WBÖ III,887.

SCHMELLER I,358, 361; WESTENRIEDER Gloss. 443.– WBÖ III,887f.; Schwäb.Wb. I,1400; Schw.Id. V,633-635; Suddt. Wb. II,612.– DWB II,369f.; Frühnhd.Wb. IV,1082f.; Mhd. Wb. I,989; WMU 287.– KOLLMER II,72.– S-66C76, 95B28, W-42/3.

Komp.: †[**Ab**]**b.** wie →*B*.1d: *daz sint alle übel richtær die rawær und abprennær sint* O'altaicher Pred. 93,13 f.

DELLING I,2.– WBÖ III,888.– Mhd.Wb.I,9.

[**Aschen**]**b.** Aschenbrenner: „Die Asche dazu müssen die 3 kurfürstlichen *Aschenbrenner* liefern" Zwiesel REG HAZZI Aufschl. IV,1,122; *daß dieselben Aschenbrenner Versicherung thun ... den Wälden weder durch Feuer noch in andere wege einige Schaden nit zuzufügen* Deß Fürstenthumbs Neuburg/ Erneuerte Forst vnd Holtz-Ordnung, Neuburg 1690, XIᵛ.

WBÖ III,888.– ²DWB III,331; Frühnhd.Wb. II,235f.; Mhd.Wb.I,377.– S-94C13.

[**Aus**]**b.** wie →*B*.3a: °*Ausbrenner* N'bergkchn MÜ.

[**Bollen**]**b.**: *Boinbrenner* „Angstmeier" Wasserburg.

[**Posten**]**b.** Wachposten, OB, NB vereinz.: *Postnbrenner* Mainburg.

[**Durch**]**b. 1** jmd, der sich heimlich davonmacht, OB, NB, OP vereinz.: *a Durchbrennar* Schongau.– **2**: *a Durchbrenner* ein Bienenschwarm, der durchgeht Haag WS.

Suddt.Wb. III,478.– ²DWB VI,1575.

[**Ein**]**b.** best.Arbeiter in der Glashütte: *Einbrenner* „Nach dem Absprengen der Kuppe eines Kelchglases wurde [von ihm] der Mundrand an der Verschmelzmaschine verschmolzen" REINER Waldglashütten 349.

Rechtswb. II,1368.

[**Kaffee**]**b.** Vorrichtung zum Kaffeerösten: *Kaférbrenner* Passau; „Beim Brennen bedient man sich eines von Eisenblech verfertigten *Kaffeebrenners*" SCHANDRI Rgbg.Kochb. 359.
DWB V,22.

[**Kalk**]**b.** Kalkbrenner, OB, NB, SCH vereinz.: *beim Koichbrenna an da Leitza hot ma auf d'Nocht an Koichbrenna an Hoagascht* [geselliges Beisammensein] *gleischt* Valley MB; „so mauert der *Kalkbrenner* das Feuerloch [des Kalkofens] zu" HAGER-HEYN Dorf 183; *Kalchbrenner* Mchn HAZZI Aufschl. III,1,252; *Perchtolde chalchprenner* Salb.Heiliggeistsp.Mchn 12; *Vnd wellen das Ain yeder Kalchprenner sich mit vnnserm Chasstner* [Verwalter] *vergleich* Mchn 1551 Inn-Oberld 21 (1936) 67 (Forstordnung).
WBÖ III,889; Schwäb.Wb. IV,163.– DWB V,65; Frühnhd. Wb.VIII,502; LEXER HWb. I,1495.– S-65K2.

[**Kerzen**]**b. 1** †jmd, der Opferkerzen abbrennt: *Gleiche Kertzen-Brenner gibt es täglichen in allen Kirchen ab* I. ERTL, Sonn- u. Feyer-Tägliches Tolle Lege, Nürnberg 1708, 571.– **2** scherzh. Pfarrer, dessen Messe zu lange dauert: *Kiaznbrenna* „Pfarrer, der kein Ende findet" JUDENMANN Opf.Wb. 93; *der Pfaff ist ein rechter Kertzen-Brenner* Martinsbuch MAL J. PRAMBHOFER, Samsonischer Hönig-Fladen ... Anderer Jg., Augsburg 1712, 507.
WBÖ III,889; Schw.Id.V,636.

[**Kies**]**b.** Arbeiter, der quarzhaltiges Gestein (→*Kies*) brennt: *Kiesbrenner* „hat den Quarz ... erhitzt ... abgeschreckt und so brüchig für den *Pocher* [Pochwerk] vorbereitet" REINER Waldglashütten 358.

[**Kohl(en)**]**b. 1** Kohlenbrenner, Gesamtgeb. vielf.: *Kholbrennar* Wessobrunn WM; *Kulnbräna* Fürnrd SUL; *Na' san just Kohlnbrenner 'nei* F. v.KOBELL, Der Hausl' vo' Finsterwald ..., München 1852, 36; „*Kuhlbrenner* ... stellten die zum Eigenbedarf benötigte Holzkohle aus hartem Scheitholz her" SAUER Arbeiten Bayer.Wd Abb.60; *sollen vnsere ... Forster ... bemelte Windwürff ... den ... Kalch- vnd Kolbrennern ... verkauffen* Landr.1616 762.– Im Vergleich (*schwarz*) *wie ein K.* schwarz, schmutzig, °OB, OP, SCH vereinz.: *a Ksicht wiara Koinbrenna* Ingolstadt; „erhitzt und voll Staub ... wie ein leibhaftiger *Kohlenbrenner*" NM, PAR Oberpfalz 64 (1976) 11.– Ra.: *heut håt da Köanbrenna Michi an Bachofm ghoazt* „wenn das Brot verbrannt ist" Innviertel.– **2**: *Kohlnbrenner* „einer, der tiefschwarzes Haar hat" Wegscheid.
WBÖ III,889; Schwäb.Wb. IV,576.– DWB V,1581, 1586f.– BRAUN Gr.Wb. 346.– M-56/20.

[**Köhler(n)**]**b.** wie →[*Kohl(en)*]*b.*1, OB, NB vereinz.: *Köhlabrenna* Neukchn KÖZ.
WBÖ III,889.

[**Lampen**]**b.** Docht: *Lampenbrenner* Nantesbuch WM DWA XVIII,K.1.
WBÖ III,889.

[**Latschen**]**b.**: „*Latschenbrenner*. Seine ... Brennerei besteht aus zwei großen Kesseln, in denen er die harzreichen Legeföhren des Hochgebirges destilliert" HAGER-HEYN Dorf 190.

[**Malz**]**b.**: *Molzbrenna* „kam zur Winterszeit ins Dorf und brannte ... Gerste (oder Korn) zu Kaffee" JUDENMANN Opf.Wb. 112.

[**Meiler**]**b.** wie →[*Kohl(en)*]*b.*1: *Maalabrenna* Mehlmeisel KEM; *Meilabrenner* „Kohlbrenner" ZAUPSER 51.
ZAUPSER 51.– WBÖ III,889 (Meilen-).

[**Mord**]**b.** Mordbrenner: *da Nachtwachter ... hat uns Diebn, Rauber und Mordbrenna g'schimpft* SCHLICHT Bayer.Ld 490; *De Mordbrenna laß i net in mei Haus!* THOMA Werke VII,331 (Jagerloisl); *Sie sint vil schedelîcher, wanne wolfe ... oder sust rouber, mortbrenner* BERTHOLD v R II,1,8-10; *der hauswirt ... hůb den mortprenner mit der hant bey seinem gewantt* HARTLIEB Dial. 295,8 f.
WBÖ III,889; Schwäb.Wb. IV,1751; Schw.Id.V,636.– DWB VI,2535 f.; LEXER HWb. I,2205.

[**Ruß**]**b.** Rußhersteller: „die *Rußbrenner* ... waren auf die Rückstände von verbranntem Holz angewiesen" Altb.Heimatp. 60 (2008) Nr.7,21.
WBÖ III,890.

†[**Sand**]**b.** wie →[*Kies*]*b.*: „Berufsbezeichnungen der Hüttenleute ... *Aschenbrenner* ... *Sandbrenner*" 17.Jh. POSCHINGER Glashüttengut Frauenau 68.

†[**Schach**]**b.** jmd, der Raub mit Brandstiftung (→[*Schach*]*brand*) begeht: *Awsgenomen Mürdär, Sträsrauber, Schachprenner vnd offen dewb* Wasserburg 1417 OA 47 (1892) 113.
Rechtswb. XII,39.

[*Schnaps*]**b. 1** wie →*B*.1b, OB, NB vereinz.: *Schnapsbrena* Aicha PA; *Mia san ... de Schnapsbrenna vo Ebing* [MÜ] Mühldorfer Anzeiger 141 (2012) Nr.13,12.– **2** übertr.: *Schnåpsbrena* „Winterschnupfen, wenn die Nase tröpfelt" Walpertskchn ED.

WBÖ III,890; Schw.Id.V,636.

†[**Silber**]**b.** wie →*B*.1c: *Darzů sind mein herren vom rat dem Peter silberprenner 5 lb. dn. R. schuldig* 1392 Runtingerb. II,247; *Es soll ... Niemant kein Silber prennen allein unser verordenter Silberprenner* 1548 LORI Bergr. 265.

WBÖ III,890.– DWB X,1,993; LEXER HWb.II,922.

[**Span**]**b.**, [**Späne**]- **1** geiziger Mensch, OB, NB, OP, SCH vereinz.: *du Schbabrenna* Floß NEW; *Er ist ein ... Spänbrenner, Geizhals* Baier.Sprw. I,149.– **2** antriebsloser Mensch, NB vereinz.: *Spanbrenna* Passau.

DELLING II,164; SCHMELLER II,668.– WBÖ III,890; Schwäb.Wb. V,1471.– DWB X,1,1872.– BRAUN Gr.Wb. 595.– S-94E2.

[**Brannt-wein**]**b. 1** wie →*B*.1b: *Brantweibrenna* Hengersbg DEG; *doch sollen die Obrigkeiten kein vberflüssige anzahl solcher Brandtweinbrenner zulassen* Landr.1616 561.– **2**: *Brandwaibrena* „scherzhaft Fuhrmann, der nicht weiterfahren kann" Mittich GRI.

WBÖ III,890.– DWB II,305.

[**Ziegel**]**b.** Ziegelbrenner, OB, NB, OP vereinz.: *da Zäiglbrenna* Sulzbach; *Der Ziaglbrenner Mukl is a braver Mensch* Altb.Heimatp. 60 (2008) Nr.22,25; *dem zieglprenner 5 lb. helbling* 1399 Runtingerb. II,354; *wie dann auch unsern ... kalk- und ziegelbrennern solliches uferlegt werden solle* Mchn 1598 ZHSch 40 (1914) 147f.

WBÖ III,890.– DWB XV,909; Spätma.Wortsch. 371.– S-65I2. A.S.H.

Brennerei

F., Ort, wo Schnaps gebrannt wird: *de zwei, warn ... in da Brennerei* BILLER Garchinger Gsch. 33.

WBÖ III,890; Schwäb.Wb. I,1400; Südtt.Wb. II,612.– DWB II,370; Frühnhd.Wb. IV,1083.

Komp.: [**Augen**]**b.** fachsprl.: „*Augenbrennereien*, Vasen mit Schlangen und Krüge mit Ketten und *Nuppen* [Noppen]" Frauenau REG HALLER Geschundenes Glas 53f.

[**Gips**]**b.** Hütte, in der Gips gebrannt wird: „Ein Betrieb für die Veredelung von Spiegelrohglas bestand ... aus dem Schleifwerk, dem Polierwerk ... und der *Gipsbrennerei*" REINER Waldglashütten 181.

[**Schnaps**]**b. 1** wie →*B*.: *a Schnabsbrennerei* Wasserburg.– **2**: *Schnåpsbreenerei* „Herstellung von Schnaps" Derching FDB.

WBÖ III,890. A.S.H.

†**brennern**

Vb., grundieren: *es sol ain jeder Maler ain Materi* [Gegenstand] *von Ölfarb malen in einer weingulden geprännerten Felden* [Bildgrund] Mchn 1461 ZILS Handwerk 81.

Schw.Id.V,636.– DWB II,370. A.S.H.

Brennéster(er), Rausch, →*Pranáster(er)*.

Brennet(s), -brennach

N. **1** Einbrenn, °OB vereinz.: °*isch s Brennat scho fürti?* O'ammergau GAP.
2: *a Brennats brennender Schmerz* Pfreimd NAB.

Etym.: Koll. zu →*brennen* mit Suff. →-*ach*. Teilw. auch als *Brennens* möglich.

Schwäb.Wb. I,1401,VI,1691; Schw.Id.V,636.

Komp.: [**An**]**b. 1** beim Kochen Angebranntes, OB, NB, °OP vereinz.: °*nou Obrennerz schmegger* „nach Angebranntem riechen" Rottendf NAB.– **2** eingeweichtes kleingeschnittenes Viehfutter: °*Obrennad* Stubenbg PAN; *Anbrennats* „Gsod, das über Nacht eingeweicht wurde" HÄRING Gäubolden 124; „Häcksel vom getrockneten Klee ... mit heißem Wasser übergossen und über Nacht stehen lassen ... *Anbrennat*" SCHLICHT Bayer.Ld (Straubing 1927) 523.

[**Ein**]**b. 1** wie →*B*.1, °OB vielf., °OP,°MF mehrf., °NB,°SCH vereinz.: °*Nandl, duas Mej bahn fürs Eibrennats* Nandlstadt FS; °*s Eibrenna* Pertolzhfn OVI; *s Abreni* Pommelsbrunn HEB; „es gibt ein dunkles und ein helles *Eibrennads*" ILMBERGER Fibel 54; *Das Einbrennet* „Mehl zum Einbrennen, eingebranntes Mehl" SCHMELLER I, 358.– **2**: *Ei:brei:inadd* „Einlaufsuppe" CHRISTL Aichacher Wb. 71.– **3** wie →[*An*]*b*.2: °*s Eibrenad* O'feldkchn TS.

SCHMELLER I,358.– Schwäb.Wb. II,594; Südtt.Wb. III, 568.– BERTHOLD Fürther Wb. 47; CHRISTL Aichacher Wb. 71; LECHNER Rehling 179; SCHILLING Paargauer Wb. 54; SOJER Ruhpoldinger Mda. 12; Spr.Rupertiwinkel 3; Wb. Krün 14.

[**Hals**]**b.** Halsbräune, Diphtherie, OB vereinz.: *Halsbrennat* Rohr PAF.

[**Sod**]**b.**: *Sodbrennats* „Magenbrennen" JUDENMANN Opf.Wb. 148. A.S.H.

-brennler

M., nur im Komp.: [**Ab**]**b.** Abbrändler: *Aber die armen Abbrennler, mein Gott* Hauzenbg WEG M. MAYER, Am Heimatbrunnen, Tiefenbach 1997,54.

WBÖ III,891. A.S.H.

brennseln, -ms(t)-

Vb. **1** brenzlig riechen od. schmecken, °OB (v.a. W) vielf., °NB, °OP, °SCH vereinz.: °*wos bremslt do, hot's eppat brennt?* Peißenbg WM; °*dou bremslt wos, schauts nou, wos is* Eslarn VOH; *Dabremselt ja was ... wirst doch 's Essen net an'brennt haben?* L. GANGHOFER, Edelweißkönig, Stuttgart ⁹1900,272; *br*ẹ*nsld* Schwifting LL SBS VIII,127.

2 brennend schmerzen, jucken, °OB, °NB vereinz.: °*bremstln* „durch Brennesseln, Säure" Wiesenfdn BOG; *A eing'wachsne Schifan Aba bremselt und sticht* PANGKOFER Ged.altb.Mda. 125; *Glaab's wohl, daß dir der Kopf bremselt hat* THOMA Werke VII,276 (Jagerloisl).

Etym.: Abl. von →*brennen*. In Bed.2 mit volksetym. Anschluß an →*Bremse*¹; vgl. WBÖ III,891.

DELLING I,95.– WBÖ III,891f.; Schwäb.Wb. I,1351; Schw. Id.V,739-741,743f.; Suddt.Wb. II,615.– S-35D29.

Komp.: [**an**]**b.**:°*der Schweinsbraten is abremsalat* „angebrannt" O'igling LL.

Schw.Id.V,741,744.

[**ein**]**b.**: °*dea duat aba eibremsln* zu stark einheizen Wildenroth FFB. A.S.H.

brennsen, -ms-

Vb., rösten, bräunen, °OP vereinz.: °*i mächt an bremstn Lebakas* O'viechtach; *Schwammaschnitzla ... mit gräistn owa bremstn Eardepfln* HEINRICH Stiftlanda Gschichtla 23; „im Schmalz rösten, braten ... *Erdäpfel bremsen*" nördl.OP SCHMELLER I,356.

Etym.: Weiterbildung von →*brennen*; vgl. WBÖ III, 891 (prennseln).

SCHMELLER I,356.– Schwäb.Wb. I,1395; Schw.Id. V,742.– BERTHOLD Fürther Wb. 29; KONRAD nördl.Opf. 7; MAAS Nürnbg.Wb. 89.– W-41/39.

Abl.: *brennseln, -brennset, brennsig, Brennsler, brennslig*.

Komp.: [**an**]**b.** anrösten: °*den Zwiebl obremsn* „anrösten" Winklarn OVI.

Schw.Id.V,742.

[**auf**]**b. 1** rösten, anrösten.– **1a** wie →*b.*, °OP vereinz.: °*Knedl aufbremsn* Regenstauf R.– **1b** wie →[*an*]*b.*: °*afbremsn* Neunburg.– **2** abschmalzen: °*as Essn mit Zwifl guat aufbremsn* Fronau ROD; *Lust 's Boum, wöi i enk de wieda afbrems!* Altb.Heimatp. 55 (2003) Nr.8,3.– **3**: °*aufbremsn* „aufwärmen" Trausnitz NAB.– **4** aufkochen, gut u. reichlich kochen, °OP, °OF vereinz.: °*da is aufbremst worn* „auf einem Fest" Nagel WUN.

[**ein**]**b.** stark einheizen, feuern, °OB, °NB, °OP, °SCH vereinz.: °*aber Vater, heint host vui z keif* [sehr] *eibremst* Lenggries TÖL.

W-41/40. A.S.H.

-brennset, -ms-

N., nur im Komp.: [**Ein**]**b.**: °*a Eibremsat* „Brennsuppe" (Ef.) Halfing RO. A.S.H.

brennsig, -ms-

Adj. **1**: °*bremsi* „heiß" Heufd AIB.

2 trocken, unfruchtbar: °*i dem Acker is a rächt brennsiger Fleck drin, do wogst nix* Fronau ROD. A.S.H.

Brennsler, -ms-

M., kurzer brennender Schmerz: *a Brömbsla und vobai is* „beim Zahnziehen" Schönau EG; *Bremsler* „Schmerzempfindung wie beim Brennen" HÄRING Gäuboden 130; *Es hat ihm einen kleinen Bremsler geben* Stadtfraubas (München) 4 (1865) 147.

WBÖ III,892; Schw.Id.V,744. A.S.H.

brennslig, -ms-

Adj., bedenklich, gefährlich, °OB, NB vereinz.: °*de Gschicht wead bremsli* Reichenhall; *bremslig* „gefährlich, knapp vor Unfall, brenzlig" Spr. Rupertiwinkel 13.

Schwäb.Wb.I,1351; Schw.Id.V,744.– Spr.Rupertiwinkel 13.

A.S.H.

Brente, -nk-, Bränte

F. **1** Gefäß, Behältnis.– **1a** Brente, breites, offenes Gefäß, °OB vielf., °NB, SCH vereinz.: °*fuimaran Schbridzgruag* (Gießkanne) *ei in da Brenndn* Ebersbg; °*d'Brentn is ibaglafa* Buch a.Erlbach LA; „*Die Bránd·n ... ist niederer als das Schöf*"

Brente

mittl.Altmühl DMA (FROMMANN) 7 (1877) 407; „Die gewonnene Milch wird ... in irdenen Schüsseln, den ... *Brenten*, in den Keller gestellt" Frasdf RO HuV 15 (1937) 189; *igleich haus sol haben ein prenten mit wazzer* 1371 Stadtr.Mchn (DIRR) 585,1 f.; *Paulußen Weyerlechner Khueffer vmb 1 Prennggl, 2 schäffl* 1604 Stadtarch. Rosenhm Abt. B/A Nr.38, 238 (Rechnung); *Brenten* „Bottich" ZAUPSER 18.– *Ra. in der B. stecken lassen* im Stich lassen: *Die welschen bischof ... liessen künig Bernhart in der prenten stecken* AVENTIN V,165,3 f. (Chron.).– **1b** Kraut- od. Surfaß, °OB, °NB vereinz.: *Brenkn* Staudach (Achental) TS; „*bre͡intn* 'Krautfaß' ... unten etwas enger" Thierhaupten ND nach SBS XIII,551; *mer soll er ir alles gwägs gabas* [Kabis] *und riebes kraut ir notturfft bey im in seiner prenten nemen unverwört* 1577 MHStA KL Schliersee 12,fol.31ʳ (Prot.).– Im Vergleich: °*so dick wia a Prenta* „jemand mit großem Umfang" Steingaden SOG.– Auch: *Brantn* „Bierfaß" Hallertau.– **1c** Dim., Schüssel für das vom Hahn tropfende Bier, °OB, °SCH vereinz.: °*Brendele* „unter dem angezapften Faß" Landsbg; „*brentəle* ... für Tropfbier" Peiting SOG SBS XIII,563.– **1d** °*Brenta* „Rückentraggefäß, -korb" O'ammergau GAP.– **1e** †Gefäß best. Inhalts, v.a. als Getreidemaß: *Die Brenten* „als bestimmtes Maß, besonders für Getreide, dienend" SCHMELLER I,362 f.; *Es sullen alle die mulnær ... prentten und anderu mazze haben in iren mulen* Frsg.Rechtsb. 154; *ich hett drey prenttenn melbs auff meynem hauptt* Rgbg um 1463 Cgm 502,fol.10ʳ; *jede prenten, wie mans disorts zu nenen pflegt, 6 Münchner mezen halten tueth* FRIEDHAUSHOFER Dießen 22.– **1f** mit Holz verkleidete Grube: *Brente* „zum Überwintern von Kartoffeln" Passau; „*brentə* ... Holzgrube im Boden ... *brentəx* Pl." Scheuring LL SBS XIII,557.
2 (meist weibliche) dicke Person, °OB vielf., °NB vereinz.: *is dös a Brenkn Weibaleit* Traunstein; *a Brentn* übermäßig dicker Mann Mirskfn LA; *Mei, schaug', wias frißt, de Brentn* BINDER Saggradi 33; „ein dickes, breites Weib, *eine Brenten*" DELLING I,95; *A dicke Brenten* „Ein dickes Weib" ZAUPSER 18.
3 dickes Gesäß, °OB vereinz.: °*de hot a sauberne Brentn* Mchn; *Brentn* „dickes Hinterteil einer Frau" POELT-PEUKER Wb.Pöcking 9.
4 †Würfelbecher, Spiel damit.– **4a** Würfelbecher, -trichter: „die *Brente*, ein Trichter, wodurch man die Würfel wirft" LENTNER Bavaria Almen 43 f.; *mit allerley Würflen/ in den Brendten vñ Trachter* Landr.1616 570.– **4b** best. Glücksspiel: *Da was auch kaÿner freitt zuuill Ob der prenden Vnnd anndern spill* Passau 1555 Universitätsbibliothek Heidelberg Cod. Pal. Germ. 686,fol.8ʳ.
5 †Kegelplatz: *Brenten* DELLING I,95; *Brenten* „langer Kegelplatz" PRASCH 16.
6 †: „auf die *Brente*, das Schlafbrett in der Mühle" Schönthal WÜM SCHÖNWERTH Opf. II,302.
7 Preiselbeere, °OB vereinz.: °*geh ma in dö Brentn* Kreuth MB.

Etym.: Mhd. *brënte*, aus vorrom. **brenta*; vgl. KLUGE-SEEBOLD 150. In Bed. 7 volksetym. Umdeutung aus →*Gränte* 'Preiselbeere'; vgl. MARZELL Pfln. IV,971.

Ltg: *brentn*, -*ę*- u.ä. OB, westl.NB, SCH (dazu RID; EIH, GUN, N, SC), *brent* (MB, TÖL), *breŋkŋ* u.ä. (LF, MÜ, RO, TS, WS; DGF), -*ea*- (TS), *breŋk* (RO, TS), mit Sekundäruml. *brǫntn* u.ä. (FS; EIH, GUN, SC, WUG; DON).

DELLING I,95; PRASCH 16; SCHMELLER I,362 f.; WESTENRIEDER Gloss. 57; ZAUPSER 18.– WBÖ III,893 f.; Schwäb.Wb. I,1403 f.; Schw.Id. V,737, 753-758; Suddt.Wb. II,614.– DWB II,304 (Branke), 364, 371 f., VII,2102; Frühnhd.Wb. IV,938, 1084 f.; Mhd.Wb. I,994.– GÖTTLER Dachauerisch 88; KOLLMER II,533; POELT-PEUKER Wb.Pöcking 9; SOJER Ruhpoldinger Mda. 7; Wb.Krün 40.– S-64K51, 92F30, W-42/8.

Abl.: *Brent(e)ler*, *Brenterling*.

Komp.: [**Adel**]b. Jauchegrube: *ōlbrentə* „etwa 160 cm hoch, im Boden" Schwabhsn LL nach SBS XIII,557.

[**Weih-brunn(en)**]b. Weihwasserfaß in der Kirche, OB vereinz.: *Weichbrunabrennt* Elbach MB.

[**Ge-treide**]b. großes Schaff zur Lagerung von Getreide: *Troatbrentn* Baumgarten FS.
WBÖ III,894.

[**Essig**]b. Gefäß für Essig: °*Essibrentn* Ginsham AIB; *essibreŋkh* BRÜNNER Samerbg 128.

[**Fleisch**]b. Surfaß: *Fleischbrönnta* Peiting SOG; „*flaešbrentə* ... später m[it] Sp[indel]" Bernbeuren SOG nach SBS XI,315.
WBÖ III,894.

[**Kraut(s)**]b. **1** Krautfaß, °OB mehrf., °NB vereinz.: °*Krautbrentn san dalekst* „undicht" Demling IN; „In jedem Hause standen zwei *Kraut-Brenten*" Leizachtal 214; *Kraut-...Brenten* SCHMELLER I,362; *krawtprenten* 1483 BRÜNNER Samerbg 128; *zusammen werfen halt nämlich in eine Krautbrennten* BUCHER Pferderennen 118.– Im Vergleich *wie eine K.* sehr dick u. groß, OB vereinz.: *dear hāt an Schedl wia a Krautbrente* Hfhegnenbg FFB.– **2** wie →*B*.2,

OB, OP, SCH vereinz.: *Krautbrenta* übermäßig dicke Frau Mering FDB.

SCHMELLER I,362.– WBÖ III,894; Schwäb.Wb. VI,2366.– Frühnhd.Wb.VIII,1594.– S-86D5.

†[**Loh**]**b.** Behältnis für Gerberlohe: „Im Jahre 1675 wurde ein Spitalmeister, Verbrechen wegen, in die *Lohprennte* gesperrt" A. STAUDENRAUS, Chron. der Stadt Landshut, Landshut 1832, III,196.

[**Milch**]**b.**: *Millibrentn* Gefäß zum Aufbewahren der Milch Staudach (Achental) TS.

WBÖ III,894 f.; Schw.Id.V,759.

†[**Mutter**]**b.** wie →*B.*1e: *Mutterprenten* 1625 FISCHER Verwaltung 373 (Inv.).– Zu →*Mutt* 'Hohlmaß'.

[**Sau**]**b. 1** Trog für Schweinefutter: „*saobrẹ̃ntn* viereckig" Tödtenrd AIC nach SBS XIII,557.– **2** Trog zum Schweinebrühen: °*Soubrenta* Bernbeuren SOG; *saobrẹntə* Steingaden SOG nach SBS XI,307.– **3** wie →[*Fleisch*]*b.*: °*Saubrentn* Hundszell IN.

WBÖ III,895; Schwäb.Wb.VI,2887; Schw.Id.V,759.

[**Ge-sott**]**b.**, [-**sött**]- Gefäß zum Einweichen von kleingeschnittenem Viehfutter (→[*Ge*]*sott*): *Ksedprenk* Törwand RO; *ein neue Töck über die Gsod Prencken* Kay LF 1800; *gsētbreŋkh* BRÜNNER Samerbg 128.

WBÖ III,895 (Ge-sütt-).

[**Spül**]**b.**: „Abspülkübel ... *špialprenta*" nach MOSER Staudengeb. 18.

WBÖ III,895; Schwäb.Wb. V,1602, VI,3166; Schw.Id. V,759.– DWB X,2,219.

[**Sur**]**b.** wie →[*Fleisch*]*b.*: °*Suarbrent* Fischbachau MB; „*sūrbrẹntə* ... 1 m hoch" Wessobrunn WM nach SBS XIII,563.

[**Wäsch**]**b.** Waschschaff: °*Weschbrandn* „großes Waschgefäß" Bieswang WUG; *waʃbrẹntn* Althegnenbg FFB SBS XIII,557.

WBÖ III,895; Schwäb.Wb.VI,3359.– DWB XIII,2216.

[**Wasser**]**b. 1** breites, offenes Gefäß für Wasser, °OB, NB vereinz.: *Wossabrenkn* Mengkfn DGF; „*wåʃabrẹ̃ntn* für Gießwasser" Landsberd FFB

nach SBS ebd.; *Waßer-...Brenten* SCHMELLER I,362; *1 feichten Wasserprenten* Griesstätt WS 1755 MHStA Briefprot. Wasserburg 680,fol.2ʳ (Inv.).– **2**: *Wåssabrẹntn* Wasserkopf Landshut.

SCHMELLER I,362.– Schw.Id.V,759. A.S.H.

Prente →*Pranke*.

Brent(e)ler

M., Gefängnis, Arrestraum, °OB, °OP vereinz.: °*Brendala* „früher zum Einsperren von Bettlern" Pöcking STA.

Etym.: Wohl Abl. von →*Brente*; vgl. Suddt.Wb. II,614.

W-43/7. A.S.H.

†**prenten**

Vb.: „*Mă müest 'n schlet* [nur] *brenten, als wâr ă ă Ber* ... wohl: auf die Füße treffen, zu Boden schlagen" OP 1683 HARTMANN Hist.Volksl. II, 64,70.

Etym.: Abl. zu einer Nebenf. von →*Pranke*. A.S.H.

Brenterling

M.: °*Brentalen* „dicker Mann" Arnstorf EG. A.S.H.

Brenzel

M., gebräunter Teil von Gebackenem od. Gebratenem: °*Brenzl* Haselmühl AM; „Je weniger ... mit dem Schmalz gespart wird, desto schöner braun ... wird der begehrte *Brenzl*" Oberpfälzer Heimatspiegel 37 (2013) 167.

Suddt.Wb. II,615. A.S.H.

brenz(e)lig, -lich(t)

Adj. **1** brenzlig riechend, °OB, NB, °OP, °MF vereinz.: °*des riacht aba brennzelig* Halfing RO; *bränzle* „nach Brand riechend" BRAUN Gr.Wb. 61.

2: *Boa sant brenzlat wåun* „brandig, vom Gewebebrand befallen" Mittich GRI.

3 gefährlich, bedenklich, °OB, °NB, °OP, MF, °SCH vereinz.: *dös is a brönzlöhö Gschicht* Ascholding WOR; *wenn's ganz brenzlig werd ... dann muass Petra helfa* Altb.Heimatp. 61 (2009) Nr.28,4.

Etym.: Mhd. *bremzelich*, Abl. von →*brennen*; vgl. WBÖ III,897.

WBÖ III,897; Schw.Id. V,766 f.; Suddt.Wb. II,615.– DWB II,372; Mhd.Wb. I,989.– BERTHOLD Fürther Wb. 29; BRAUN Gr.Wb. 61,65; POELT-PEUKER Wb.Pöcking 9.– S-94B5.

A.S.H.

brenzeln
Vb., brenzlig riechen, °OB, °OP mehrf., °NB, °MF, °SCH vereinz.: °*bei enk brenzlds, is ábba d'Milch übagloffa?* Nabburg; °*i räich, dou brenzld da Broudn in da Pfanna* Pleinfd WUG; *brenzln* „nach verbranntem (Schmalz) riechen" ANGRÜNER Abbach 18.

Etym.: Abl. von →*brennen*; KLUGE-SEEBOLD 150. Anders Schw.Id.V,767.

WBÖ III,897; Schwäb.Wb. I,1352; Schw.Id.V,766f.; Suddt. Wb. II,615.– DWB II,372.– ANGRÜNER Abbach 18; MAAS Nürnbg.Wb. 89. A.S.H.

brenzerln
Vb.: °*do duats brenzaln* nach Brand, Angebranntem riechen Degerndf RO. A.S.H.

brenzig
Adj.: °*des riacht ganz brenzi* angebrannt Aidenbach VOF. A.S.H.

brenzleinen
Vb.: °*brendslaenad* „brenzlig riechend" Ranna ESB. A.S.H.

Presaun, Gefängnis, →*Prison*.

prescheln →*prasseln*[1].

preschen
Vb., preschen: °*der Motorradfahrer is an an Holzzau brescht* Wassermungenau SC.

Etym.: Aus einer nd. Var. von →*pirschen*; PFEIFER Et.Wb. 1040. In Komp. wohl teilw. onomat.

WBÖ III,898; Suddt.Wb. II,616.– DWB VII,2102.– BRAUN Gr.Wb. 471.

Komp.: [**ab**]**p. 1**: *åpreschen* „schnell weglaufen" Aicha PA.– **2**: *er is abrescht* „hat Hängeschultern" Epfenhsn LL.
Suddt.Wb.I,136.– ²DWB I,650.

[**der**]**p.**: °*ganz derbrescht bin i* „körperlich zerschlagen" O'nrd CHA.

[**hin**]**p.** in fester Fügung: °*dem habi oani hibrescht* „eine Ohrfeige versetzt" Seyboldsdf VIB.

[**zu**]**p.**: *Mist zuabreschn* am Wagen festklopfen M'lstetten FFB. A.R.R.

Breschling, Erdbeere, →*Brestling*[1].

Bresil, Tabak, →*Brasil*.

pressant
Adj., pressant, °OB, °NB, °OP, MF, SCH vereinz.: *nöt so gach, nöt so pressant* Lenggries TÖL; *Zerschd duad er reachd bressandd, und nocher kimmb ar maledda id* [gar nicht] WÖLZMÜLLER Lechrainer 128.– Auch: *de redn recht pressant über eahm* „eifrig" Hzhsn VIB.

Etym.: Aus frz. *pressant*; KLUGE-SEEBOLD 722.

WBÖ III,900; Schwäb.Wb. I,1405; Schw.Id. V,786; Suddt. Wb. II,616.– DWB VII,2103.– BERTHOLD Fürther Wb.170; BRAUN Gr.Wb. 472.

Abl.: *Pressantigkeit*. A.R.R.

Pressantigkeit
F., Eile: *Preßantegkait* Arnstorf EG; „die *Pressantigkeit* mit eurer Heiraterei paßt mir überhaupt nicht" PEINKOFER Werke III,271. A.R.R.

Presse
F. **1** Presse, Vorrichtung zum Zusammen- od. Auspressen, °OB, NB, OP, SCH vereinz.: *a Bräß vom Metzger zum Bräßog bräßn* Sulzbach; *preṣ* „z.B. Mostpresse" nach BERGMANN Baumgarten 18; *Die Preß* SCHMELLER I,471; *swer ... niht pressen wil ... in vnser presse* Aldersbach VOF 1297 Corp.Urk. IV,6,13 f.; *wein aus den pressen möchten sy zu ir selbs notturft in die Stat bringen* 1516 Urk.Juden Rgbg 294; *in seinem ... Buch/ welches er ... im Jahr 1665 ... hat von der Preß herfürgezogen* HUEBER Granat-apfel 36.– In festen Fügungen: †: *Auf die Preß freßen* „ohne Maß" SCHMELLER I,471.– *Auf* →*Mord und P. arbeiten/schuften* schnell u. viel arbeiten. **2** †übertr. Bedrängnis: *In der Preß seyn* „in grosser Verlegenheit seyn; sehr geängstiget werden" DELLING I,95.
3 †Pergamentstreifen, an dem das Siegel einer Urkunde hängt: *den selbigen brieff an pergamen schrifften Sigeln vnd pressen ... gesehen vnd verlesen* Michelfd ESB 1470 MB XXV, 325.

Etym.: Ahd. *pressa*, mhd. *presse* stf., mlat. Herkunft; KLUGE-SEEBOLD 722.

DELLING I,95; HÄSSLEIN Nürnbg.Id. 106; SCHMELLER I,471; WESTENRIEDER Gloss. 443.– WBÖ III,900-902; Schwäb. Wb. I,1405; Schw.Id.V,785; Suddt.Wb. II,616.– DWB VII, 2103f.; Frühnhd.Wb. IV,1087f.; LEXER HWb. II,293; WMU 1402; Gl.Wb. 465.– BRAUN Gr.Wb. 472.– S-51K26,66D33.

Komp.: [**Ackeram**]**p.**: °*Okrampressn* „Presse zur Gewinnung des Bucheckeröls" (Ef.) Steinhögl BGD.– Zu →*Ackeram* 'Buchecker'.

[**Erd-apfel**]**p.** Presse für Kartoffeln, °NB vereinz.: °*Earapföbräss* „Holzpresse für rohe Kartoffeln" Rattenbg BOG.

[**Fleisch**]**p.** Gefäß zum Einsalzen von Fleisch, nur übertr.: *Fläschpressn* „scherzhaft für Korsett" Cham.

[**Frucht**]**p.** Fruchtpresse, OB, OP vereinz.: *Fruchdbresn* Mchn.
Suddt.Wb. IV,485.

[**Haar**]**p. 1** Flachsbreche: °*Horpress* „Brechgerät für Flachs" Gangkfn EG; *2 Haarpressen* Neumarkt-St.Veit MÜ 1798 StA Landshut Pfleggericht Neumarkt P231,fol.3ʳ (Inv.).– **2** †Vorgang des Flachsbrechens: „sich bei der *Brechelstube* und *Harpresse* ... ein- und loskaufen" PEETZ Kiemseekl. 240.– Zu →*Haar* 'Flachs'.

[**Halm**]**p.**: °*Hoimbräss* „Presse für die Strohbüschel zum Dachdecken" Rattenbg BOG.

[**Honig**]**p.**, [**Hönig**]- Presse zum Auspressen der Bienenwaben, OB, °NB, OP, SCH vereinz.: *Hänipreß* Staudach (Achental) TS.
S-71G21.

[**Ludel**]**p.** wie →[*Erd-apfel*]*p.*: °*Lulpräss* „zum Durchpressen der gekochten Kartoffeln" Rattenbg BOG.– Zu *Ludel*, Nebenf. von →*Nudel*.

[**Most**]**p.** Mostpresse, NB, SCH vereinz.: *auf da Mostpreß zambressn* Mittich GRI.
WBÖ III,903; Schw.Id.V,785.– DWB VI,2600.

[**Nach**]**p.** Saft der zweiten Pressung: *nōxbreʃ* Lengenfd LL nach SBS VIII,376; „für die sogenannte *Nachpreß* ... 17½ Pfennig" Donaustauf R 1583 Regensburger Almanach 1989, Regensburg 1988,132.
WBÖ III,903.

[**Obst**]**p.** wie →[*Frucht*]*p.*, OB, °NB, SCH vereinz.: *Oubschdbress* Derching FDB.
WBÖ III,904; Schw.Id.V,785.– DWB VII,1126.

[**Senf**]**p.** scherzh. Ziehharmonika: *semfbress* KILGERT Gloss.Ratisbonense 153.
KILGERT Gloss.Ratisbonense 153.

[**Waben**]**p.** wohl Presse zum Formen von Kunstwaben, OB, NB, SCH vereinz.: *d'Wåbmbreß* Mittich GRI.
WBÖ III,904.– S-71G3.

[**Wanzen**]**p.** scherzh. wie →[*Senf*]*p.*, °OB vereinz.: *Ziamusi, Wanznbräß* Thalham MB; „die Ziehharmonika ... auch *Wanzenpresse* ... genannt" Altb.Heimatp. 14 (1962) Nr.41,6.
WBÖ III,905.– GÖTTLER Dachauerisch 73; POELT-PEUKER Wb.Pöcking 49.

[**Wasch**]**p.** Wäschemangel: *Wåschpreß* Neubeuern RO; „ein *Komodkasten* ... und eine *Waschpresse*" Königlich-Baier. Polizey-Anzeiger von München 12 (1821) 356.

[**Wein**]**p.** Weinpresse: *Weinpress* Simbach PAN; *Weinpresse* Bach R Wortatlas der kontinentalgerm. Winzerterminologie, hg. von W. KLEIBER, Tübingen 1990-1996, K.96; *weinpreß* Wessobrunn WM 12.Jh. StSG. II,259,3; *drei weg ... der dritt für die weinpressen* 1554 GRIMM Weisth. III,642.– S.Abb. 4.
WBÖ III,905; Schwäb.Wb. VI,624, 3392.– DWB XIV,1,1, 973f.; LEXER HWb. III,911; Gl.Wb. 733.– S-66D34.

A.R.R.

†**Pressel**
N., F., Pergamentstreifen, an dem das Siegel einer Urkunde hängt: *die alten püecher ... zerschniten, dek über die püecher und pressel ... draus gemacht* AVENTIN IV,225,9-11 (Chron.).

Etym.: Mhd. *pressel* stf./n., aus lat. *pressula*; DWB VII,2104.

SCHMELLER I,471.– WBÖ III,905; Schwäb.Wb. I,1405.– DWB VII,2104f.; Frühnhd.Wb. IV,1088; LEXER HWb. II,293; Gl.Wb. 465.

A.R.R.

presseln →*prasseln*[1].

pressen, -st-
Vb. **1** pressen.– **1a** mit Kraft zusammendrücken, auspressen, OB, OP vereinz.: *der Toag werd preßt* Partenkchn GAP; „Das Pressen der Trauben ... *pressen*" Bach R Wortatlas der kontinentalgerm. Winzerterminologie, hg. von W. KLEIBER,Tübingen 1990-1996, K.97; *von den 19 tuchen ... ze pressen* 1395 Runtingerb. II,177; *die ploben weinpör ... besonders pressen* Donaustauf R 1583 Regensburger Almanach 1989, Regensburg 1988, 132.– **1b** durch Pressen herstellen, NB vereinz.: *preßtö Foitn* Hengersbg DEG; *schvlen alle ... den selben win/ pressen/*

pressen

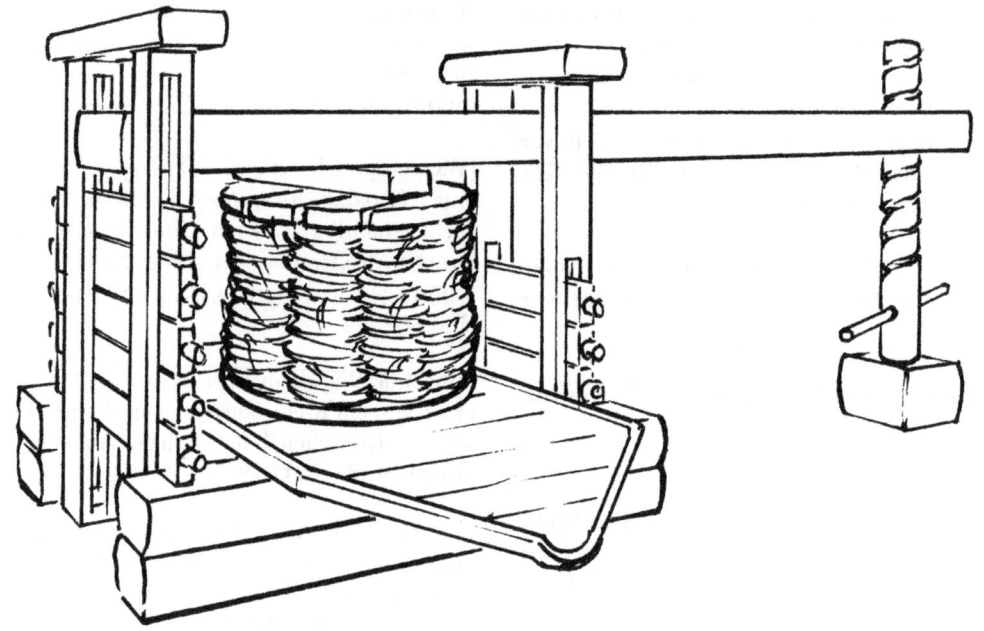

Abb. 4: *Weinpresse* (Bach a.d.Donau R).

in vnser presse Aldersbach VOF 1297 Corp.Urk. IV,6,12; *Im Weinmonat ... presset man den Most oder Wein* Rgbg 1581 TH. HÄUSSLER, Weinbau in Altbayern, Norderstedt 2008, 311.— **1c** fest gegeneinanderdrücken, OB, OP vereinz.: *preßti Lippma* Partenkchn GAP.
2 (Flachs) brechen, OB, NB vereinz.: *Hoar* [Flachs] *breßn* Langenpreising ED; *Har pressen* SCHMELLER I,471.
3 bedrängen, nötigen, °OB, °NB, °OP mehrf., °SCH vereinz.: *°dö oidn Leit hamd übagem, dö junga brestns, solang no a Pfenning außageht* Ismaning M; *°der haout mi solang bresd, bis i jo gsagd ho* Eslarn VOH; *oppremor ... capressot pim* 8./9.Jh. StSG. I,40,26; *an eynem gewaltigen . der da eynen mag geprezzen . vnd getöten* Gesta Rom. 44; *weil Er dem Trillen und Pressen ... dem Trucken und Untertrucken der armen Tropffen am Gei nicht mehr zuschauen kunte* SELHAMER Tuba Rustica II,15.

Etym.: Ahd. *pressôn*, mhd. *pressen*, lat. Herkunft; KLUGE-SEEBOLD 722.

Ltg: *breßn* u.ä., v.a. in Bed.3 auch -*ft*-.

SCHMELLER I,471.— WBÖ III,905; Schwäb.Wb. I,1405-1407; Schw.Id. V,786; Suddt.Wb. II,617f.— DWB VII,2105-2108; Frühnhd.Wb. IV,1089; LEXER HWb. II,293; WMU 1402; Gl.Wb. 465.— S-29B48, 51K26, 108/322, M-65/17, 268/19, W-42/9.

Abl.: *Presser, prestigen*.

Komp.: [**ab**]**p.** abnötigen, OB, NB vereinz.: *åpressn* Aicha PA.
WBÖ III,906; Suddt.Wb. I,136.— ²DWB I,650f.; Frühnhd. Wb. I,273.

[**aus**]**p. 1** durch Pressen leeren, ausdrücken, OB, NB, OP vereinz.: *an Binkl* [Pickel] *auspräßn* Valley MB; *presse das molcken wol auß* A. WECKERIN, Ein Köstlich new Kochb. Von allerhand Speisen ..., Amberg 1598, 23.— **2** durch Pressen herausholen: *auspressn* „Saft aus Beeren" Pfaffenbg MAL; *mer von dem wein außzuepressen* Rgbg 1546 MHStA HL Salzburg 1076[,fol.4ᵛ]; *Nimb aüß gebresten kitten safft* PICKL Kochb.Veitin 92.— **3** ausnützen, ausbeuten, °OB, °NB, °OP vereinz.: *°da Moir* [FN] *hot sein Nachban bis aufs Bluat ausbrest* Endlhsn WOR; *de waiwa sẽin ausbreſd woan* nach GLADIATOR G'berghfn 124.
WBÖ III,906; Schw.Id. V,786; Suddt.Wb. I,640.— ²DWB III,1259f.; Frühnhd.Wb. II,1211.— S-71H3.

[**ausher**]**p. 1** wie →[*aus*]*p.*2, NB vereinz.: *ea muaß sö neddn, daß ar a Trän außapreßt* Passau.— **2** wie →[*ab*]*p.*: *°döa hot koan Rou gem, bis a's eam außerbräst hot* Cham.
WBÖ III,906.

[**der**]**p.**, [**er**]- **1** (etwas) erpressen, OB, NB vereinz.: *Gejd erpressn* Passau; *verursachen ... das*

durch den Scharpfrichter mit peinigen die Wahrheit erpresst werde Kemnath 1696 Wir am Steinwald 2 (1994) 74.– **2** wie →*p*.3: °*den hams derpreßt* „zugesetzt, bis er gestand" Bruckbg FS.

Schwäb.Wb.VI,1841.– ²DWB VIII,2058 f. A.R.R.

Presser, Presterer
M. **1** †Arbeiter, der die Weinpresse bedient: *ich hab geben den pressern ... ze lon x ß viij dn* 1549 MHStA KL Baumburg 42½, fol.128ᵛ.
2 best. Facharbeiter in der Glashütte: *Presser, Glaspresser* „Er schneidet das vom Anfangeisen fließende Glas in die Pressform ein und presst mit dem Stempel die Forma aus" REINER Waldglashütten 363.
3: °*du bist a ewicha Bräsdara!* „Kind, das unablässig die Mutter bedrängt" O'wildenau NEW.

SCHMELLER I,471.– WBÖ III,906; Schwäb.Wb. I,1406.– DWB VII,2108; Frühnhd.Wb. IV,1090. A.R.R.

pressieren
Vb., eilig, dringend sein, °OB, °NB, °OP, SCH vereinz.: °*mir pressierts wia an Deifö* T'nbach PA; *Dö G'schicht pressiert also, denn des soll do' a Überraschung werd'n* LUTZ Zwischenfall 192; *Pressiert ja net, na'wart'ma halt no'a vierzehn Tag!* WELSCH Volksleben XIII,14.– Part.Prät., in Eile: *Ich bin etwas pressiert* A.J. LIPPL, Das Schloß an der Donau, München 1944, 78.

Etym.: Aus frz. *presser*; KLUGE-SEEBOLD 722.

WBÖ III,906; Schwäb.Wb. I,1406; Schw.Id.V,787f.; Suddt. Wb. II,617.– DWB VII,2108 f.; Frühnhd.Wb. IV,1090.– BERTHOLD Fürther Wb. 170; BRAUN Gr.Wb. 472; MAAS Nürnbg.Wb. 89; POELT-PEUKER Wb.Pöcking 37; SINGER Arzbg.Wb.179. A.R.R.

Breßling, Erdbeere, Knackelbeere, →*Brestling*¹.

preßnen
Vb., ein knisterndes, prasselndes Geräusch machen, OP vereinz.: *brässna* Floß NEW.– Part. Prät., N.: *a Pressnts* „auf scharfem Feuer knusprig gebratenes Fleisch" Naabdemenrth NEW.

Etym.: Wohl Spielform von →*prasseln*¹. A.R.R.

Pressur
F., Eile: °*mei, da Mei hod heid wieda a Pressua!* Langdf REG.

Etym.: Aus lat. *pressura*; DWB VII,2109.

DWB VII,2109. A.R.R.

Breste(n)
M. **1** Fehler, Mangel, Schaden, Übelstand, ä.Spr., in heutiger Mda. nur in Komp.: *Detrimentum breste* Aldersbach VOF 12.Jh. StSG. III,234,10; *von schavre ... niht ... vnd von chainerlay gemainem bresten* Rgbg 1296 Corp.Urk. III, 528,24 f.; *ein grosser sterb, teuerung oder krieg oder dergleichen presten* AVENTIN IV,172,23 f. (Chron.).
2 Gebrechen, Krankheit, ä.Spr., in heutiger Mda. nur im Komp.: *daz ich dein tochter wol geledigen müg von allem irm bresten* O'altaicher Pred. 63,35 f.

Etym.: Ahd. *bresto*, mhd. *breste* swm., *brest* stm., Abl. von →*bresten*¹; WBÖ III,907.

SCHMELLER I,367.– WBÖ III,906 f.; Schwäb.Wb. I,1407; Schw.Id.V,836-844.– DWB II,372 f.; Frühnhd.Wb. IV,1090-1092; Mhd.Wb. I,994 f.; WMU 288; Ahd.Wb. I,1371 f.– BERTHOLD Fürther Wb. 27.

Komp.: †[**Vieh**]b. Viehseuche: *Vichpresten* 1.H. 18.Jh. SCHMELLER I,367.

SCHMELLER I,367.– DWB XII,2,70.

[**Ge**]**b. 1** †wie →*B*.1: *swa* [wenn] *wir des niht entuͦn/ also daz der gebrest an vns leit* [liegt] Rgbg 1294 Corp.Urk. III,204,11 f.; *wir arme ... Burger, Rath und gemein Markt Viechtach bringen an Ew. fürstliche Gnad unsern Gepreßten und Beschwerniß* 1461 BLH VI,35; *ohne alle Schaden ... es sey gleich Krieg, Brunst, Steur, Pest oder andere Gebresten* Schernegg EG 1791 HAZZI Aufschl. IV,3,475.– **2** wohl auch N., wie →*B*.2, OB, NB vereinz.: *mitm Alter kemman alerhand Gebrestn* Wasserburg; *Fir den gebresten des vichs* HÖFLER Sindelsdf.Hausmittelb. 44; *dan sy einen haimlichen gebresten am leib habe* Frsg 1590 MHStA Hexenakten 9a,fol.333ʳ.

SCHMELLER I,367.– WBÖ III,907; Schwäb.Wb. III,136, VI,1986.– DWB IV,1,1,1860-1865; Frühnhd.Wb. VI,305-308; LEXER HWb.I,760 f.– S-52L22.

Mehrfachkomp.: †[**Land(es)-ge**]**b**. Mangel, Not in einem Land: *es wär dann daz in der schaur schluͤg oder daz lantzgepresten wuͤrd* Rgbg 1356 VHO 34 (1879) 22; *komme krieg, brunst ... oder einicherley landtsgebresten* 1689 F. v.CRAILSHEIM, Die Hofmarch Amerang, Berlin 1913, 93.

WBÖ III,907; Schwäb.Wb. IV,957.– Rechtswb. VIII,404; Frühnhd.Wb. IX,1,119.

†[**Land(es)**]**b**. dass.: *Ez wår dann lantprest, schaůr ... oder chrieg* 1373 Urk.St.Veit 110.

WBÖ III,907; Schwäb.Wb. IV,949; Schw.Id. V,845 f.– Rechtswb.VIII,351; Frühnhd.Wb. IX,1,113 f. A.R.R.

bresteln
Vb.: *prestln* überhastig und nachlässig arbeiten Metten DEG.
Etym.: Wohl Spielform von →*prasseln*¹. A.R.R.

†bresten¹
Vb. **1** zerreißen, zerbersten: *Defluat niprestę* Frsg 9.Jh. StSG. II,164,69; *daz scef brast von den unden* [Wellen] Kaiserchron. 302,12082.
2 einen Eingeweidebruch erleiden: *so einer prosten ist ... vnd sich hat lat schneiden* Attel WS 1459 Cgm 632,fol.38ᵛ.
3 fehlen, mangeln: *prgstcn [prestan]* Tegernsee MB 10.Jh. StSG. II,756,27; *im ist gebrosten an sinem reht* Mchn 1294 Corp.Urk. III,230,46 A.
Etym.: Ahd. *brëstan*, mhd. *brësten* stv., germ. Wort, obd. Form von →*bersten*; Et.Wb.Ahd. II,321 f.
SCHMELLER I,367; WESTENRIEDER Gloss. 58 f.– WBÖ III,907; Schwäb.Wb. I,1407 f.; Schw.Id. V,846-850.– DWB II,373; Frühnhd.Wb. IV,1092 f.; Mhd.Wb. I,996 f.; WMU 288; Ahd.Wb. I,1363-1366.– S-52L22, W-42/9.

Abl.: *Breste(n), bresthaft, bresthafteln, brestig*.

Komp.: †[**auf**]**b.** aufplatzen, aufreißen: *ez sei denn daz di wunten nicht ... zuo gehailt sein, daz si wider auf presten* Frsg.Rechtsb. 22.
SCHMELLER I,367.– WBÖ III,907.

†[**ent**]**b. 1** sich entlasten, von einer Anklage freimachen: *Sehs unde sibenzic pater noster dâ ist ein ieglîcher mensche mit enbrosten* BERTHOLDvR I,255,33 f.; *Swer dem enprist, der in hiez pfenten, der ist dem pfenter chains lons schuldich* 1340 Stadtr.Mchn (DIRR) 343,13 f.–
2 wie →*b.*3: *Swaz im dar an enbristet vnt ab get* Berchtesgaden 1295 Corp.Urk. III,340,43; *gesagt, wie ewer lieb gesunt sey worden und nichts mer emprest* 1436 SbMchn 1885, 351.– **3** von einem Kind entbunden werden: *sô si aines kindes enpristet* Kaiserchr. 147,3621.
SCHMELLER I,367.– WBÖ III,907 f.; Schwäb.Wb. II,725; Schw.Id. V,850-852.– ²DWB VIII,1358 f.; Mhd.Wb. I,1607-1609; Ahd.Wb. I,1368.

†[**ge**]**b.** wie →*b.*3: *(Deesse) giprestan* Frsg 11.Jh. StSG. II,171,47; *do gebrast in an speys* ARNPECK Chron. 527,8.
SCHMELLER I,367.– WBÖ III,908; Schwäb.Wb. III,136 f.– DWB IV,1,1,1866-1868; Frühnhd.Wb. VI,308-310; LEXER HWb. I,761; Ahd.Wb. I,1366-1368.

†[**zer**]**b.** wie →*b.*1: *Swenn ein galprŭnn* [Ziehbrunnen] *zerprist* 1372 Stadtr.Mchn (DIRR) 513,22.
WBÖ III,908; Schwäb.Wb. VI,1128.– Ahd.Wb. I,1371.
A.R.R.

bresten²
Vb.: *Zwiebel brestn* rösten Altenthann R.
Etym.: Herkunft unklar; vgl. Schwäb.Wb. I,1408.
W-41/39.

Komp.: [**aus**]**b.**: *°s Schweinfett asbrestn* „auslassen oder ausbraten" Haselbach BUL. A.R.R.

presten, bedrängen, →*pressen*.

bresthaft, breß-, †-bresten-
Adj. **1** gebrechlich, kränklich, °OB, °NB vereinz.: *°bräßhaft* Ergolding LA; *Wenn'st amoi a oida Krauterer bist und vielleicht gar scho a bissl Breßhaft* Altb.Heimatp. 52 (2000) Nr.8,8; *Kein tadelhaft oder bresthaft Vieh darf ... geschlacht werden* Frsg 1588 ZILS Handwerk 94; *die ahrme pürgerschafft, sonderheitlich aber die 20 alten und presthaften Pfrindnere* Cham 1742 VHO 51 (1899) 241.
2 verkrüppelt, mißgestaltet, °OB, SCH vielf., °NB, OP, MF mehrf.: *breschthafte Finga* Kochel TÖL; *bresthaft* „bei jeder Art fehlerhaften Körperbaus" Etzenricht NEW; *Da Vata, der is breschthaft worn, Der hat im Holz an Fuaß verlorn* DINGLER Arntwagen 117; *bresthaft* „mit Leibesgebrechen behaftet" SCHMELLER I,367; *legte auf den presthafften Fuß ein sogenanntes Wiß-Bildlein* Gnadenblum 86.
3: *a presthaftr Loab* „Brotlaib, der beim Einschießen beschädigt wird" Peiting SOG.
Etym.: Mhd. *brësthaft*, Abl. von →*bresten*¹; KLUGE-SEEBOLD 151.
SCHMELLER I,367; ZAUPSER 60.– WBÖ III,908; Schwäb.Wb. I,1407; Schw.Id. V,852-854; Suddt.Wb. II,618.– DWB II,373; Frühnhd.Wb. IV,1093 f.; Mhd.Wb. I,997.– CHRISTL Aichacher Wb. 111,254; GÖTTLER Dachauerisch 18; POELTPEUKER Wb.Pöcking 9; SCHILLING Paargauer Wb. 35 f.; Spr. Rupertiwinkel 73; Wb.Krün 40.– M-159/18, 268/17.

Komp.: †[**un-ge**]**b.** ohne Schaden od. Mangel: *hundert pfunt gůter Regenspurger pfenning ... di wir willichlich und ungeprestenhaft von in eingenommen ... haben* Wolfsegg R 1367 VHO 60 (1909) 55.
Schwäb.Wb. VI,152. A.R.R.

bresthafteln
Vb.: *°breschafln* „kränklich sein" Rosenhm.
A.R.R.

brestig
Adj. **1** gebrechlich, kränklich, °OB, °OP vereinz.: *°breste* Winklarn OVI.

2: °*für an brestigen* (verunstalteten) *Menschn* Reichenhall.

Etym.: Mhd. *brëstec* 'zerbrechlich', Abl. von →*bresten*¹; vgl. WBÖ III,909.

WBÖ III,909.– Mhd.Wb. I,995. A.R.R.

prestigen
Vb., bedrängen, nötigen, °OF mehrf., °OB, °NB vereinz.: °*Bou du koast oin brestign!* Schönwd REH; *Dää préstingt mich scha wöi lang* SINGER Arzbg.Wb. 179.

Etym.: Wohl Abl. von →*pressen*.

Süddt.Wb. II,618.– BRAUN Gr.Wb. 472; SINGER Arzbg.Wb. 179.– W-42/9. A.R.R.

Brestling¹, Breß-, Bresch-, Brems-
M. **1** Erdbeere, OB (IN), südl.MF mehrf., NB, °OP vereinz.: *Brößling* Kelhm; *Bröschla* Arnsbg EIH; *Breschling helfn sched* [nur] *für d'Schwammerl* Hagenstetten IN HuV 15 (1937) 231.
2 Knackelbeere: *Bremslön* Kötzting; *Bresling* Altmannstein PAR MARZELL Pfln. II,468; *Der Pröbstling* „große Erdbeere" SCHMELLER I,467.

Etym.: Mhd. *brestelinc* stm., Abl. von mhd. *brasten* 'prasseln, krachen' mit volksetym. Anschluß an →*Pröpstling*; KLUGE-MITZKA 170.

SCHMELLER I,467.– WBÖ III,1011 f.; Schwäb.Wb. I,1355.– DWB II,373, 399 (Bröszling); Mhd.Wb. I,995.– BERTHOLD Fürther Wb. 29; MAAS Nürnbg.Wb. 89. A.R.R.

Brestling², dicker Mann, →*Pröpstling*.

[Wild]bret →*-brät*.

-pretsch
N., nur in: **[Ge]p.** Geschwätz, Gerede, °OP, MF vereinz.: *Gebretsch* Wasserzell EIH.– Abl. zur selben Wz. wie →*pretscheln*. J.D.

Pretsche
F.: *bretšn* „altes Fahrzeug, meist Zweirad" KILGERT Gloss.Ratisbonense 48.

Etym.: Abl. von →*pretschen*².

KILGERT Gloss.Ratisbonense 48.

Komp.: **[Hennen]p.**: *he:nabretšn* „Mofa, Moped" ebd.

KILGERT Gloss.Ratisbonense 48. J.D.

Pretschel, †Presch-
M. **1** Geschwätz, Gerede, °OB, °OP vereinz.: *a Priatschl* Naabdemenrth NEW.

2 breiige Masse.– **2a**: *Briadschl* „Breiiges" KONRAD nördl.Opf. 7.– **2b** Speise, Futter, °nördl.OP (NEW, TIR) mehrf.: °*heint haoust da wieda suaran Briatschl zamkocht!* Neuhs NEW.– Auch: °*Priatschl* „schlechter Kaffee" Schönwd REH.– **2c**: °*Priatschl* „dicke Jauche" Tirschenrth.
3 Durcheinander, Unordnung: °*da is so a Pretschl* Brunnen SOB; *Priătschl* BAUERNFEIND Nordopf. 146.– Auch †: *Der Brieschel* „Sammlung von allerley Eßwaaren, die von jungen Burschen … gemacht und … gemeinschaftlich verzehrt wird" nördl.OP SCHMELLER I,366.

Etym.: Abl. von →*pretscheln*.

SCHMELLER I,366.– KONRAD nördl.Opf. 7.– W-42/26. J.D.

-pretschel
N., nur in: **[Ge]p. 1** Geschwätz, Gerede, °OP, °OF vereinz.: °*daa Gepriatschl howe soot* Schönwd REH.– **2**: *Gipriatschl* „Geplätscher" Naabdemenrth NEW. J.D.

Bretschélderer
M., Vielredner, Schwätzer: °*Bretschëidara* Metten DEG. J.D.

bre(t)schéldern, bretz-
Vb. **1** viel reden, schwätzen, °NB, °OP vereinz.: °*bredschejdan* Ergolding LA; *bretschöldan* BRUNNER Wdmünchen 405.– Auch: °*bretschejdan* „ein gemütliches, unterhaltsames Gespräch führen" Frauenau REG.
2: *brešéidan* „schallend reden" KOLLMER II,72.

Etym.: Weiterbildung von →*bre(t)schéllen*, vgl. österr. *pretschédern* (WBÖ III,909 f.).

KOLLMER II,72.

Abl.: *Bretschélderer*. J.D.

Bretschéll, Bretz-
M. **1** Geschwätz, Gerede, °OB, °OP vereinz.: °*der macht an langa Brezö mit seina Krankat* Tandern AIC; °*Bredschell* Tirschenrth.
2 Geschrei, Geschimpfe, °OB, NB vereinz.: °*den sein Brezel ko man net onhörn* Edelshsn SOB.
3 Teufel, Schreckgestalt, °OB, NB vereinz.: *wenst nöt aufherst, kimt da Brezej und hoit dö!* Bodenmais REG.

Etym.: Abl. von →*bre(t)schéllen*.

W-42/18 f. J.D.

Bre(t)schélle

Bre(t)schélle, Britsch-, Bretz-
F. **1** Vielrednerin, Schwätzerin, °NB, °OP vereinz.: °*du oide Bredschelln* (Ef.) *Ascha* BOG; *à n alte Pretschâln* „Weib, das wertloses Zeug daherredet" BRUNNER Heimatb.CHA 140.
2 Frau, die alles ausplaudert, °OP vereinz.: °*vo dera Pritschelln koast nix anderschts dawoartn, als daß glei higöiht und asposaunt* Tirschenrth.
WBÖ III,910.– KOLLMER II,71. J.D.

bre(t)schéllen, britsch-, bretz-, -otz-
Vb. **1** im liturgischen Wechselgesang singen, OB, NB, °OP vereinz.: *brezölln* „die Passion durch Priester und Chor abwechselnd singen" Sallingbg KEH.
2 leiern, eintönig vortragen, OB, °NB, °OP vereinz.: °*stundenlang hat a vo da Kanzl pretschöllt* „langweilig gepredigt" Michelsneukchn ROD; *bretzellen, bretschellen* „unordentlich, ohne Sinn vortragen, reden" SCHMELLER I,376.
3 babbeln (von kleinen Kindern), NB, °OP vereinz.: °*was brezellst denn heit wieder?* Rgbg.
4 viel reden, schwätzen, °OP mehrf., °OB, °NB vereinz.: °*des Bretschein an ganzn Dog wead oan zwida* Degerndf RO; °*louß brezälln, döi Groußgoschade!* Nabburg; *bretschĕlln* „schwätzen, dumm daher reden" BAUERNFEIND Nordopf. 142; *So redt er weita und prezellt Vo … Haus und Feld* EBERL Neui Kräutl 135.
5 ausplaudern, °OB, °NB, °OP vereinz.: °*ois hota bretschellt, wos ma eahm gsagt ham* Pörnbach PAF; *bredšöln* „herausposaunen, ausplaudern" nach DENZ Windisch-Eschenbach 116.– Auch: °*bretscheyna* „andere verraten, verklatschen" Neurandsbg BOG.
6 laut reden, schreien, °OP vereinz.: °*bretschelln* Wdmünchen; *brədšǫ́ln* Dinzling CHA BM I,72; „*brešèin/a* schreiend, schallend reden … *breššèin/a*" KOLLMER II,72.
7 kauderwelschen: *britschäin* „von einem Fremdsprachigen" Frauenau REG.
8 murren, schimpfen, NB, °OP vereinz.: °*höja-r af mit deim Bretzäln!* „Kritisieren, Nörgeln" O'wildenau NEW.
Etym.: Wohl Weiterbildungen aus lat. *preces* 'Bitten, Gebete'; vgl. WBÖ III,928.
SCHMELLER I,376.– WBÖ III,910, 928.– DENZ Windisch-Eschenbach 116; KOLLMER II,71f.; KONRAD nördl.Opf.33.– W-42/19.

Abl.: *Bretschéll, Bre(t)schélle, Bretschéller, -bretzéll, Bretzéller, Bretzéllerei*.

Komp.: [**abher**]**b.** wie → *b*.2, NB, °OP vereinz.: °*des is a langweiliger Pater, der braucht a Stund, bis a d'Meß awaprizellt hat* Rgbg.

[**um-ein-ander**]**b. 1** wie → *b*.4, °NB, °OP vereinz.: °*der britscheilt a wenig äbs umanander Wiesenfdn* BOG.– **2** wie → *b*.5, °OP vereinz.: °*moust as wieder umanandapritschelln, daß glei alle wissn* Tirschenrth.– **3** wie → *b*.8: °*'n ganzn Doch brezellds umanand* „schimpft und nörgelt sie" Hohenburg AM.

[**aus**]**b.** wie → *b*.5, °OP vereinz.: °*derer konst nix vazähln, dö brezelt wieda allas as* Winklarn OVI.

[**vor**]**b.**, [**für**]- vorreden, vorschwätzen, OB, °NB, °OP vereinz.: °*da bsuffa Ding hät mir allweil vorbretschellt* Hunding DEG. J.D.

Bretschéller, Britsch-, Bretz-
M. **1** Vielredner, Schwätzer, °OB, °NB, °OP vereinz.: °*du bist a richtiger Bretscheller* „gedankenloser Schwätzer" Kchbg REG.
2: °*da Wastl is a oida Bretschella* „plaudert alles aus" Pörnbach PAF.
3 †: „schreyend, unordentlich, ohne Sinn vortragen, reden … *Der Brezeller*, der also vorträgt" SCHMELLER I,376.– Auch: °*dös is a Brezeller* „Schreier" Neumarkt.
4 Langweiler, °OP vereinz.: °*dös is a langweiliger Brezeller* Haselbach BUL.
5 †: „schreyend, unordentlich, ohne Sinn vortragen … *Der Brezeller* … ein solcher Vortrag" SCHMELLER ebd.
SCHMELLER I,376. J.D.

pretscheln
Vb. **1** viel reden, schwätzen, OP, °OF vereinz.: *priatschla* Naabdemenrth NEW.
2: °*briatschln* „alles bekritteln" Schönwd REH.
3 plätschern: *priatschla* Naabdemenrth NEW; *priatschl'n* BRAUN Gr.Wb. 472.
4 planschen, NB, °OP vereinz.: *pretschln* Pfeffenhsn ROL.
5 schlecht kochen: °*briatschln* Erbendf NEW.
Etym.: Wohl onomat., vgl. österr. *prëtschen* (WBÖ III, 910).
BRAUN Gr.Wb. 472.

Abl.: *Pretschel, -pretschel, Pretschler, Pretschlerei*.

Komp.: [**zu-sammen**]**p.** wie → *p*.5: *Was briatschlst heint zsamm?* „Was kochst heute bloß?" FÄHNRICH M'rteich 164. J.D.

pretschen[1], schlagen, → *prätschen*.

pretschen[2]
Vb., preschen, °OB, °NB, °OP, °MF vereinz.: °*der is aber um d'Kurvn bretscht* Hohenpeißenbg SOG; *brēdšn* „sich schnell bewegen (zu Fuß oder mit einem Fahrzeug)" nach DENZ Windisch-Eschenbach 116.– Auch: *brätschn* „lärmend umhersausen; sich laut und schnell bewegen" ANGRÜNER Abbach 17.

Etym.: Wohl onomat. Anders KILGERT Gloss.Ratisbonense 48.

ANGRÜNER Abbach 17; BERTHOLD Fürther Wb. 170; DENZ Windisch-Eschenbach 116; KILGERT Gloss.Ratisbonense 48; MAAS Nürnbg.Wb. 89; Spr.Rupertiwinkel 73.

Abl.: *Pretsche*.

Komp.: **[ab]p. 1** weglaufen, sich davonmachen, °OB, OP vereinz.: °*do bini obretscht* „davongelaufen" Hagnbg MB; *I hab net Zeit, daß i ... aufpaß, daß S'uns net abbretschen* SAILER Lach od.Stirb 204.– **2**: °*der is richte obretscht* „abgewiesen worden" Fronau ROD. J.D.

Pretschler
M.: °*Briatschla* „der an allem etwas auszusetzen hat" Schönwd REH. J.D.

Pretschlerei
F. **1**: „langatmiges Geschwätz ... *Deastwegn bra(u)chst doch niat sura Briatschlerei machn!*" SINGER Arzbg.Wb. 42.
2: „umständlich herumhantieren ... *Mach näa koa sua langa Priatschlerei!*" ebd. 179.

SINGER Arzbg.Wb. 42. J.D.

Brett
N. **1** Brett.– **1a** Holzbrett allg., °Gesamtgeb. vielf.: *iwa a ganz kloans Bachi schmeißt ma hoit a Breed iwri* Staudach (Achental) TS; *dös Bröd håds ågschwejd* „vom Hochwasser" Aicha PA; *Breedl* Entenbg N; *håt er sih ââ'm Stojjbodn ââfëg'lëgt, håt då å „Bröd" wëggertå* HALLER Frauenauer Sagen 69; *aus 'n Bredan maouß a Wöing ... Von Schreina zsamma zimmat wean* SCHUEGRAF Waldler 50; *Esilos prǣir [pretir]* 9.Jh.StSG. III,10,57; *Swer einen geladen wagen mit veilen pretern her in fůret* 1310-1312 Stadtr. Mchn (DIRR) 235,25f.; *daß auch ein schwärer balcken sambt etlichen brettern auf sie gefallen* 1736 Mirakelb.Aunkfn 138.– In festen Fügungen: °*dö letztn sechs Brettl* „Sarg" Rosenhm.– *B.lein machen* den Mund zum Weinen verziehen: *Bredei machn* Berchtesgaden; *Brérei machn* HELM Mda.Bgdn.Ld 41.– *B.er schneiden / sägen* u.ä. schnarchen, °OB, °NB, °OP, MF vereinz.: °*Bretter sageln* Ruderting PA; *dea håt Brëda g'schnid'n* OB Bavaria I,343; *bis er wieder eing'schlafa is und Bretter schneid't* STEMPLINGER Obb.Märchen I,56; *Bretter schneiden* ZAUPSER 85.– †: *brédlhupfǝ~* „ein Bediener seyn" SCHMELLER I,372.– In Vergleichen: *wie ein B. steif, starr*: *Rückwärts hauts'n um wiar a Brett* BILLER Garchinger Gsch. 42.– (*Dünn / eben*) *wie ein B.* u.ä. sehr dünn, mager, flach (v.a. von Frauen), °OB mehrf., °NB, °OP, °MF, °SCH vereinz.: °*hint und vorn wia Brell* Scheyern PAF; °*de is glatt wia a Brettl* Bonbruck VIB; *a Kerl wie a Brettl zaundürr* Rothenstadt NEW;– in Ra.: °*vorn wie a Brettl und zwoa Hoaba* (Heidelbeeren) *drauf* Bayerbach GRI;– °*dös Weiberleit is hint wia a Brettl, voan wia a Lådn* Au BGD, ähnlich °OB, °NB, °OP vereinz.– Ra.: *keine dicken B.er bohren / schneiden* u.ä. sich nicht anstrengen, nicht viel leisten: *er hat koi dicke Breda boahrt* Altglashütte TIR; *Er bohrt nicht gern dicke Bretter* Baier.Sprw. II,140; *Er schneidt net gern dicke Bretter* „drückt sich von schwerer Arbeit" WAGNER Zuwanderung 14.– °*I leg a Brettl* „stelle dir ein Bein" Brunnen SOB.– *Dö müaßn Breda niedahoitn* „von Mädchen, die keinen Tänzer finden" Piegendf ROL, ähnlich OB, NB vereinz.– °*Die hat vorn a Brettl mit aufgsteckten Reißnögln* „ist flachbrüstig" Stökkelsbg NM.– *Ein B. vor dem Hirn haben* u.ä. begriffsstutzig sein, °OB, °NB vielf., °OP mehrf., °MF, °SCH vereinz.: °*der Hans håt a Brettl vorm Hirn, der versteht überhaupt nix!* Wettstetten IN; *a Breet vorm Hirn ho(b)m* „hirnverbrannt sein" SINGER Arzbg.Wb. 42;– °*dem hams des Hirn mit Brettl vernaglt* Schaufling DEG, ähnlich OB, °NB vereinz.– *Jmdm das B.lein vom Hirn wegtun* u.ä. die Wahrheit sagen, aufklären, °OB, °NB, °OP mehrf., °MF, °SCH vereinz.: °*dem brauchat sei Brettl vorm Hirn amoi wegmacha* Schrobenhsn; °*öitz mouß i da doch s Brettl vom Hirn wegdou* Frauenbg R.– °*Tua dei Brettl weg vom Hirn!* „versteh doch endlich!" Erding;– °*dem is jetz a Bredl vom Hirn gfain* „er hat begriffen" Reit i.W. TS, ähnlich °OB vereinz.– °*Dea ghöiat si af a Bre'l affi und fuatgschnellt!* „gehört richtig bestraft" Kchnthumbach ESB.– *Dǫ is d Wejd mid Breedà våschlǫng* „Da ... sind die Menschen etwas zurückgeblieben" KAPS Welt d.Bauern 96.– *Zua und a Bröd für!* „jetzt ist Schluß!" Kchbg VOF.– *Hintern Ofn is a Brettl owagfalln* „sagt man, wenn die Kinder etwas nicht hören sollen" Partenkchn GAP.–

Brett

1b Totenbrett, °OB, °NB, OP, °OF, °MF vereinz.: *afs Breed lögn* „aufbahren" Stadlern OVI; *„Das Brett,* statt: Leichenbrett" SCHMELLER I,372; *Nou is a ... daham in da Schdum aafs Breet g'legt woan* SCHWABENLÄNDER Woldnoo 50; *wie auch ainem prötl ... darauf die verstorbenen persohnen ins Grab gelassen werden* Wald AÖ 1628 HUBER Totenbretter 37.– Ra.: *auf das B. kommen* u.ä. sterben: *dea kimt a boi åfs Bredl* Kötzting; *auf Brettl kommen* STEMPLINGER Altbayern 61;– *(über das) B. rutschen / über das B. abhinfallen* u.ä. °OB, °OP vereinz.: *dea is aoigföin übers Bröd* er ist gestorben Frauenau REG; *brédlrutsch-n* „im Scherz" SCHMELLER ebd.; *er is übers Brettl nogrutscht* südl.OB SHmt 50 (1961) 382; *Brettelrutschen* ZAUPSER 18;– *den hats jetz æghaut übers Brettl* Kchhm LF, ähnlich FS.– *Auf dem B. liegen* u.ä. gestorben sein, °NB vielf., OP mehrf., °Restgeb. vereinz.: *aufn Brött liegn* O'audf RO; *ea liegt am Bröd* Metten DEG; *Der liegt scho aufm Brettl!* Vohenstrauß HuV 12 (1934) 285; *Auf dem Brett ligen* SCHMELLER ebd.– *Über das B.lein hinabrutschen* u.ä. wirtschaftlich zugrunde gehen, °OB, NB, °OP vereinz.: °er is någrutscht über Brell „hat abgewirtschaftet" Pipinsrd DAH;– *den hauts übers Brett* „er richtet sich durch schlechtes Wirtschaften zugrunde" Röhrmoos DAH.– **1c** Brett für Brettspiele, OB, OP vereinz.: *Brettl* Mühlbrett Willing AIB; *boi [wenn] a jeder Klachi [Rüpel] sein Rüaßl neihängt in's Breet* SCHOLL Dachauer Gesch. 7; *daz ein erberg man im pret wol spilen mag ye ain spil umb 1d* 1378 Rgbg.Urkb. II,466; *im Bret spielen* PRASCH Gloss. 16.– Ra.: *bei jmdm einen Stein im B. haben* in jmds Gunst stehen, OB, OP vereinz.: *bei dem håb i an Stoa im Brett* Hfkchn ED; *I hob ba ihm an Stā im Brēt!* „ich bin bei ihm gut angeschrieben" BERTHOLD Fürther Wb. 29.– **1d** Zahlbrett, nur in Ra.: *der hat zwanzg aufm Brett* „beschäftigt zwanzig Gesellen" Wasserburg.– †*Jmdn bei dem B. zahlen* Gleiches mit Gleichem vergelten: *got hat die feind plagt, die unglaubigen bei dem bret zalt* AVENTIN V,245,5f. (Chron.).– †*Jmdn zum B. bringen / treiben* gefügig machen: *soll die weltliche Obrigkeit Ambts-halber so widerspennige Köpff zum Brett treiben* SELHAMER Tuba Rustica II,189.– **1e** kleines Brett zum Stricken von einheitlichen Maschen: *brēla* „f. die gesetzliche Maschenweite der Fischernetze" nach SCHWEIZER Dießner Wb. 154.– **1f** übertr.–
1fα Ehrenplatz, hohe Stellung, ä.Spr., in heutiger Mda. nur in Ra.: *man glaubt nur ... stolzen munchen und pfaffen ... die ... lassen kain frumen noch gelerten zum pret* AVENTIN I,197,17-20 (Türkenkrieg); *wies die verteufelten Weiber machen, wenns ins Bret kommen* BUCHER Charfreytagsprocession 119.– Ra.: *van Brela aiahaua* „jemand den Hochmut austreiben" KONRAD nördl.Opf. 67.– „*Er sitzt am Bret,* er hat das Heft in der Hand" Baier.Sprw. II, Nachlese [227].– **1fβ** dicke Scheibe: „mächtige *Schnittl* vom Brotlaib ... auch *Bretta* ... genannt" Inkfn MAL HuV 9 (1931) 289.– **1fγ**: *die Bree(t)la* „einfache Plätzchen ... die bretthart waren" SINGER Arzbg.Wb. 42.– **1fδ**: *alts Brettl* alter Hut Fridolfing LF.– **1fε** flaches Gelände: *Brettl* Fürstenfeldbruck.– **1fζ** große Hand: *Brettl* „Pratzen" Pasing M.– **1fη**: *Brettl håm* „flache Brust einer Frau" Ostin MB.– **1fθ** sehr dünne, flachbrüstige Person, °NB, °SCH vereinz.: °*a zaundürrs Brödl* Klingenbrunn GRA.
2 Tragbalken der Stubendecke, OB vereinz.: *Brött* Peiting SOG.
3 meist Pl., Dim., Ski, °OB vielf., NB, OP, OF, MF vereinz.: *Bredl* Röhrmoos DAH; *Bredlfoarn* Rudelzhsn MAI; *wia i' vor zehn Jahr no mit de Brettln unterwegs war* Altb.Heimatp. 43 (1991) Nr.36,7.– In festen Fügungen *B.lein rutschen / hupfen* Ski fahren, OB mehrf., NB, MF vereinz.: *Brell hupfa* Maisach FFB.
4 Teller, Platte.– **4a** meist Dim., flacher Holzteller, Brotzeitbrett, °OB, °NB, °OP vereinz.: °*a hülzers Brettl* Laaber PAR.– **4b** Servierbrett, OP, MF vereinz.: *Brett* Hauzenstein R; *Er soll das essen ... auf den prettern geben aus der kuchen* Indersdf DAH 1493 BJV 1993,30.
5 Stirnjoch, °NB vereinz.: °*Brettl* „aus Holz mit dickem Lederpolster" Ergolding LA; *brēl* Marzling FS nach SOB V,37.– Ra.: *sich oa(n)s Breet legn* „sich anstrengen, sich Mühe geben" SINGER Arzbg.Wb. 42.
6 Bühne, Spielfläche: *z'erst müssen's auf dem Brettl gehn und stehn lernen* Altb.Heimatp. 5 (1953) Nr.29,4.– Auch Kleinkunstbühne, Kabarett: „bald jeder *Stadel* wird zum *Brettl* für Spaßmacher ausgebaut" SZ 68 (2012) Nr. 218, 47.

Etym.: Ahd., mhd. *brët* stn., westgerm. Wort idg. Herkunft; PFEIFER Et.Wb. 169.

Ltg, Formen: *brēd,* auch *-ē-* (IN, LF; BEI, BUL, RID; EIH; ND), ferner *-ei-* (FFB, GAP, LL; FDB), vereinz. ugs. *brẹt.–* Pl. mit *-a,* ferner mit Wechsel des Vok. (vgl. Lg. § 3o1) Sg./Pl. *-ē-/-ei-* (ND), *-ē-/-ē-* (IN, TS), *-ē-/-ī-* (ESB, NM, SUL), *-ē-/-ę-* (MF).– Dim. *brē(d)l(a), -ē-* u.ä., *brēdai* (BGD).

DELLING I,95; PRASCH 16; SCHMELLER I,372,660; ZAUPSER 18, 85.– WBÖ III,910-912; Schw.Id. V,890-899; Schwäb.Wb. I,1408-1410, VI,1691; Suddt.Wb. II,619f.– DWB II,374-376; Frühnhd.Wb. IV,1094-1097; Mhd.Wb. I,998f.; WMU

288f.; Ahd.Wb. I,1372f.– BERTHOLD Fürther Wb. 29; BRAUN Gr.Wb. 64f.; CHRISTL Aichacher Wb. 178; DENZ Windisch-Eschenbach 117; KILGERT Gloss.Ratisbonense 48; LECHNER Rehling 165; POELT-PEUKER Wb.Pöcking 9; RASP Bgdn. Mda. 33f.; SINGER Arzbg.Wb. 42.– S-55/21^b, 65O14, 84A14, 106F11, M-51/1,3, 60/15f., 63/25, 267/12, W-75/7, 112/6.

Abl.: *bretteln*, *bretten*^{1}, *brettern*^{1}, *brettern*^{2}, *-brettler*, *Brettling*.

Komp.: [**After**]b. Brett, über das das Abfallgetreide (→*After*) aus der Windfege läuft: °„das *Aftertroi* ist über das *Afterbretl* gekommen" Parsbg.

[**Alm**]b. Alm, Hochweide: „da von ihr aus ... das ganze *Almbrett* zu beschießen war" ALLERS-GANGHOFER Jägerb. 153.

[**Ärmel**]b. Ärmelbrett, OB, NB, OP vereinz.: *s Iamöbrött* Hengersbg DEG.
WBÖ III,916.– S-37C59.

[**Back**]b., [**Bach**]- Brett, auf dem man Brot gehen läßt, °OB, °NB vereinz.: *nachm Auswürken kimmts Brot ofs Bachbröt* Hfhegnenbg FFB; „Die ausgekugelten Laibe wurden in der Bauernstube auf die *Backbretter* gelegt" SAUER Arbeiten Bayer.Wd Abb.38; *2 Bachbretter* Alteglofshm R 1809 VHO 31 (1875) 179 (Inv.).
WBÖ III,913; Suddt.Wb. II,10.– DWB I,1063.– KOLLMER II,48,318.

[**Bahr**]b. wie →*B.*1b, OB, NB vereinz.: *Barbreda* Elbach MB; „Die *Bahrbretter* ... zu beschriften und sie dann als *Totenbretter* in der Flur aufzustellen" HALLER Glasmacherbrauch 155.
WBÖ III,913; Suddt.Wb. II,27.– Mhd.Wb. I,437.– M-51/2.

[**Schutz-balken**]b. Schutzbrett am Ortgang: *Schutzbalknbrötta* Rinchnach REG.

[**Barn**]b., [**Barm**]- (Brett der) Trennwand zw. Tenne u. übriger Scheune, °OB, NB, °MF vereinz.: *Boanbröda* Plattling DEG.– Zu →*Barn*^{2} 'dass.'.
WBÖ III,913; Schw.Id. V,905.– Frühnhd.Wb. III,16.

[**Pátschek**]b. Brett, mit dem beim →*Pátschek*, Bed.2 geschlagen wird: °*den Batschek mitm Batschekbretl wegschlong* Windischeschenbach NEW.

[**Christ-baum**]b. Dim. 1 Brett, auf das der Christbaum gesteckt wird: *Hast denn noch nie a Christbaumbrettl gsehn?* VALENTIN Werke II,143.– In Vergleichen *Hände / Füße* wie *C.-lein* u.ä. große Hände / Füße: °*Bratzn wie Christbaumbredl* Murnau WM; *Füaß hat s'wia Christbaumbredeln Und Händ akrat a so* SAILER Lach od. Stirb 292.– **2** übertr.– **2a** wie →*B.*1fζ: *Christbambredl* Pfeffenhsn ROL.– **2b** großer Fuß, Plattfuß, OB vereinz.: *unser Herrgott hot a Christbaumbrettl macha lassn!* Wasserburg.
WBÖ III,913; Suddt.Wb. III,8.

[**Beigen**]b. Trockenbrett für Käse: °*Beingbretta* OB.

[**Wind-bergen**]b. wie →[*Schutz-balken*]b., °OB vereinz.: °*de altn Wimpärnbretter san scho ganz dafeit* Lenggries TÖL.– Zu →[*Wind*]*berge* 'dass.'.

[**Bett**]b. **1** Brett des Bettgestells: *Bettbreed* Floß NEW; *Er loihnt de Bettbre(t)la aaf d' Seitn* SCHMIDT Säimal 101; *vil geyrn ... sassen auff sein pettprett* HARTLIEB Dial. 335,17f.– Spruch der Mädchen in der Andreasnacht: *Bedbred, i tritt di, heiliger Andreas, i bitt di, laoaß man earschein, den mein* Bärnau TIR SCHÖNWERTH Leseb. 157.– **2** Brett als Unterlage für Strohsack, Matratze u.ä. im Bett, °OB, NB, OP, OF, MF vereinz.: *Böttbrödl* Wurmannsquick EG; *tabula lecti ... betebr& [-bret]* Rgbg 10.Jh. StSG. IV,176,5.
WBÖ III,913; Schwäb.Wb. I,961; Schw.Id. V,905; Suddt. Wb. II,255.– ^{2}DWB V,21; Frühnhd.Wb. III,2040; Mhd.Wb. I,722; Ahd.Wb. I,937.– BRAUN Gr.Wb. 46f.; SINGER Arzbg. Wb. 34.

[**Pfannen**]b. **1** †Brett als Pfannenuntersetzer: *ein pfannenbrett* 1835 PURUCKER Auftragsb. 60.– **2** übertr.: *Pfannabrödl* „langer, dürrer Mensch" Iggensbach DEG.
WBÖ III,913; Schwäb.Wb. VI,1636.– DWB VII,1616.– S-96F19.

[**Pfetten**]b. **1** Zierbrett vor den Längsbalken am Ortgang, °OB, NB, °OP vereinz.: °*Pfettnbredl* „wird zur Verzierung auf das vorstehende Ende der Pfette genagelt" Dachau; „Verzierungen im Giebeldreieck ... *Pfettenbretter*" LA BJV 1999, 24.– Abb. s. [*Form*]*blatt*.– **2** wie →[*Schutzbalken*]b., °OB, °MF vereinz.: °*Pfettnbrela* Abenbg SC.

[**Pflug**]b. Streichbrett am Pflug, NB, MF vereinz.: *Pfluabröd* St.Oswald GRA.
WBÖ III,913; Suddt.Wb. II,325.– DWB VII,1778.

†[**Biet**]b. Brett für den Boden der Kelter (→*Biet*²): *wir haben chauft ... iij Piet Pretter* 1410 Stadtarch. Rgbg Cam. 7, fol. 89ᵛ.
DWB II,4.

[**Bleu**]b. Bleuel, °OB vereinz.: *Bluibretl* „zum Wäscheklopfen" Staudach (Achental) TS.

[**Boden**]b. **1** Fußbodenbrett, OB, OP, MF, SCH mehrf., NB vereinz.: *Buanbred* Meiersrth TIR; *D'Buunbreeda woan àassagrissn* LODES Huuza güi 31.– **2** Brett als untere Fläche, Unterseite, °OB, °NB mehrf., °OP, °MF, SCH vereinz.: *en Miatzn s Bombrör rainenga* „im Bienenstock" Mittich GRI; *s Buanbrett* „beim Leiterwagen" Naabdemenrth NEW; *die boten bretter a 5 fl* 1845 PURUCKER Auftragsb. 131; *a Heiloitan ... und a poar Bodnbreda drauf* St. Englmar BOG VHN 93 (1967) 68.– **3** Lauffläche der Kegelbahn: *Bonbret* Hauzenstein R.– **4** Brett zum Befahren: °*Bombrettln* „im Torfstich" Reit i.W. TS.
WBÖ III,913; Schwäb.Wb. I,1259, VI,1672; Schw.Id. V,904f.; Suddt.Wb. II,493.– DWB II,214; Frühnhd.Wb. IV,719.– S-71C11, 73B20, M-97/15.

Mehrfachkomp.: [**Fuß-boden**]b. wie →[*Boden*]-b.1, °MF mehrf., OB, NB, OP vereinz.: *Fuaßbodnbrött* Röhrnbach WOS; *dös how i glei aa'tauscht für ... Foußbua'nbredla* Wir am Steinwald 4 (1996) 45.
DWB IV,1,1,1015.

[**Bögel**]b., [**Bügel**]- **1** Bügelbrett, °OB, °NB, °OP mehrf., °MF vereinz.: °*due s Böglbreed hea!* Rgbg; *Moußt du öitza daa Büglbreet unbedingt daou vorn Fernseher aafstölln?* SCHEMM Neie Deas-Gsch. 68.– Im Vergleich (*als*) *wie ein B.* sehr dünn, mager, flach, °OB, °NB vereinz.: °*de schaugt aus ais wia a Büglbrettl* Tölz.– **2** übertr. wie →*B.*1fθ: „dürre, asthenische Frau ... *Bügelbrett*" Wdmünchn. Heimatbote 20 (1989) 24.
WBÖ III,913; Suddt.Wb. II,716.– BRAUN Gr.Wb. 71; KILGERT Gloss.Ratisbonense 48.– S-37C59.

[**Pritsch(en)**]b. Brett zum Festklopfen der Mistfuhre, °OP vereinz.: *Britschbrett* Ödmiesbach OVI.
Suddt.Wb. II,632.– DWB VII,2134.

[**Brot**]b. wie →[*Back*]b., OB, NB, OP vereinz.: *Bråudbröda* Iggensbach DEG; *broudbrēd*

Wellhm EIH nach SBS X,434; *In ainer ... Camer ... 2 Brot Pretter* Wasserburg 1592 Heimat am Inn 8 (1988) 161 (Inv.).
WBÖ III,913; Suddt.Wb. II,646.– Frühnhd.Wb. IV,1206.– Spr.Rupertiwinkel 10.– S-29B56, 75C13.

[**Bruck(en)**]b. Querbrett einer Holzbrücke, OB, NB, °OP, OF, MF vereinz.: *Brucknbretta* Kochel TÖL; *Die Donaubrucken soll 14 Joch, und jedes Bruckbrett 14' haben* Kelhm 1335 VHN 9 (1863) 221.
Suddt.Wb. II,658.

[**Bühn**]b. wie →[*Boden*]b.1, °NB, °OP vereinz.: *Biebrödt* Neukchn KÖZ.
Suddt.Wb. II,718.

[**Pul(t)**]b., Pult, →*Pulpit*.

†[**Pumper**]b. Brett, mit dem in der →[*Pumper*]-mette an die Kirchenbänke geschlagen wird: „in den Kirchenrechnungen von Erding 1600 *ein pumperbret*" BJV 1956,87.

[**Butter**]b.: *Butterbrett* Model zum Formen der Butterlaibe Thalkchn FS.
Suddt.Wb. II,775.

[**Putz**]b. **1** Reibebrett, NB, °MF vereinz.: *Butzbrett* Meckenhsn HIP.– Im Vergleich: *Händ wia a Putzbröttl* „kräftige Hände" Passau.– **2** Brett als Unterlage beim Reinigen: *Butzbrödl* „beim Säubern der Ausrüstung" ebd; „zum Besteckputzen ... *das Putzbrett*" CHRIST Werke 153 (Erinnerungen); „die soldatischen Betten ... samt *Putzbrettl*" CH. LANKES, München als Garnison im 19. Jh., Berlin 1993, 218.– **3** übertr.– **3a** wie →*B.*1fζ: *Butzbrödl* Passau.– **3b** wie →[*Christbaum*]b.2b: *Putzbretl* Plattfuß ebd.– **3c** Tschapka: *Putzbrettel* P. HORN, Die dt. Soldatenspr., Gießen 1905, 68.

†[**Tafel**]b., [-ä-]- dünnes Brett: *die haben ir antburt auf 1 taflpret geschriben mit kreiden* 1478 Urk.Juden Rgbg. 165; *ein jedes Bret/ es sey Riembling/ gemein oder Taflbreter* Landr. 1616 764.
SCHMELLER I,587, 660.– Schw.Id. V,910.– DWB XI,1,1,18; LEXER HWb. II,1410.

[**Tasch**]b. wie →[*Pritsch(en)*]b.: *Taschbröttl* Passau.– Zu →*taschen* 'schlagen'.

[Dung]brett

[Hand-taschen]b.: °*Handdaschnbrödl* „Unterlage zum Trocknen von handgemachten *Dachtaschen* (Dachziegeln)" Rattenbg BOG.

[Tatzen]b. Gegenstand zum Tatzengeben: *s Tatznbrettl* „Lineal, mit dem der Lehrer zur Strafe *Tatzen* verabreicht" Wasserburg; *Tatz·nbrédl·* SCHMELLER I,372.

SCHMELLER I,372.– WBÖ III,914.– S-33C11ᵃ.

[Deck]b. 1 Deckbrett, OB, SCH vereinz.: *Deckbretter* O'audf RO; *Operimen ... dik pret* Indersdf DAH 1419 Voc.ex quo 1826.– 2 wie →[Pfetten]b.1, °NB vereinz.: °*Deckbrettl* Pfarrkchn.

WBÖ III,914; Suddt.Wb. III,123.

[Deckel]b.: *deikabrēd* „Deckelbord, Wandleiste zum Aufbewahren der Topfdeckel" LECHNER Rehling 172.

Suddt.Wb. III,124.– DWB II,887.– CHRISTL Aichacher Wb. 64; LECHNER Rehling 172.

[Teig]b. wie →[Back]b., OB, NB vereinz.: *s Doagbröd* Mittich GRI; *VII taichpreter* PIENDL Hab und Gut 210; *11 Taigpredt* Grafenau 1679 BJV 1956,12 (Inv.).

WBÖ III,914; Schw.Id. V,910; Suddt.Wb. III,136.– Frühnhd.Wb.V,375; LEXER HWb. II,1414.– M-69/36.

[Teller]b. 1 Wandbrett für Geschirr: *Döi:jâ:bredd* [Ef.] CHRISTL Aichacher Wb. 68.– 2 wie →*B*.4a: °*Tellerbretl* Wollomoos AIC; „gesottenes Rindfleisch, das man ... auf dem Holzteller (*dem Tellerbrett*) zu schneiden und zu speisen pflegt" BEKH Richtiges Bayer. 69.

SCHMELLER I,598.– Suddt.Wb. III,144.– DWB XI,1,1,240; LEXER HWb. II,1419.– CHRISTL Aichacher Wb. 68; LECHNER Rehling 296.– S-92C28.

[Tenn]b. 1 Bodenbrett der Tenne, °OB, °NB vereinz.: °*Teenbretter* Kötzting.– 2 wie →[Barn]b., °NB vereinz.: *Dennbreta* Prienbach PAN.

WBÖ III,914.

[Theater]b. wie →*B*.6, in Ra.: *den hauts bald übers Theaterbrettl abi* „der stirbt bald" Tyrlaching LF.– Übertr. Theaterspiel: „Weihnachtsfeier ... und *Theaterbrettl*" Sulzemoos DAH SZ Dachau 68 (2012) Nr.295,R12.

[Dörrt]b. Brett zum Dörren von Obst: °*Diuchtbreda* „in der Dörrkammer" Weildf LF.

WBÖ III,914; Schw.Id.V,910.– DWB II,1301.

[Toten]b. Totenbrett, °Gesamtgeb. vielf.: *s Toattabröt* Peiting SOG; *afn Dåunbröd ling* Aicha PA; *Tounbreda* „wurden über das Bett gelegt und der Tote darauf aufgebahrt" Ödwaldhsn TIR; *In der Pest hånd dë erschtn „Toutnbrëdl" hi'kämmä* HALLER Frauenauer Sagen 110; „an die Wege und Stege setzt man das *Todtenbrett*" Bay.Wald SCHLICHT Bayer.Ld 504.

Sachl., Vkde: Die Verstorbenen wurden daheim auf dem *T*. aufgebahrt. *T.er* wurden im Gesamtgeb. mit Namen, Alter, Sterbedatum des Toten u. oft mit einem Sinnspruch beschriftet u. senkrecht, seltener waagrecht (OB, OP, OF) aufgestellt an viel begangenen Wegen, in der Nähe von Feldkreuzen, an Kapellen od. Friedhofsmauern (M; TIR). Auch wurden sie an Bäume, Zäune u. Scheunen (OB, NB) genagelt od. als Stege über Bäche u. Gräben gelegt (OP; OB, NB HUBER Totenbretter 38). Meist wurden die *T.er* mit Farbe gestrichen, „bei Verheirateten schwarz, bei Unverheirateten grün, bei Kindern weiß" O'bergkchn MÜ. „Ist ein *Totenbrett* verfault, wurde es nicht mehr hergerichtet, da ... nun die Seele des Verstorbenen erlöst war" KREUZER Rinchnachmündt 36, ähnlich KEM. Wer auf ein *T*. „tritt, bekommt Fußweh" OP Zwiebelturm 4 (1949) 253.– Lit.: H. FÄHNRICH, Totenbretter in der nördl. Opf., Tirschenreuth 1988; R. HALLER, Totenbretter, Grafenau 1990; HUBER Totenbretter.

SCHMELLER I,632.– WBÖ III,914f.; Schwäb.Wb. II,293; Schw.Id. V,910; Suddt.Wb. III,272.– DWB XI,1,1,599.– CHRISTL Aichacher Wb. 39; HELM Mda.Bgdn.Ld 50; Spr. Rupertiwinkel 23.– S-55/83, 106E26, M-4/23, 51/2, 4-7, 76/18-22, 77/6f., 135/3-6.

[Tret]b. Pedal: *Dreddbredl* Trittbrett am Spinnrad OB; *in der Singstund a Stinkbombm unter die Tretbree(t)la von Harmonium glegt* SCHEMM Internist 73.

WBÖ III,915; Suddt.Wb. III,361.– DWB XI,1,2,182.

[Tritt]b. 1 Trittbrett, OB, NB, OP, SCH vereinz.: *Triebreet* Kochel TÖL; *wia soll denn der Schuah am Trittbrettl liegn* Oberpfälzer Heimatspiegel 37 (2013) 183.– 2 wie →[Tret]b., Gesamtgeb. vereinz.: *Trittbrödl* Trittbrett am Spinnrad Dommelstadl PA.– 3 Türschwelle: *drĩdbrēl* Schönkch TIR nach BRAUN Egerld 109.

WBÖ III,915; Schw.Id. V,910; Suddt.Wb. III,382f.– DWB XI,1,2,689.– BRAUN Gr.Wb. 674.– S-105A142, M-260/4.

[Truh(en)]b. 1 †Brett best. Größe: *ein Truchenbret 18. Zoll* Mchn Kurfürstliche Bauordnung vom 22.10.1769[,3].– 2 Sargbrett: *druchbreda* OP HUBER Totenbretter 21.

SCHMELLER I,660.

[Dung]b. Seitenbrett am Mistwagen, OB, NB, OP vereinz.: *s Dummbreed* Wildenrth NEW; *tuŋbreⁱdr* Dünzelbach FFB nach SBS XIII,323;

[*Dung*]brett

„15 zweispanige mit *Dungbrettern* zum Beschütt führen versehene Wägen" Alteneglofshm R 1809 V HO 31 (1875) 149.

WBÖ III,915 f.; Suddt.Wb. III,459.– BRAUN Gr.Wb. 107.– S-80D2.

[**Tür**]**b. 1** wie →[*Tritt*]*b.*3: *Türbrettl* Kchbg VOF; *dī̬əbrēl* Wunsiedel nach BRAUN Egerld 109.– **2** Brett einer Brettertür: „durch ein Loch im *Türbrett*" SINGER Vkde Fichtelgeb. 12.

[**Tusch**]**b.** wie →[*Pritsch(en)*]*b*., OB, NB, OP vereinz.: *Duschbröd* St. Oswald GRA.– Schnaderhüpfel: °*an da Kathl ihran Fenza is a Tuschbredl dro, wann nao da Hans kummt, daß a oirutschn ko* Hohenburg AM.

†[**Eß**]**b.** wie →*B.*4a: *E'ssbrédál·* „hölzerner Teller zum Essen" südl.OB SCHMELLER I,372.

SCHMELLER I,372.– Suddt.Wb. III,763.

†[**Estrich**]**b.** wie →[*Boden*]*b.*1: *Newmair hat 2 Gefäß* [Ladungen] *Esterreich Preter gefürt zu der Kirchen* 1450 Frsg.Dom-Custos-Rechnungen I,54.

Suddt.Wb. III,771.

[**Fahr**]**b.** wie →[*Boden*]*b.*4, OB, °OP vereinz.: *Fahrbrett* „im Moor" Tutzing STA.

Suddt.Wb. IV,15 f.– M-289/9.

[**Mühl-fahr(en)**]**b.** Spielbrett für Mühle, OB, OP vereinz.: *Muifahrnbrettl* Milbertshfn M.

[**Fall(en)**]**b.** Schoßbrett: *Foinbredda* Staudach (Achental) TS; „In der ... Wasserdämmung ist das *Folbred*" WINKLER Heimatspr. 77.

WBÖ III,916; Schw.Id.V,900.– DWB III,1276.

[**Falz**]**b.**, [-ä-]-, [**Pfalz**]- **1** gefalztes od. zum Falzen geeignetes Brett, OB, NB, OP vereinz.: *Pfoizbröd* Arrach KÖZ; *eine neue garten Tühr gemacht von falzbrettern* 1848 PURUCKER Auftragsb. 163; *vaidsbrēd* Perasdf BOG nach SNiB VI,316; *mer im vmb I c X felzpretter zu XI d* Ingolstadt 1489 Sammelbl.HV.Ingolstadt 99 (1990) 178 (Rechnung); „ein Wasserkasten ... bestehend aus *Veuchten* [fichtenen] *Falz pretern*" Mchn 1731 HIERL-DERONCO Lust zu bauen 192.– **2** übertr. wie →*B.*1fβ: *der macht Falzbretter* „schneidet den Rettich in dicke Scheiben" Endlhsn WOR.

SCHMELLER I,660, 716 f.– Schwäb.Wb. II,937.– DWB III, 1303.

[**Wind-fang**]**b.** wie →[*Schutz-balken*]*b*., °OB, °NB vereinz.: °*Windfangbrettl* Pliening EBE.

[**Fenster**]**b. 1** Fensterbrett, °OB mehrf., °NB, °OP vereinz.: *s Fenstabrör awischn* Mittich GRI; *D' Katz sitzt aufm Fenstabredl* BINDER Bayr. 59; *7 Stik Neue fenster bret gemacht* 1829 PURUCKER Auftragsb. 40.– **2** übertr. wie →*B.*1fζ: *Fensterbrettl* übergroße Hände Aibling.

WBÖ III,916; Schwäb.Wb. II,1054; Schw.Id. V,900; Suddt. Wb. IV,108.– ²DWB IX,339 f.; LEXER HWb. III,66.– BRAUN Gr.Wb. 64, 132; KILGERT Gloss.Ratisbonense 48.– S-93L11.

[**Fickel**]**b.** wie →[*Mühl-fahr(en)*]*b.*: *Ficklbrett* Dingolfing.– Zu →*fickeln* 'Mühle spielen'.

[**First**]**b.** wie →[*Schutz-balken*]*b*., °OB, °NB vereinz.: °*Firstbretta san verfault* Heilbrunn TÖL.

[**Flachs**]**b.** Flachshechel: °*Flachsbrettl* (Ef.) Brunnen SOB.

[**Fleisch**]**b.** Schneidebrett für Fleisch, °OB, °NB, °OP, °SCH vereinz.: *Fleischbredl* Penzbg WM.

WBÖ III,916; Schw.Id.V,900.– S-96F36.

†[**Floß**]**b.**, [**Flöß**]- Brett, das geflößt wird: „1861 wurden in Thiersheim [WUN] 'sog. *Flosbretter* oder *Ausschuß*- oder *Büttnerbretter*' entwendet" SINGER Schacht 120; *den lesten maii zalten wir ... vmb 4 fleß preter Ainen p. 1 gldn 1 β* 1565 Stadtarch. Rosenhm Abt. B/A Nr. 9, 57 (Rechnung).

[**Form**]**b. 1** Brett am Ortgang.– **1a** wie →[*Schutzbalken*]*b*., °OB, °NB vereinz.: °*Furmbreet* „am Giebel zum Schutz gegen Regen und Wind" Geiselhöring MAL.– **1b** wie →[*Pfetten*]*b.*1, °OB, °NB, °OP vereinz.: °*Furmbrettl* Schleching TS; „An den Giebeln ragt das *Formbrett* des Firstbaumes ... in Gestalt eines Kreuzes empor" Leizachtal 205.– **2**: *Fuambröttln* „Bretter zum Formen von Ziegeln" Hengersbg DEG.

DWB III,1900.– SOJER Ruhpoldinger Mda. 15.

[**Für**]**b. 1** †Brett an der Schmalseite des Wagens: *II fúrpreter* PIENDL Hab und Gut 207.– **2** wie →[*Pfetten*]*b.*1: °*Firbrettl* Hirnsbg RO.

Suddt.Wb. IV,412 (Vor-).– DWB XII,2,932 (Vor-); Spätma. Wortsch. 347.

[**Fuß**]**b. 1** wie →[*Tret*]*b*., OB, OP vereinz.: *Fuaßbredl* Trittbrett am Spinnrad OB.– **2** Fußbrett zw. den Tischbeinen, OB, NB, OP vereinz.: *Fousbrödl* Klinglbach BOG; *De Tisch, do gengant d'*

Fejß a weng schej(l) ... und intn is a Foußbrettl KÖZ BJV 1952,31.– **3** Brett am Fußende des Betts, NB vereinz.: *Faouhsbröd* Gotteszell VIT.– **4** wie →[*Boden*]*b.*1, OP, MF vereinz.: *Foußbrēt* Pommelsbrunn HEB.– **5**: *s Foußbreet* "Fußrücken" SINGER Arzbg.Wb. 67.

WBÖ III,916; Schw.Id. V,900; Suddt.Wb. IV,529.– DWB IV,1,1,1017.– SINGER Arzbg.Wb. 67.– S-80B80.

[**Gärb**]**b.** wie →[*Back*]*b.*: *Garbbretta* Partenkchn GAP.– Zu →*Gärbe* 'dass.'.

WBÖ III,916; Suddt.Wb. IV,573.

[**Garben**]**b.** wie →[*Barn*]*b.*, °OB, °NB, °MF vereinz.: °*Garmbrett* "ca. ein Meter hohe Brüstung zwischen Tenne und Getreidestock" O'bergkchn MÜ.

[**Herr-gott**]**b.** wohl Kruzifix, in Ra.: *hokti glei afs Herchatbredl affi* "mißbilligender Spruch, wenn einer mit den Schuhen auf Stühlen und Bänken sitzt" Beratzhsn PAR.

[**Grieß**]**b. 1** Brett zw. Kipf- u. Achsstock, °OB, SCH vereinz.: *s Griaßbrött* Hohenpeißenbg SOG; *griasbreid* nach LECHNER Übergangsgeb. 63; *Grießprett od' rung. trocia* Voc.Teutonico-Latinus m.viii[r].– **2** †: *Das Grießbrett* "Brett am Pflug, neben dem *Moltbrett*" PAF SCHMELLER I,1012.– **3** †wohl wie →[*Fall(en)*]*b.*: *da der Mitlbach aus dem rechten Floßbach daselb heraus über das Grießbrett fält* Mchn 1505 LORI Lechrain II,245.

SCHMELLER I,1012.– Schwäb.Wb. III,831; Schw.Id. V,901.– DWB IV,1,6,280; Frühnhd.Wb. VII,404; LEXER HWb. I, 1080.

[**Gunkel**]**b.**: °*Gungglbrödl* "Brett mit eingesetzten Holzstiften zum Anbauen der *Gunkeln* (Runkelrüben)" Rattenbg BOG.

[**Güß**]**b.** wie →[*Fall(en)*]*b.*: "Wenn das Wasser im Weiher zu hoch wird, muß das *Gisbrett* ... auf sein, damit es wieder abläuft" WINKLER Heimatspr. 77; *Die saw ... Stieß mit dem rüsl auffs güßpret in* SACHS Werke XVII,461,21-31.

SCHMELLER I,951.

[**Haar**]**b.**: °*s bomige und s häige Harbredl* "unterer und oberer Teil der Flachsbreche" Bruckmühl AIB.– Zu →*Haar* 'Flachs'.

[**Haars**]**b.**: *Hauasprehtl* "Brettlein zum Aufstecken der Haare" Parkstein NEW.

[**Hack**]**b. 1** Hackbrett in der Küche, OB, NB, °OP vereinz.: *Hakkbreed* "zum Wiegen, Fleischhacken und Wursten" Fürnrd SUL; *ein Hackbret von harten Holz* 1845 PURUCKER Auftragsb. 131; *Ein Hackhpreth samt 2 Hackmesser* Lungham RO 1590 Heimat am Inn 8 (1988) 223.– Im Vergleich: *der hāt a Ksicht wiara Hackbrättl* "mit Schmissen" Ingolstadt.– **2** Hackbrett, Musikinstrument: *Hackbredl* Anzing EBE; "Keine Stubenmusik ohne das *Hackbrett* mit seinem ... rauschenden Klang" AIBLINGER bayer.Leben 231; *daß er ... geigen und auf dem Hackbretl spihlen kan* Landstreicherord. 2.

WBÖ III,916 f.; Schwäb.Wb. III,1010 f.; Schw.Id. V,901 f.; Suddt.Wb. V,15.– DWB IV,2,99; LEXER HWb. I,1137; WMU 783.– CHRISTL Aichacher Wb. 80.– S-96F35, W-110/39.

†[**Hacker**]**b.** wie →[*Hack*]*b.*2: *Und das Hackabret'l Und die Pfeifaschweg'l, Und 'n Dud'lsack den bringts mar a* Gedichte u. Lieder in versch. dt. Mda., hg. von J. GÜNTHER, Jena 1841, 163.

WBÖ III,916 f.

[**Hafen**]**b.** dickes Brett, auf dem der glühende Schmelzhafen zum Glasofen getragen wird, fachsprl.: *Håferbrēdl ... à stoarks* "Brēd", *damit's nït durchbricht, wenn mà d' Hâfer âáfträgt* REG HALLER Frauenauer Sagen 135.– Ra.: *Heut sitzt d'Katz wieder am Haferbredl* "der ist mit seiner Frau zerstritten! Oder: Heute hat unser Meister einen schlechten Tag!" HALLER Glasmacherbrauch 78.

Schwäb.Wb. III,1021 f.; Suddt.Wb. V,28.

[**Hennen**]**b.** wohl Kotbrett unter der Hühnerstange: "Wenn man in Rötz [WÜM] den wissenden Kindern mit dem Nikolaus droht, sagen sie darauf: *Niglo, Niglo, lecks Hennabredl o!*" SCHÖNWERTH Leseb. 161.

[**Hetschen**]**b.** Brett als Wippe: *Hetschabrel* Wdmünchen.

[**Hirn**]**b. 1** wie →*B.*5, °OB, °NB vereinz.: *s Hirnbrödl* Asenkfn MAL; *hianbrēdl* Enghsn FS nach SOB V,37.– **2** wie →[*Pfetten*]*b.*1, OB, NB, OP vereinz.: *Hirnbrett* Naabdemenrth NEW; *Hianbredl* "Abschlussbrettchen an Pfettenstirn" Spr.Rupertiwinkel 22.– **3** übertr.– **3a** Stirn, OB vereinz.: *Hirnbredl* Bernau RO.– **3b**: °*der is a Hirnbrettl* "einer, der dummes Zeug redet" Reit i.W. TS.

WBÖ III,917.– Spr.Rupertiwinkel 22.– S-93N39, 106F65.

[*Höll*]brett

[**Höll**]b. Brett zw. Ofen u. Wand, °OP vereinz.: *Höllbred* „zum Trocknen von Holz" Stadlern OVI.
S-92D26.

[**Hutsch(en)**]b. 1 Brett der Hängeschaukel, °OB, NB vereinz.: °*Hutschbredl* Grafing EBE.– 2 wie →[*Hetschen*]b.: *Hutschabrett* Pfakfn R.

[**Kaffee**]b. Tablett für Kaffeegeschirr, OB, MF vereinz.: *Kaffeebred* Kreuth MB.
Schwäb.Wb. IV,144; Schw.Id. V,902.– DWB V,22.

[**Kamm**]b. Brett mit Löchern für die Kettfäden im Webstuhl, fachsprl.: „zwei feststellbare Wellen ... von denen durch Schlitze und Löcher eines harthölzernen *Kammbretts* ... Garnfäden weggeleitet werden" SINGER Vkde Fichtelgeb. 146.

[**Kandel**]b. wie →[*Teller*]b.1, OP vereinz.: *Kannlbrett* M'rteich TIR; *Kanlbred* „offen an der Wand hängender Rahmen für Teller, Tassen und Kannen" KONRAD nördl.Opf. 25; *Das Kandelbrett* OP SCHMELLER I,1253; *zwej Kandlbret* Arzbg WUN 1518 SINGER Vkde Fichtelgeb. 26.
SCHMELLER I,1253.– DWB V,159; LEXER HWb. I,1509.– BRAUN Gr.Wb. 299; KONRAD nördl.Opf. 25.– S-96G28.

†[**Kar**]b. wie →[*Biet*]b.: *so hab wir chavfft viij charpreter* um 1400 Stadtarch. Rgbg Cam. 2b, fol.3ʳ.

[**Käse**]b. wie →[*Beigen*]b., OB, °NB vereinz.: *Kaasbreedla* Kochel TÖL.
Schwäb.Wb. VI,2271.– Frühnhd.Wb. VIII,661.

†[**Kerzen**]b. Brett, auf das eine Kerze gesteckt wird: *In der pfister* [Bäckerei] ... *14 kerzen pretl* Rain SR 1547 Rgbg u.Ostb. 125 (Inv.).
WBÖ III,917.– Frühnhd.Wb. VIII,826.

†[**Kistler**]b. Brett für Kistlerarbeit: „So hatte ... nach einer Baurechnung von 1543/44 ein ... Floßmann von Kiefersfelden ... 923 *Kistlerbretter* ... nach Wasserburg am Inn geliefert" Chron.Kiefersfdn 140; *95 Kistlerbretter* Tölz 1753 BJV 1982,81 (Inv.).

†[**Koll**]b.: „*Kollpreder zur machung der Pöden in den Schöffen* ... Unterbodenbretter für Flußlastkähne" Mchn 1.H.18.Jh. HIERL-DERONCO Lust zu bauen 189.– Zu mhd. *kollen*, Nebenf. von →*quellen*?

[**Kopf**]b. 1 Brett am Kopfende des Betts, NB vereinz.: *Kopfbröt* Rudelzhsn MAI.– 2 Brett an der Vorderseite des Wagens: *khōbvbrēda* Karlsbach WOS nach SNiB VI,100.– 3 wie →[*Pfetten*]b.1, °OB, NB vereinz.: °*Kopfbrettl* Uffing WM.
WBÖ III,917.– DWB V,1771.

Mehrfachkomp.: [**Für-kopf**]b., [**Vor-**]- wie →[*Pfetten*]b.1, °OB, °NB, OP vereinz.: °*Vürkopfbrettl* Kchdf AIB.

[**Kraut**]b. Brett zum Abdecken des Krauts im Faß: *Krautbröttl* Hengersbg DEG; *wie man d' Welt ... auf ein Krautbrettl ... hinzaubern kann* CHRIST Werke 381 (M. Bichler).
WBÖ III,917; Schwäb.Wb. VI,2366; Schw.Id. V,903.

[**Kuchen**]b.¹: *Kuchabredl* „Brett zum Auflegen der Scheite in der Küche" (Ef.) Floß NEW.
Schw.Id. V,902.– DWB V,2501.

[**Kuchen**]b.², [**Küchlein**]- 1 Brett, Unterlage für Kuchen: °*aaf die Kouchabredla* (quadratisch zugeschnittene Pappe) *hout ma haaptsächli an Kirwakouchn aafghuam* Windischeschenbach NEW; *Kouchabre(t)la* SINGER Vkde Fichtelgeb. 172.– Im Vergleich: *Bauanlaab, sua graouß wöi a Kouchabredl* Wäldern NEW Wir am Steinwald 3 (1995) 140.– 2: °*Käichlbreedl* „Brett, auf das die Krapfen zum Gehen gelegt werden" Thierstein WUN.
Schwäb.Wb. IV,810; Schw.Id. V,902.– DWB V,2501.– BRAUN Gr.Wb. 310.

[**Kugel**]b. wie →[*Boden*]b.3, OB, MF vereinz.: *Kuglbreet* Eckenhaid LAU.
WBÖ III,917.

[**Lamentier**]b.: alts *Lamatierbre(t)l* „wehleidige, klagsame Person" SINGER Arzbg.Wb. 135.
DENZ Windisch-Eschenbach 190; SINGER Arzbg.Wb. 135.

[**Lauch**]b., †[**Laug**]-, †[**Laub**]- wie →[*Fall(en)*]-b.: *Lauhbröda* Marschall MB; *ain grossen Khorb bey der Burgermül gemacht vnnd Laubpreder zum Rinnwerch* 1578 Stadtarch. Rosenhm Abt. B/A Nr.20,98 (Rechnung).– Zu →*Lauch* 'dass.'.
WBÖ III,917.

[**Lauf**]b. Brett, auf dem man geht, OB, NB vereinz.: *Laufbrett* „um am Zug entlanggehen zu können" Mchn.
WBÖ III,917.– DWB VI,313.– S-45B26.

[**Leber**]**b.** wie →[*Hack*]*b*.1, OB, NB vereinz.: *Lewabreddln* „zum Verwiegen von Fleisch" Staudach (Achental) TS; „Ein *Leberbrett* und ein *Leberhackl* (Wiegemesser)" CH. LANKES, München als Garnison im 19. Jh., Berlin 1993, 72.

[**Leg**]**b. 1** wie →[*Bruck(en)*]*b*.: *Legbretter* Waidhfn SOB.– **2** †: *Das Legbret* „Brett, das nach der Beerdigung an den Grabhügel gelehnt wird, und worauf gewöhnlich ein Kreuz, die Jahrzahl und die Anfangsbuchstaben vom Namen des Beerdigten gemalt sind" SCHMELLER I,1454.
SCHMELLER I,1454.– DWB VI,518.

[**Ge-leget**]**b.** wie →[*Bruck(en)*]*b*.: °*Glegatbredda* Thanning WOR.

[**Leich(en)**]**b.** wie →[*Toten*]*b*.: „*Totenbrett* ... außerdem ... *Leichbrett* oder *Leichenbrett*" BHV 4 (1917) 152; *das Leichbrett an der Kellertür leinend* Penzenrth ESB nach 1787 SINGER Totenbrauchtum 4.
WBÖ III,917; Schw.Id. V,903.

[**Leid**]**b.** dass., OP vereinz.: *Loidbretta* Wernbg NAB.

[**Leit**]**b.** wie →[*Bruck(en)*]*b*., OB, OP vereinz.: *Loitbretta* O'lind VOH.
Frühnhd.Wb. IX,1,932.– S-106D33, M-86/18.

Mehrfachkomp.: [**Ge-leit**]**b.** wie →[*Pfetten*]*b*.1: *Gloadbrettl* Pfarrkchn.

[**Loch**]**b.** Brett mit Löchern im Rührbutterfaß, OB, NB vereinz.: *s Lobrödl* Wassing VIB.

Mehrfachkomp.: [**Ofen-loch**]**b.** Brett, Platte zum Abdecken des Ofenlochs: *Ofalohbröd* Haidmühle WOS; *Ofenloch Prödt* Wasserburg 1752 HABEL Inventur 302.

†[**Lotter**]**b.** wie →[*Höll*]*b*.: „nach dem Ofen kommt ein an der Mauer angebrachtes 1½ - 2′ breites Brett (*Lotterbrett* ...), welches den Leuten ... als Ruheplatz ... dient" MAI 1860 WIDMANN Holledauer 33.

[**Ludel**]**b.** →[*Nudel*]*b*.

[**Mahl**]**b.** wie →[*Grieß*]*b*.1: *Moölbreed* Derching FDB.

[**Malter**]**b.**: °*Mötabred* „flaches, wannenartiges Tragbrett" Erling STA.

[**Mang**]**b.** Brett zum Glätten der Wäsche, OP vereinz.: *Mångbreet* Schloppach TIR; „Die ... Wäsche wurde ... um die *Mangrolle* gewickelt und mit dem *Mangbrett* durch stetiges Hin- und Herrollen geplättet" Bay.Wald Niederbayer. Landwirtschaftsmuseum Regen, hg. von K. MOHR, H. BITSCH, München 1992, 49; „Sie legen *ein Mangbrett* schräg auf einen Schemmel" Wdau VOH SCHÖNWERTH Leseb. 127; *Mangbrett* Wunsiedel 1657 SINGER Vkde Fichtelgeb. 153.
WBÖ III,918.– DWB VI,1540; LEXER HWb. I,2029.– BRAUN Gr.Wb. 388.

[**Marter**]**b.** Zither: °*Mårtabreedl* Walpertskchn ED.

[**Maschen**]**b.**, [**Massen**]- Brett mit Schlingen zum Vogelfang, OB, NB vereinz.: *Maschnbredl* Walkertshfn DAH.

†[**Maut**]**b.** Brett als Sägelohn für die Sägerei: *Mauthbrett* ... *eines der beßten Mittelbretter* um 1840 Stadtarch. Landshut Landgericht ä.O. Mitterfels (Rep. 228/15) Nr. 1128.

[**Milch**]**b.** Dim., Brett zw. übereinandergestellten Milchschüsseln, °OB, NB vereinz.: °*Milchbrettln* Peißenbg WM; „Kerzlein ... werden ... auf einem *Milchbrettl* aufgesteckt" Leizachtal 222.– Im Vergleich: °*die is hintn und vorn grod wie a Millibrettl* „sehr mager" Sandizell SOB, ähnlich °MÜ;– in Ra.: °*vorn wia a Millibrettl, hint wia a Beichtzettl* Seeon TS, ähnlich °LF.
WBÖ III,918; Schwäb.Wb. IV,1668, VI,2569; Schw.Id. V,904.

[**Mist**]**b. 1** Brett zum Festklopfen der Mistfuhre.– **1a** wie →[*Pritsch(en)*]*b*., °OB, NB, OP vereinz.: *Misch priedschn mid an Mistbröd* Haidmühle WOS.– **1b** übertr. wie →*B*.1ζ: *a boa föstö Mistbrötl* „große Hände" Hengersbg DEG.– **2** wie →[*Dung*]*b*., OB, °NB, SCH vereinz.: *gea viari und ziach s Mischdbrejd nauf!* Mering FDB; *An Wagn mit drei Räda, dafeiti Mistbreda* Feichten AÖ Altb.Heimatp. 6 (1954) Nr.5,11; *II mislaitern vnd II mistpreter* PIENDL Hab und Gut 207.– Ra.: *dea hängt umanand wia a broches Mistbrettl* „er kränkelt" Tüßling AÖ.– **3**: *Mischtbreda* „Bretter auf dem Misthaufen, um den Mistkarren hinaufzufahren" Miesbach.
WBÖ III,918; Schwäb.Wb. IV,1693f., VI,2579.– DWB VI, 2268; Spätma.Wortsch. 206.– CHRISTL Aichacher Wb. 182.

[Molt]brett

[Molt]b., †**[Molter]**- Streichbrett am Pflug, °Gesamtgeb. vielf.: *Moibröd* Wendelskchn DGF; *s Mulbret* Naabdemenrth NEW; „das *Molbred*, welches die von der Pflugschar aufgeschnittene Erde seitwärts zu drücken hat" BRUNNER Heimatb.CHA 156; *Das Moltbrett, Molterbrett* SCHMELLER I,1594; *moltpret* Tegernsee MB 10.Jh. StSG. II,627,30; *Von ainem neuen Plech auf das Molprett zumachen ... 8 dn.* Pullach KEH 1657 HARTINGER Ordnungen III,451.– Übertr.: *Moibröd* „Streichbrett, mit dem der volle *Metzen* oder *Vierling* geebnet wurde" Höhenstadt PA.– Zu →*Molt*'Erde'.

SCHMELLER I,1594.– WBÖ III,918; Schwäb.Wb. IV,1733, 1801.– DWB VI,2477; LEXER HWb. I,2194; Gl.Wb. 421.– DENZ Windisch-Eschenbach 204; KOLLMER II,202; POELT-PEUKER Wb.Pöcking 23.– S-84B1, M-13/30.

[Mühl]b., **[Mühllein]**- 1 Spielbrett für Mühle, OB, NB, OP, MF vielf., SCH vereinz.: *Mühleibrett* G'höhenrain AIB; *Muibredl* Pfeffenhsn ROL.– Scherzv.: „*Mühlbrettl grod ro – Kathl bist o do* „wenn ein unansehnlich mageres Mädchen vorbeiging" SCHILLING Paargauer Wb. 114.– Spiel: *M. fahren* Mühle spielen, NB, OP vereinz.: *Mühlbreedl foahn* Wenzenbach R.– **2**: °*Mülbrettl* „Mehlschaufel" Frauenhfn MAL.
M-129/5.

†**[Noten]b.** Notenständer: „knallte ... einen Taler auf *das Notenbrettl*" Weiherhammer NEW Oberpfalz 61 (1973) 281; *aufs Arschester ein ganzes Notenbrett gemacht* 1834 PURUCKER Auftragsb. 58.

[Nudel]b., **[Ludel]**- 1 Nudelbrett, °Gesamtgeb. vielf.: °*hol amal s Nodlbrett rei!* Wettstetten IN; *da Toag kimmt aufs Nullbrött und wiad ausgmocht* Hengersbg DEG; *s Ludlbred oschom* Cham; „Von zwei Eiern, Mehl und etwas Salz wird auf einem *Nudelbrett* ein fester Teig gemacht" SCHANDRI Rgbg.Kochb. 3; *Aufs Noulbrejdd schdreed mar a Meal na* WÖLZMÜLLER Lechrainer 89; *machs aüff einen Nüdl pridt ... Daümen grosß aüs* PICKL Kochb.Veitin 184.– Im Vergleich: °*des Weibsbild is hint und vorn gleich wia a Nudlbrett* „sehr dünn" Schlehdf WM.– Ra.: *in dem Haus braucht ma koa Nudlbrett* „ist ein Glatzkopf" Wessobrunn WM.– **2** übertr. wie →B.1fε: *a Nudlbrett* „ebene Gegend" Fürstenfeldbruck.

WBÖ III,918; Schwäb.Wb. IV,2081, VI,2697.– DWB VII,976.– S-96F23, M-69/36, W-38/48.

[Ochsen]b. wie →*B*.5, °OB (v.a. FS) mehrf., °NB vereinz.: *Ochsnbrödl* Lichtenhaag VIB; *Das Ochsenbrettlein* „Stirnbrettchen am Zuggeschirr des Ochsen" SCHMELLER I,25; *okfnbrēl* O'hummel FS nach SOB V,37.– Ra.: °*den ghearad a Ochsnbrettl vors Hirn hibundn* „von einem dummen Menschen" Pfarrkchn.

SCHMELLER I,25.– DWB VII,1133.

[Ofen]b. 1 wie →*[Ofen-loch]b.*, NB, SCH vereinz.: *s Oufabred wird āugloaⁿd* Derching FDB; „während der Gast am Tische saß ... hüpfte der Staar hinterm *Ofenbrett* hervor" OP SCHÖPPNER Sagenb. III,279; „Strafen *wegen eines gehabt hilzernen Offen Brödts*" Wasserburg 1751 HABEL Inventur 304.– **2** wie →*[Back]b.*, NB vereinz.: *Ofabröda* Aicha PA.

Schwäb.Wb. V,42; Schw.Id. V,899f.– DWB VII,1158.

Mehrfachkomp.: **[Bach-ofen]b.** wie →*[Ofen-loch]b.*, OB, NB vereinz.: *Baofabred* „meist aus einer Doppellage von Brettern" Simbach PAN.

[Re]b., **[Rech]**- wie →*[Toten]b.*, OB, °NB, °OP vereinz.: °„in einem nahen Wald standen früher drei *Rebrätta*" Metten DEG; „Man legt den Gestorbenen ... auf ein Brett, *Rehbrett*" STEUB Hochland II 60; „Der alte Name *Rêbrett* ... im Bayerischen Wald" Zwiebelturm 4 (1949) 250.– Zu ahd. *hrêo*, mhd. *rê* 'Leichnam'.

WBÖ III,918f.; Schw.Id. V,906.– S-55/21ᵇ, M-4/23, 51/2, W-42/12.

[Reib]b. 1 wie →*[Putz]b*.1, °OB, °NB, °OP vereinz.: *s Reibbrödl* Hohenpeißenbg SOG; *4 reib bretlein zum Butzen* 1837 PURUCKER Auftragsb. 81; *Ain Reib prett* 1495 Stadtarch. Rgbg Inv. Michel, fol.3ᵛ.– **2** Waschbrett, OB, OP vereinz.: *Reibbrettl* Aichkchn PAR.– **3** Fahrzeugteil.– **3a** Querscheit, das die Deichselarme verbindet, °OB, °NB vereinz.: *Reibbredl* Ohu LA; *raipręth* Lechhsn A nach SBS XIII,261.– **3b** wie →*[Grieß]b*.1: °*Reibbrett* Pipinsrd DAH; *raibbred* Petersdf AIC nach SBS XIII,242.– **3c**: °*Reibbrett* „bewegliches Querholz des Schlittens unter der Ladung" Piding BGD.

WBÖ III,919; Schwäb.Wb. VI,2779; Schw.Id. V,906.– DWB VIII,562.– S-65B11.

[Reich]b.: °*Roachbrettl* „Holzteller mit Stiel" Aidenbach VOF.

[Reiß]b., †**[Reißen]**- Reißbrett, OB, NB, SCH vereinz.: *wo is des Reißbrett?* Haag WS; *Reißbree(tt'l* „Zeichenbrett" BRAUN Gr.Wb. 496; *ein* *bar reisen breder … gemacht* 1801 PURUCKER Auftragsb. 206; *1 Reispretlein* O'woltersgrün WUN 1586 BEDAL Ofen 343.

WBÖ III,919; Schwäb.Wb. V,281; Schw.Id. V,906.– DWB VIII,753.– BRAUN Gr.Wb. 496.– S-91C34.

[**Reit**]b.: *Reitbrettl* „am Holz-(Hand-)schlitten angebrachtes Sitzbrett für den Holzknecht" HELM Mda.Bgdn.Ld 186.

Schw.Id.V,907.

[**Ribel**]b. wie →[*Reib*]*b.*2, OB, °NB, OP, MF vereinz.: °*Riwöbrödl* Bierhütte WOS.

WBÖ III,919.

[**Rid**]b. wie →[*Grieß*]*b.*1: *rīdbreⁱd* Schöffelding LL nach SBS XIII,242.– Zu →*Rid* 'Kurve'.

[**Riffel**]b. Flachsriffel, NB vereinz.: *Riffibreet* Breitenbg WEG.

WBÖ III,919.

[**Ruhe**]b. wie →[*Toten*]*b.*: °*di Todn han af Rouhbreda glegt wordn* Schnaittenbach AM; „Totenbretter, auch *Ruhebretter* genannt, stehen in der kleinen Kapelle in Artlsöd [BOG]" Altb.Heimatp. 43 (1991) Nr.47,20.

[**Rühr**]b. wie →[*Loch*]*b.*: *Rührbrettl* U'haching M.

Schwäb.Wb.VI,2857.

[**Rumpel**]b. wie →[*Reib*]*b.*2: *Rumpibrett* Truchtlaching TS.

Schw.Id.V,906.

[**Ruß**]b. wie →[*Pfannen*]*b.*1: „das *Rußbrettl* wird an einen am Tischfuß eingeschlagenen Nagel gehängt" südl.OB Altb.Heimatp. 46 (1994) Nr. 4,21.– Übertr.: *Ruasbrettl* „dunkelfarbiges Gesicht" Berchtesgaden.

†[**Rüst**]b. Gerüstbrett: *I c XL rustbretter ze VIII d* Ingolstadt 1492 Sammelbl.HV.Ingolstadt 99 (1990) 187 (Rechnung).

WBÖ III,919; Schwäb.Wb.V,500.– DWB VIII,1543.

Mehrfachkomp.: [**Ge-rüst**]b. 1 dass., OB, NB, SCH vereinz.: *Grüschtbröda* Hohenpeißenbg SOG; *denen Zimmerleithen … Christprötter … aufziehen helffen* Zangbg MÜ 2.H.17.Jh. HIERL-DERONCO Lust zu bauen 43.– **2** wie →[*Bruck(en)*]*b.*: °*Gristbretter* Vilzing CHA.

Schwäb.Wb.VI,2017.

[**Rutsch**]b. **1** wie →[*Toten*]*b.*, °OB, °OP vereinz.: °*Rutschpreed* Todtenweis AIC; „Totenbrett … *Rutschbrett*" Murnau Zwiebelturm 4 (1949) 250.– Ra.: °*mei Vata is scho noogrutscht auf'm Rutschbrettl* „ist gestorben" Wildenroth FFB.– **2** Pl., Dim., wie →*B.*3, OB, NB, MF vereinz.: *Rutschbredl fahrn* Pollenfd EIH.

WBÖ III,919.– W-42/12.

†[**Sack**]b. löchriges Seitenbrett der Kelter: *hat chavft xviij poting vnd xiij sakchpreter* 1403/ 1404 Stadtarch. Rgbg Cam. 6, fol.69ᵛ; „die … *Sagbretter* hatten die *Weinzierln* in die Windhäuser gebracht" TH. HÄUSSLER, Weinbau in Altbayern, Norderstedt 2008, 48.– Zu *Sack* 'Menge an Weintrauben, die auf einmal gekeltert wird'; Els.Wb. II,341.

[**Sag**]b. gesägtes Brett, in Ra.: *er schneid Sogbredl* „schnarcht" Prien RO.

Schw.Id.V,907.

[**Sal**]b. wohl Brett zum Aufziehen von Mörtel- u. Gesimsstreifen, °OB, °NB vereinz.: °*Salbrett* Rettenbach WS.

WBÖ III,919.– S-65G8, W-42/13.

[**Für-saum**]b. wie →[*Schutz-balken*]*b.*: °*Viasambredl* Kemnathen PAR.

[**Schach**]b. Schachbrett: *I schachpret mit einen schachzobelgestain* PIENDL Hab und Gut 204.– Übertr. best. Buttergebäck: „Die Nonnen buken dort … die *Schachbretter*" Altb.Heimatp. 6 (1954) Nr.26,6.

WBÖ III,919; Schw.Id. V,907.– DWB VIII,1958; Spätma. Wortsch. 259.

[**Schal**]b. Brett zum Ein- od. Verschalen, °OB, °NB, OP, SCH vereinz.: *Schoibredda am Giwi* Staudach (Achental) TS; *Das Schalbrett* „Brett zum Dachschalen" SCHMELLER II,394; *dem Kamermuller vmb 14 Preter zw Schalpreter* 1492 Frsg.Dom-Custos-Rechnungen I,676.

SCHMELLER II,394.– WBÖ III,919; Schwäb.Wb. V,668, VI,2907.– DWB VIII,2059.

[**Scher**]b. wie →[*Kamm*]*b.*, °OB vereinz.: °„durch die Löcher im *Schärbrett* werden die Fäden der Webkette gezogen" Bayrischzell MB; „Durch das *Scherbrett* geführt, können die Fäden auf den *Scherrahmen* gewickelt werden" Altb.Heimatp. 64 (2012) Nr.51/52,17.

[*Schien*]**b.** Brett zur Verlängerung der Auflagefläche der Schnitzbank: °*Schiebrödl* Rattenbg BOG; „ein *Schiebrettl* ... über einen halben Meter lang und ungefähr 20 Zentimeter breit" Siebzehnriebl Grenzwaldheimat 99.

[**Schieß**]**b. 1** Brett an der Giebelseite (→*Schieß*).– **1a** Brett zur Verkleidung des Giebels, OB, SCH vereinz.: *Schießbrett* Rattenkchn MÜ; *Schießbretter* „Bretter, durch welche die untern ... Wände am *Schieß* bis zu den schiefen Dachrändern fortgesetzt werden" Schmeller II,478.– **1b** Brett an der Unterseite des Dachvorsprungs: *Schiaßbredda* Friedbg.– **1c** Brett, auf das Schindeln genagelt werden: *Schoißbröda* Rinchnach REG.– **2**: *Schießbretter* „Füllbretter zwischen den Riegeln beim Bundwerk" Sonnenhzn WS.– **3** beim Backen.– **3a**: *Schiasbredl* „Holzteller mit langem Stil zum Brot einschießen" Spr. Rupertiwinkel 82.– **3b** Brett, auf dem man Semmeln u.ä. gehen läßt: „*Schiaßbretter* ... Auf diese legte man die ... Semmel- und Brezenteiglinge" Fürstenfeldbruck B. Späth, Trümmerkind, Bergisch Gladbach 2002, 17.
Schmeller II,478.– Schw.Id. V,908.– DWB IX,30.– Spr. Rupertiwinkel 82.– M-274/8.

[**Schießer**]**b. 1** wie →[*Schieß*]b.1a: *Schießerbretter* Türkenfd FFB.– **2** wie →[*Schutz-balken*]b., °OB vereinz.: °*Schiaßerbretter* Schongau.– Zu →*Schießer* 'Giebelseite'.

[**Schirm**]**b.**, †[**Scherm**]- **1** †wie →[*Deck*]b.1: *56 Falzpreter, 35 schermpreter, 15 DickhLadn* 1572 Stadtarch. Rosenhm Abt. B/A Nr.15, 71 (Rechnung).– **2** Brett am Ortgang.– **2a** wie →[*Schutz-balken*]b., °OB vereinz.: °*Schiarmbrett* Dettenschwang LL.– **2b** wie →[*Pfetten*]b.1, °OB vereinz.: *Schirmbreedl* Jachenau TÖL.
Schwäb.Wb. VI,2961.– DWB IX,213f.; Lexer HWb. II,756.

[**Schirr**]**b.** wie →[*Teller*]b.1: *Schierbred* Schloppach TIR; *Schia(r)breet* TIR Braun Gr.Wb. 538.
Braun Gr.Wb.538.

Mehrfachkomp.: [**Ge-schirr**]**b.** dass., OP vereinz.: *Gschirbred* Mehlmeisel KEM; *gširbrēd* K'schwarzenlohe SC nach SMF V,391.
Schw.Id.V,908.– DWB IV,1,2,3895.– Braun Gr.Wb.205.

[**Schlag**]**b. 1** wie →[*Pritsch(en)*]b., NB, OP vereinz.: *Schlobröt* Bischofsmais REG; „*Mistpatsche* (anderswo *Schlagbrett* genannt)" Oberpfalz 48 (1960) 96.– **2** Dim., wie →[*Schal*]b., NB, OP vereinz.: *Schlochbredla* Pfreimd NAB.– **3** †wie →[*Schutz-balken*]b.: „zierlich geschnitzte *Schlagbretter* zur Verkleidung der äussersten Giebelsparren" OP Bavaria II,165.
WBÖ III,919f.; Schwäb.Wb. VI,2966.– Kollmer II,258.

[**Schleipf**]**b.** Hemmvorrichtung beim Weidevieh: *Schloapfbröttl* „an den Fuß gebundenes Brett" Passau.
DWB IX,587 (Schleif-).

[**Schmier**]**b.** wie →[*Molt*]b.: *Schmiarbredl* Weidach AIB.

[**Schnee**]**b.** Pl., meist Dim., wie →B.3, NB, OP, MF vereinz.: *Schneebrettln* Zeitlarn R.
WBÖ III,920.– S-83B66.

[**Schneid**]**b. 1** meist Dim., Schneidebrett, OB, °NB, °OP, °MF vereinz.: *Schnaitbreet* „des Schusters" Mchn; *šneidbre:dl* Kilgert Gloss. Ratisbonense 48; *Ein Schneidbrett vom harten Holz gemacht* 1854 Purucker Auftragsb. 174; *Schneitbret* Schönsleder Prompt. Bb5ᵛ.– **2** wie →[*Molt*]b.: *Schneidbrett* Fdmoching M.
WBÖ III,920; Schwäb.Wb. VI,3019f.; Schw.Id. V,909.– DWB IX,1249.– Kilgert Gloss.Ratisbonense 48.

[**Schnür**]**b.** wie →[*Maschen*]b.: *Schnürbredl* Loitzendf BOG.
Schwäb.Wb.VI,3029.– DWB IX,1404.

[**Schor**]**b.** Brett auf der Öffnung, durch die der Stallmist weggeräumt (→*schoren*) wird: „Der tägliche Mist wurde ... entfernt, indem man das *Schorbrett* ... aufhob, und schon war der Mist in der Grube unter der Kuh" Silbernagl Almsommer 71.

[**Schoß**]**b. 1** wohl wie →[*Schieß*]b.1c: *Schoßbretta* „Unterlage unter den Schindeln" Rattenkchn MÜ.– **2** †wie →[*Fall(en)*]b.: *schoz pret* Ebersbg 1466 Lib.ord.rer. 176.
Schmeller II,479.– DWB IX,1598; Lexer HWb. II,781.

[**Für-schuß**]**b.**, [**Vor-**]- wie →[*Schutz-balken*]b., NB vereinz.: *Vürschußbröda* Dfbach PA.

[**Schüssel**]**b.** wie →[*Teller*]b.1, OP, MF vereinz.: *'s Schüsslbrett* „für Schüsseln, Teller, Kannen"

Naabdemenrth NEW; *šislbrêd* nördl.OP Braun Fichtelgeb. 27; *I da Kuch'n is a Schißlbred fir di irdan oda hülzan Dalla* Bärnau TIR Schönwerth Leseb. 72.

Schwäb.Wb. VI,3062.– DWB IX,2074; Lexer HWb. II,839.– Braun Gr.Wb. 541.

[**Schutz**]**b. 1** wie →[*Pfetten*]*b.*1: *Schutzbretta* Zeitlarn R.– **2** †Brett beim Löschen von Feuer: *zum fall etwas an fewerlaitern ... schutzbrettern ... schaden gethan wird* Rgbg 1654-1656 Wüst Policey 379.

Schwäb.Wb.V,1214; Schw.Id.V,908.– DWB IX,2124.

[**Schwall**]**b.** wie →[*Fall(en)*]*b.*: *Schwallbrett* Mchn; „Cataracta [Schleuse] ·i· obstaculum aq[uarum] ... *swalbret*" Windbg BOG 15.Jh. Clm 22370, fol.431ʳ.

Schmeller II,630.– DWB IX,2194.– S-48G8ᵇ.

[**Fuchs-schwanz**]**b.** wie →[*Mühl-fahr(en)*]*b.*: *Fuchsschwanzbrettl* Poppenrth TIR.– Zu →[*Fuchs*]*schwanz* 'Spielstein für Mühle'.

[**Schaf-schwanz**]**b.** Dim., dass., OP vereinz.: *Schoufschwanzbrel* Söllitz NAB.– Zu →[*Schaf*]*schwanz* 'Spielstein für Mühle'.

[**Schweif**]**b. 1**: °*Schwoafbrett* „Holzbrett mit Nägeln zum Kämmen des Pferdeschweifs" Aidenbach VOF.– **2** wie →[*Flachs*]*b.*, °OB, °NB vereinz.: °*Schwoafbrett* „um die holzigen Teile zu lösen" Ruhstorf GRI.– **3** wie →[*Kamm*]*b.*, °OB, °NB mehrf., °OP, °OF vereinz.: °*Schwoafbrett* „Brett mit vielen Löchern, durch die das Garn durchgezogen wird" Anzing EBE; „Von diesen Spulen ... wurden die Fäden durch das *Schwoafbrödl* ... gefädelt" Kerscher Handwerk 46.– **4** Schneidebrett mit Griff, °OB, °NB, °OP vereinz.: °*Schwoafbrettla* Bayersoien SOG.

DWB IX,2415.– W-42/17,44/4.

[(**Ge-**)**Schwell**]**b.** wie →[*Fall(en)*]*b.*, NB vereinz.: *s Gschwöibröt* Simbach PAN; *das Schwerllpredt für den Pach lainen* [stellen] 1764 Schrobenhsn. Stadtrechtsb. 82.

Schwäb.Wb.V,1274; Schw.Id.V,909.– DWB IX,2487.

[**Schwing**]**b. 1** Schwingstock: *Schwingbrett* „Unterlage für den Flachs" Möslbg WEG.– **2** Schwingmesser: *Schwingschdouk mit Schwingbrela* Derching FDB.

Schwäb.Wb.V,1291.– DWB IX,2683.

[**Seiten**]**b.** Seitenbrett, OB, NB, OP, SCH vereinz.: *zwoa Sätnbrödl* Teile der Kinderwiege Gotteszell VIT; „*mīsdwāgə ... dazu ... saitəbreidr ... und ... šūwr*" O'schondf LL nach SBS XIII,327.

WBÖ III,920; Schwäb.Wb. V,1336.– DWB X,1,393.– S-80D2.

[**Semmel**]**b.** wie →[*Schieß*]*b.*3b, OB, OP vereinz.: *d'Semml und d'Weckn liegn af'n Semmlbred* Wdsassen TIR; „Ich mußte ... die vollen *Semmelbretter* zum Ofen hintragen" Graf Werke XIII,96 (Dorfbanditen).

DWB X,1,563.– S-29B56.

[**Sims**]**b.** wie →[*Fenster*]*b.*1: *Simmersbrettl* „Fensterbank" Göttler Dachauerisch 66.

Göttler Dachauerisch 66.

[**Sitz**]**b.** Sitzbrett, OB, NB, OP, SCH vereinz.: *Sitzbreedla* Ruderbank Kochel TÖL; *Auf'n Heuwagn sands gfahrn, Sitzbrettl drauf* Haller Dismas 50; *Ein Sitz brett mit neuen Einschub* 1859 Purucker Auftragsb. 184; *1 messes sitz pret* Rgbg 1538 MJbBK 13 (1938/1939) 100 (Inv.).

WBÖ III,920; Schwäb.Wb. VI,3122; Schw.Id. V,907.– DWB X,1,1280.– S-92D40,46.

[**Ski**]**b.** Pl., Dim., wie →*B.*3: *Schibretln* Rimsting RO; *Aber dabei sei mit eahnere damischn Schibrettln und de Leut d' Augn ausstecha damit* Kreis Münchner 195.

[**Sohlen**]**b.** wie →[*Grieß*]*b.*1: °*Soinbröd* „Reibbrett am Vordergestell des Wagens" Rattenbg BOG.

[**Spatel**]**b.** dünnes Holzbrett: „*šbōdlbret* ... als Stütze beim Aufstellen des Maibaumes" Frasdf RO Brünner Samerbg 129.

[**Spiel**]**b.** wie →*B.*1c, OB vereinz.: *as Schbuibreddl* Staudach (Achental) TS; *ain güt spilpret, daz ist cipressein* 1361 Rgbg.Urkb. II,208; *Spilbret* Schönsleder Prompt. Ee6ᵛ.

WBÖ III,920; Schwäb.Wb. V,1534, VI,3150; Schw.Id. V,909.– DWB X,1,2322f.; Lexer HWb. II,1092.

[**Spreiz**]**b.** Brett unter dem Spundloch zum Verteilen der Jauche: *Schpráizbret* Kohlbg NEW.

[**Spritz**]**b.** dass.: *s Spritzbröt untan Schpundloh* Hengersbg DEG.

WBÖ III,920; Schw.Id.V,910.– DWB X,2,1,126.– S-80D9.

[Steh]brett

[**Steh**]**b.** Bordwand des Bauernwagens: °*Stehbrett* „damit man mehr aufladen kann" Siglfing ED; *šdēbrēda* Frauenbiburg DGF nach SNiB VI,102.
DWB X,2,1,1396.

[**Stell**]**b. 1** dass.: *zwoa Stelbreda* „beim Mistwagen" Sittling KEH; *šdeibrēda* Lindkchn MAI nach SNiB ebd.; *von einem Stellbret zum andern 13 Schuh* Mchn 1768 Slg der Kurpfalz-Baier. ... Landes-Verordnungen, hg. von G.K. MAYR, München 1784,813.– **2** wie →[*Fall(en)*]*b.*, OB, NB vereinz.: *s Stejbröd afmocha* „um Wasser auf das Mühlrad zu leiten" Aicha PA.
Schwäb.Wb.V,1724,VI,3199.– DWB X,2,2,2171; Frühnhd. Wb. XI,329; LEXER HWb. II,1170.

[**Stier**]**b.** wie →[*Schleipf*]*b*.: °*Stierbrettl* Kalsing ROD.

[**Stirn**]**b. 1** wie →*B.*5, °NB vereinz.: °*Stirnbrettl* „Ochsenjoch" Bubach DGF; *štianbrēdl* Schalkham VIB SNiB VI,46.– **2** wie →[*Kopf*]*b.*2: *šdianbrēd* Haidmühle WOS nach ebd. 100.– **3** Brett am Ortgang.– **3a** wie →[*Schutz-balken*]*b.*, OB, °NB, °OP, SCH vereinz.: *Schtirnbreeda* Kochel TÖL.– **3b** wie →[*Pfetten*]*b*.1, OB vereinz.: *Stirnbredl* Schnaitsee TS.
WBÖ III,920; Schwäb.Wb. VI,3213; Schw.Id. V,910.– DWB X,2,2,3199.– S-93N39.

[**Streich(en)**]**b. 1** wie →[*Molt*]*b.*, OB mehrf., Restgeb. vereinz.: *Streichbredl* Endlhsn WOR; „Pflüge mit zwey ... *Streichbrettern*" HAZZI Landes-Kulturges. I,150; „*Streichbretter* 70 cm lang, 27 cm breit" Brand WUN SINGER Vkde Fichtelgeb. 43.– **2** wie →[*Putz*]*b.*1, °NB, OP vereinz.: *Schtraichbredl* Stadlern OVI; *2 neu Streichen brettlein* 1833 PURUCKER Auftragsb. 45.– Auch Brett zum Glätten ungebrannter Ziegel: *Straichbrödl* Aicha PA.
WBÖ III,920f.; Schwäb.Wb. V,1844.– DWB X,3,1173f.– BRAUN Gr.Wb. 627.– M-13/30.

[**Streu**]**b.** wie →[*Bruck(en)*]*b*.: °*Schtrabreder* schwaches Querholz bei Holzbrücken Marktschellenbg BGD.

[**Strich**]**b.** wie →[*Molt*]*b*.: *Strichbrett* Thiershm WUN.
WBÖ III,921.

[**Strick**]**b.** Dim., wie →*B.*1e, OB, OP vereinz.: *Schtrickbrettl* Burglengenfd.
DWB X,3,1573.

[**Stuben**]**b.** Fußbodenbrett in der Stube, OB, NB, OP, MF vereinz.: *Stumbreet* Rdnburg.
Schwäb.Wb.V,1891; Schw.Id.V,910.– DWB X,4,172.

[**Sturz**]**b.**: *Stuizbreddl* „Bohlen zwischen den Deckenbalken" Berchtesgadener Heimatkalender 2013, 49.
WBÖ III,921.– S-84B1.

[**Über**]**b.** Pl.: *Überbretta* Dachraum über der Tenne Haarbach GRI.
Schwäb.Wb.VI,16; Schw.Id.V,899.– DWB XI,2,148.

[**Wäg**]**b.** wohl Brett an der Pflugschar (→*Wagense*): „Pflugschar ... *wēgbrēt*^{h}" Rottenbuch SOG nach SBS XII,108.

[**Wasch**]**b.**, [**Wäsche**]- **1** wie →[*Reib*]*b.*2, OP, MF mehrf., Restgeb. vereinz.: *a grifts Wäschbrör* Mittich GRI; *Waschbreet* „Brett mit aufgesetzten Metallwellen zur Wäschereinigung" KOLLER östl.Jura 74.– **2** wie →[*Bleu*]*b*.: *Waschbredl zum Bloin* Elbach MB.– **3** wie →[*Mang*]*b*., OB, OP vereinz.: *Wäschbrett* Altendf ESB.– **4** Brett, auf dem Wäsche beim Waschen behandelt wird, °NB, MF vereinz.: °*Waschbrell* Ruhmannsdf VIT.
WBÖ III,921; Schwäb.Wb. VI,461; Schw.Id. V,911.– DWB XIII,2216.– BRAUN Gr.Wb. 806; CHRISTL Aichacher Wb. 98; KOLLER östl.Jura 74.

†[**Werk**]**b. 1** Stauwehr: *Werchpret* Reichenhall 1169 MB III,546.– **2** Bollwerk, Befestigung: *ain ärger uel werchbret* Seeon TS um 1500 Voc.ex quo 2147.
SCHMELLER II,986.– Schwäb.Wb. VI,3405.– DWB XIV,1,2,350f.

[**Wetter**]**b. 1** wie →[*Schutz-balken*]*b.*, °OP, °MF vereinz.: °*Wetabreta* Schwend SUL.– **2** wie →[*Pfetten*]*b.*1, °OP, °MF vereinz.: *Weedabrela* Vilseck AM.
Schwäb.Wb.VI,739,3409.– DWB XIV,1,2,719.

[**Wieg**]**b.** wie →[*Hack*]*b.*1: *Wiagbredl* Staudach (Achental) TS; „Ein ganzes Kalbshirn wird ... auf dem *Wiegbrett* ... ganz fein gewiegt" SCHANDRI Rgbg.Kochb. 76.
Schw.Id.V,910.

[**Wind**]**b. 1** Brett am Ortgang.– **1a** wie →[*Schutzbalken*]*b.*,°OB,°NB,°OP mehrf.,°MF vereinz.: *d Windbröra a^{n}nåugln* Mittich GRI; *wimpretl* BRÜNNER Samerbg 110; *auch wind preder an-*

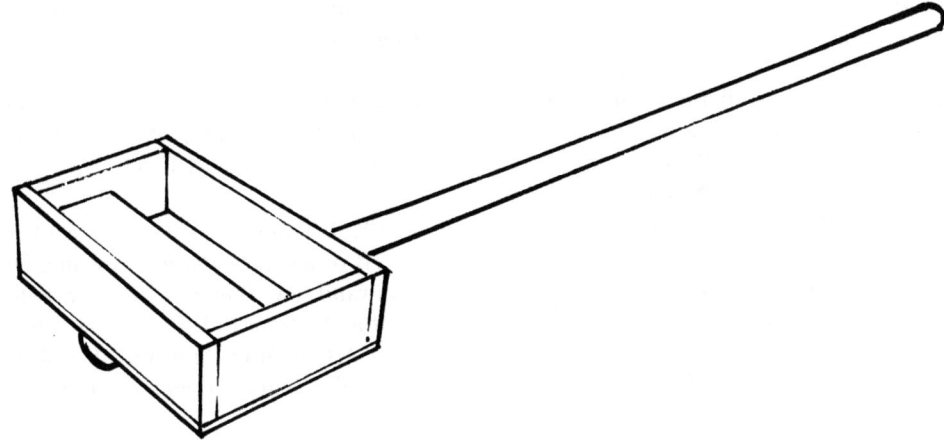

Abb. 5: *Zechbrett* (Straßkchn SR).

geschlagen 1578 Stadtarch. Rosenhm Abt. B/A Nr.20, 114 (Rechnung).– **1b** wie →[*Pfetten*]*b*.1, °OB, °NB, OP vereinz.: *ausgschnittne Windbredda* Giebelverzierung Staudach (Achental) TS; *Windbretter* K. TYROLLER, Das Bauernhaus im Gäuboden, Straubing 1992, 33.– **2** übertr. großes Ohr: *Windbretta* Bruckmühl AIB.

WBÖ III,921; Schwäb.Wb.VI,839, 3421; Schw.Id.V,911.– DWB XIV,2,272.– CHRISTL Aichacher Wb. 91; LECHNER Rehling 315.

[**Wuhl**]**b.**, [**Wol**]- wie →[*Molt*]*b*., °OB, NB vereinz.: *Woibred* Ascholding WOR; *wuəlbreid* Entraching LL nach SBS XII,105.– Wohl Spielform von →[*Molt*]*b*.

SCHMELLER II,894.– Schwäb.Wb.VI,968.– S-5018.

†[**Schach-zagel**]**b.** wie →[*Schach*]*b*.: *mit ainem schachzaglpret erschlagen* ARNPECK Chron. 463,25 f.– Zu einer Nebenf. von →[*Schach*]*zabel* 'Schachbrett, -spiel'.

[**Span-zagel**]**b.**, [**-sagel**]- wie →[*Mühl-fahr(en)*]*b*., OB, NB vereinz.: *Schbåsoglbredl* Teising MÜ.– Zu einer Nebenf. von →[*Span*]*zabel* 'Mühlespiel'.

†[**Zahl**]**b.** Brett zum Zählen: *ein zalpret* PIENDL Hab und Gut 204; *In der stuben: 1 salz kandl, 1 zall pret, 1 puchslein zu wurzen* Wunsiedel 1524 SINGER Schacht 160.

Schwäb.Wb.VI,1028; Schw.Id.V,911.– DWB XV,43; LEXER HWb. III,1024.

[**Zähl**]**b.** dass.: *"Zählbrettl … Holz- und Korktafeln … zeigen die momentane Anzahl der bereits gefertigten Gläser an"* HALLER Geschundenes Glas 154.

Schwäb.Wb.VI,3451.– DWB XV,43.

[**Zech**]**b.** Holzkästchen mit langem Stiel zum Einsammeln der Kollekte: °*Zöchbrettl "hat oben ein Wechselbrett für Geldstücke, die der Mesner wechseln soll"* Straßkchn SR.– S.Abb.5.

[**Zoll**]**b.** Brett in Zollstärke: *dsoibrēd* Tagmershm DON nach SBS XIII,138.– Ra.: °*Zollbrettl schneidn* schnarchen N'bergkchn MÜ.

Schwäb.Wb.VI,1255.– DWB XVI,50.

[**Zupf**]**b.** wie →[*Marter*]*b*.: *Zubfbrett* Zither Wasserburg.

WBÖ III,921.

[**Zwecken**]**b.** wie →[*Mühl-fahr(en)*]*b*.: *Zweckabrettl* O'bergkchn MÜ. M.S.

Brette¹,-en
M., F. **1** Balken.– **1a** Holzbalken allg., °NB mehrf., °OB, °OP vereinz.: °*Brettn* Balken, aus denen die Wände gezimmert werden Erding; *der brädd.n* Dinzling CHA BM I,72; *Bräddn und Breder, Ziagl und Kalch, alls is da gwen* HALLER Dismas 103; *Trabes bretton* Rgbg 11./12.Jh. StSG. III,631,12; *ain pretten* Rgbg 1487 FREYBERG Slg. III,75.– Ra.: *iwan Brettn aiweafa* "hastig essen" Aicha PA.– Übertr. dicke Brotscheibe: *Und streicht a Butterbrot, den schönsten Bretten* STEMPLINGER Ovid 45.– **1b** Balken im Dachstuhl.– **1bα** unterster tragender Querbalken des Dachs, Tragbalken der

Brette

Decke, °OB, °NB vielf., °OP, °MF, °SCH vereinz.: °*Bräddn* Gögging KEH; *Brettn* Balken unter dem Tennenboden Ursulapoppenricht AM; „über seinem Kasten verlief der schwere *Bretten* ... mit dem Getreideboden darüber" LETTL Mühl 71; „*Die* (der ... [Bay.Wald]) ... *Brèttn* ... der Balken ... über einer Stube oder einem Stockwerke" SCHMELLER I,372; *Diss Jahr hab ich in Städln bis yber die Prethen Hey, Khorn und haber Stroch gehabt* 1682 POSCHINGER Glashüttengut Frauenau 27.– **1bβ** auf der Mauer aufliegender Längsbalken: °*Brettn* Hohenpolding ED; *brędn* Burghm ND nach SBS VIII, 74.– **1bγ** Hahnenbalken, in heutiger Mda. nur in Komp.: „von dem das Haus durchziehenden obersten Querbalken, *Bretten* genannt" LEOPRECHTING Lechrain 224.– **1bδ** Dachsparren, OB, °NB vereinz.: °*Brettn* „Balken vom Kniestock zum Dachfirst" Schaufling DEG.– **1bε** Pfette: *Brettn* Palling LF; *brętn* Inchenhfn AIC nach SBS VIII,70.

2 Bretterboden im Dachraum, Dachraum.– **2a** Bretterboden über der Tenne, °OB, MF, °SCH vereinz.: *de Brättn* Grabenstätt TS; *brętn* nach DENZ Windisch-Eschenbach 117.– Auch: °*die Brettn* „mit Ketten am Gebälk angebrachter Hängeboden über dem Heustock" Bernau RO.– **2b** Raum, v.a. über Tenne u. Stall, °OB, °OP, °MF vereinz.: *Brättn* „erster Boden" Floß NEW; „*Der Bretten*, ein Boden mit lose und weit gelegten Bohlen über dem Tennenraum, hatte zwei Abteilungen" BAUERNFEIND Nordopf. 88; „der ... obere Boden eines Hauses oder einer Scheune ... *Au'də' Brèttn am*" SCHMELLER I,372; „was man bey den Stadt-Gebäuden, die *Böden* nennt ... nennt das Land Volk, bey ihren Scheuern, *Bretten*" HÄSSLEIN Nürnbg.Id. 53.– **2c** oberster Dachraum, v.a. in der Scheune, °OB, °MF vereinz.: °*Brettn* oberster Heuboden Riedering RO; „die *Bretten*, welche den obersten Boden ... bildet" LEOPRECHTING Lechrain 224; *brętə* Geltendf FFB STÖR Region Mchn 935.

3 hölzerne Plattform: *Brettn* „Arbeitsbühne" Mittich GRI; *Brettn* „Boden aus Brettern (Podium)" Spr.Rupertiwinkel 13.

4: *Brättn* „bewegliche Brücke aus verkeilten schweren Eichenbohlen" St.Bartholomä BGD HELM Mda.Bgdn.Ld 41.

Etym.: Ahd. *brëtto* swm., mhd. *brëtten* stm., Abl. zur Wz. von →*Brett*; vgl. Et.Wb.Ahd. II,330.

HÄSSLEIN Nürnbg.Id. 53; SCHMELLER I,372.– WBÖ III,922f.; Schw.Id. V,911f.; Suddt.Wb. II,620.– LEXER HWb. I,351.– Ahd.Wb. I,1376.– ANGRÜNER Abbach 17; BRAUN Gr.Wb. 65; DENZ Windisch-Eschenbach 117; KOLLMER II,72; RASP Bgdn.Mda. 33; Spr.Rupertiwinkel 13.– S-93N21, M-18/13.

Komp.: [**Binder**]b. Firstbalken: °*Binderbrettn* Hütting ND.

[**Dach**]b. **1** Strebe im Dachstuhl: *Dachbrettn* Kopfbänder Arnstorf EG.– **2** wie →*B.*1bδ, OB, NB vereinz.: *Dåchbretn* Aicha PA.

[**Tenn(s)**]b. **1** Tragbalken der Decke über der Tenne, NB vereinz.: *Dentbrättn* Plattling DEG.– **2** Trennwand zw. Tenne u. übriger Scheune: *Dänsbrättn* „Seitenwände der Tenne (aus Holzbohlen)" HELM Mda.Bgdn.Ld 49.– **3** Dachraum über der Tenne: °*Tennbrettn* Taching LF. RASP Bgdn.Mda. 43.

[**First**]b. **1** wie →[*Binder*]b., °OB, °NB vereinz.: °*Firstbrettn* Hohenpolding ED.– **2** wie →*B.*2c: °*Fiaschtbrettn* Metten DEG.

[**Vogel**]b. **1** Mittelpfette: *vouglbrędn* Ergertshsn ND nach SBS VIII,68.– **2** wie →*B.*2c: °*Voglbrettn* Polling WM.

[**Garben**]b. **1** Balken in der Scheune.– **1a** Strebe zw. Tennenboden u. Wand, OB, °NB vereinz.: *Garbnbrettn* Sonnenhzn WS.– **1b** Balken der Trennwand zw. Tenne u. übriger Scheune, °OB vereinz.: °*Garbnbrettn* „trennen die Tenne von den Getreidevierteln" Indersdf DAH.– **1c** wie →*B.*1bγ: °*Garbnbrettn* Eging VOF.– **1d** wie →[*Binder*]b.: °*Garbnbrettn* Aich VIB.– **2** wie →[*Tenn(s)*]b.3: °*Garbnbrettn* „Dachräume, meist drei" Hirnsbg RO.
W-29/21.

[**Hennen**]b. wie →*B.*1bγ, °NB vereinz.: °*Hennerbrettn* Bogen.

[**Hoch**]b. **1** Balken im Dachstuhl.– **1a** wie →*B.*1bα: *Hochbretten* „Dachbalken" GEBHARD Bauernhof 159.– **1b** wie →*B.*1bε: °*Houbrätn* Grainet WOS.– **2** wie →[*Tenn(s)*]b.2: *Hochbrettn* Staudach (Achental) TS.– **3** wie →*B.*2c, °OB vereinz.: °*da Houbräddn* Törring LF.

[**Holz**]b.: *Holzbrettn* „Trockenvorrichtung für Holz über dem Herd" N'aschau RO.

[**Katzen**]b. **1** Balken im Dachstuhl.– **1a** wie →*B.*1bγ, °NB mehrf., °OB, °OP vereinz.: °*da Woiz reicht bis zum Katznbrettn* Donaustauf R; „Schwierig wird die Arbeit, wenn man ganz oben in der Scheune über dem Querbalken

(*Katzenbretten*) gehen muss" SCHWARZ-MIRTES Vilstal 88.– **1b** wie →*B*.1bα, °NB vereinz.: °*Kåtznbrettn* Fürstenzell PA.– **1c** wie →[*Binder*]*b*., °OB, °NB vereinz.: °*Katznbrettn* „Giebelbalken" Rathsmannsdf VOF.– **1d** wie →*B*.1bε: °*Kåtznbrättn* Aham VIB.– **2** wie →*B*.2c, °OB, °NB, °SCH vereinz.: *Katznbreddn* Dfbach PA; „über eine *Bühn* zum *Katzenbretten* hinauf" LETTL Brauch 103.

[**Mauer**]**b.** wie →*B*.1bβ: °*da Mauabrättn* U'tattenbach GRI.

[**Mittel**]**b. 1** Balken im Dachstuhl.– **1a** wie →*B*.1bα: °*Mittlbrettn* Alburg SR.– **1b** wie →*B*.1bγ, °OB, °SCH vereinz.: °*Mittlbrettn* Derching FDB; *midlbrędn* „geht quer rüber" Ehekchn ND nach SBS VIII,70.– **1c** wie →[*Vogel*]*b*.1: °*Mittlbrättn* Mariaposching BOG.– **2** wie →*B*.2a: °*Mitlbrätn* „Bühne über der Dreschtenne" Geiselhöring MAL.

[**Mitter**]**b. 1** Balken im Dachstuhl.– **1a** wie →*B*.1bα, °NB vereinz.: °*Mitterbrättn* O'piebing SR; „daß ... das ... Mädchen ... auf dem *Mitterbretten* beinahe ausgerutscht wäre" Pfatter R E. BÖCK, Sagen aus der Oberpfalz, Regensburg 1986, 264; „Die Tenne teilt ihn [den Stadel] in zwei Hälften, die beiden Tragbalken, die sogenannten *Mitterbrett'n* ... teilen die Hälften noch einmal" SCHLICHT Bayer.Ld. (Straubing 1927) 516.– Ra.: „*Der Mitterbrettn bist dengerst net* zu einem, der sich wichtig machen will" HÄRING Gäuboden 157.– **1b** wie →[*Vogel*]*b*.1: °*da Mittabrättn* Irlbach SR.– **2** wie →*B*.2b: „Zuerst geht es *getal* (abwärts) in die *Ös* [Getreideviertel] hinein ... nachher übern *Mitterbrettn*" LETTL Brauch 103.

[**Se**]**b. 1** Balken im Dachstuhl.– **1a** wie →*B*.1bα: °*Sehbrettn* O'schneiding SR.– **1b** wie →*B*.1bγ, °NB (v.a. SR) mehrf.: °*Seebrätn* O'sunzing SR.– **1c** wie →*B*.1bε: °*Seebrättn* Waibling LAN.– **2** wie →*B*.2c: °*Seebrätn* „oberste Bühne für Stroh" Geiselhöring MAL.– Bestimmungsw. unklar.

[**Über**]**b.** wie →*B*.2c: „*iwabrętn* ... über Tenne, Stroh gelagert" Jesenwang FFB nach SBS VIII,46.

[**Auf-zug**]**b.** Balken des Lastenaufzugs am Dachgiebel, °NB vereinz.: °*Aufzuchbrättn* Pattendf ROL. M.S.

Brette²
F.(?): °*Brettn* „Egge" Griesbach.
Etym.: Abl. von →*bretten²*. M.S.

bretteln
Vb. **1**: °*Rinder wean bredld* „ein Brett vor den Augen befestigen, damit sie auf der Weide nicht ausbrechen" O'högl BGD.
2 (ein Tier) mit einem Brett in die Luft schleudern, °OB mehrf., °NB, °OP vereinz.: °*Spåtzn brettln* Aidenbach VOF.– Auch: °*oan ins Wasser brettln* „an Händen und Füßen packen und ins Wasser werfen" Metten DEG.
3: *brettln* „Ski fahren" Holzen WOR.
4 stürzen (lassen).– **4a** stürzen, hinfallen: *prettln* Ingolstadt.– **4b** ein Bein stellen, zum Stolpern bringen, °NB vereinz.: °*der hot an Sepp schö brettlt* „beim Fußballspielen" Pfarrkchn.
5 hereinlegen, betrügen, °OB, °NB vereinz.: °*den habi brettlt* „übervorteilt" Kchbg REG.
6 Part. Prät., erschöpft, erledigt: *ih kimma ganz brötlt vor* Hengersbg DEG.
WBÖ III,922; Schwäb.Wb. I,1411; Schw.Id. V,913-915; Suddt.Wb. II,620.– DWB II,376.– S-5C8, W-42/14.

Komp.: [**ab**]**b. 1**: °*da Putz bretlt a scho ab* „blättert ab" Gangkfn EG.– **2** auch unpers., wirtschaftlich zugrunde gehen, °OB, °NB, °OP vereinz.: °*der hot oobrettlt* Wildenroth FFB.
WBÖ III,922; Schw.Id.V,915; Suddt.Wb. I,18f.– W-42/15.

[**abhin**]**b. 1** auch unpers., hinunterstürzen, -fallen, °OB, °OP vereinz.: °*den hots obibredlt* Cham.– **2** auch unpers., wie →[*ab*]*b*.2, °OB, °NB, °OP vereinz.: °*iatz hot's scho wieda oan obebredlt* Hahnbach AM.– **3**: °*da ha is oibredln lassn* „das Fahrrad den Berg hinuntersausen lassen" Aigenstadl WOS.
WBÖ III,922.

[**auf**]**b. 1** wie →*b*.2, °OB vereinz.: °*Brozn aufbredln* Schleching TS.– **2** unpers., wie →[*ab*]*b*.2: °*den hats aufbrettlt* Marquartstein TS.
WBÖ III,922.

[**der**]**b.** unpers. **1**: °*den hots dabredlt* „er ist verunglückt" Schönbrunn LA.– **2** wie →[*ab*]*b*.2: °*den hots dabredlt* Kelhm.

[**ein**]**b.** einbleuen, °NB vereinz.: °*lang hab i braucht, bis i eahm dös eibrödld hab* Passau.

[**ver**]**b.** Part.Prät., dumm, einfältig: °*der is richti vobrettlt* Ismaning M.

[hirn-ver]bretteln

Mehrfachkomp.: [**hirn-ver**]**b.** Part.Prät., dass.: *hianvabrädld wie a Åugs* Hengersbg DEG.

[**zu-sammen**]**b.**: *ganz zammbreddld* „fest zusammengedrückt, vom Ackerboden nach dem Platzregen" Maximilian MÜ.
WBÖ III,922; Schw.Id.V,915f. M.S.

bretten[1]
Vb. **1**: °*brettn* Kröten mit dem Brett schnellen Erlach PAN.
2 †mit Brettern verkleiden: *den j2 augustj haben wir den andern thraittkhasten pröd'n lasen* 1630 HAIDENBUCHER Geschichtb. 67.
Etym.: Mhd. *bretten* 'ans Kreuz schlagen', Abl. von →*Brett*; vgl. Schw.Id.V,912.
Schw.Id.V,912.– DWB II,376; Mhd.Wb. I,999. M.S.

bretten[2]
Vb. **1** eggen, °NB (v.a. SO) vielf., °OB vereinz.: °*bist mim Bredn scho firti?* Kchham GRI; *bret'n* nach SCHEURINGER Braunau-Simbach 205.
2 mit der Egge einarbeiten, °NB vereinz.: °*Mist breddn* Fdkchn SR.
Etym.: Ahd. *brëttan* 'schnell bewegen, ziehen, zücken', mhd. *brëtten* 'weben' stv., wohl idg. Herkunft; Et.Wb. Ahd. II,328f. Heute swv. mit volksetym.Anschluß an →*Brett*.
SCHMELLER I,372f.– WBÖ III,923; Schw.Id.V,916f.– DWB II,378f.; Mhd.Wb. I,999; Ahd.Wb. I,1375.– S-19H1, W-45/6.

Abl.: *Brette*[2], *Bretter*.

Komp.: [**ab**]**b.** wie →*b.*1: *åbretn* „um das Unkraut verdorren zu lassen" Hiesenau PA.

[**ein**]**b.** wie →*b.*2, NB vereinz.: „den Samen *aibreddn*" Passau.

[**vor**]**b.** vor dem Säen eggen, NB vereinz.: *våabrettn* Mittich GRI.

[**halm**]**b.** nach dem Einackern der Halme eggen, NB vereinz.: *haimbretn* Hiesenau PA.

[**nachhin**]**b.** nach dem Säen eggen, °NB vereinz.: °*nachibreddn* Pleinting VOF. M.S.

Bretter
M., einer, der eggt, NB vereinz.: *Bredda sant miad haint* Mittich GRI. M.S.

†**brettern**[1]
Adj., aus Brettern bestehend: *eine brederne wand hinder einen bett* 1832 PURUCKER Auftragsb. 49.
Schwäb.Wb. I,1410.– DWB II,377; Frühnhd.Wb. IV,1100. M.S.

brettern[2]
Vb. **1** mit Brettern belegen, verkleiden, °OP, °MF vereinz.: °*die Stum is bredderd worn* Regelsbach SC; „Der Boden ist halb *gepflastert* und halb *gebrettert*" Vohenstrauß SCHÖNWERTH Leseb. 59; *Die ... gebretterte/ zu enge Kündöfen [Brennöfen] soll ein jeglicher außwechßlen* Wachtger.Ordng Rgbg 29ʳ.
2: *brettan* „schnell (Ski) fahren" KILGERT Gloss. Ratisbonense 48.
WBÖ III,923; Schwäb.Wb. I,1410; Schw.Id.V,912.– DWB II,377; Frühnhd.Wb. IV,1100; LEXER HWb. I,351.– KILGERT Gloss.Ratisbonense 48.

Komp.: [**ab**]**b.**: °*bai dir bredad eh ois o* „prallt alles ab" Bierhütte GRA.

[**ein**]**b.** wie →*b.*1: °*letztn Samsta hama eibrettert* „Bretter für eine Überdachung angenagelt" Mchn; *ẽ-bredan* „mit Brettern verschlagen, etwa die Wandseiten eines Stadels" nach KOLLMER II,101.
WBÖ III,923.– KOLLMER II,39,101. M.S.

†**-brettler**
M., nur im Komp.: [**Hack**]**b.** Hackbrettspieler: *Bernhard Troger, Geiger und Hackbrettler* 1780 Chron.Kiefersfdn 560.
WBÖ III,924. M.S.

Brettling
M.: *Bretleng* alter Hut O'bergkchn MÜ. M.S.

-pretzel
N., nur in: [**Ge**]**p.** Prasseln, Knistern: „Feuer ... scharf hörbar sein funkenspeiendes *Gebretzel*" E. OKER, Lebensfäden, Frankfurt a.M. 1979, 59.
J.D.

-bretzéll
N., nur in: [**Ge**]**b.** Geschwätz, Gerede, °OP vereinz.: °*ja mach doch koi so a langs Gebretzell!* Georgenbg VOH.– Abl. von →*bre(t)schéllen*. J.D.

Bretzéller

F., Vielrednerin, Schwätzerin, °OP vereinz.: °*dåu kummt so an ålte Brezällan daher* Schnaittenbach AM. J.D.

Bretzéllerei

F. **1**: °*der hat a so a Bretzellerei* „dummes Geschwätz" Schwandf.
2: °*hör amal af mit deina Bretzellerei* „Nörgelei" Weiden. J.D.

pretzeln¹

Vb. **1**: *brętʃln* „prasseln, knistern (Feuer)" nach SCHWEIZER Dießner Wb. 154.
2 brutzelnde Geräusche machen, brutzeln, °OB, °NB vereinz.: °*tua Dampfnual wek von Herd, de bretzle* Kohlgrub GAP; *brezeln* „brutzeln" ⁴ZEHETNER Bair.Dt. 79.
3: °*wos brezlt a den ollwei?* schwätzen, sinnlos daherreden Endlhsn WOR.

Etym.: Nebenf. von →*pratzeln* od. onomat.; WBÖ III, 928.

WBÖ III,928.– KILGERT Gloss.Ratisbonense 48.

Abl.: -*pretzel*, *Pretzler*.

Komp.: [**an**]**p.**: *onbrętʃln* „anschmoren" nach SCHWEIZER Dießner Wb. 136. J.D.

†pretzeln²

Vb., Gott anflehen, bitten: *schau was du mit deinem Betten und Pretzlen gewonnen* SELHAMER Tuba Rustica I,239.

Etym.: Wohl Spielform von →*predigen*, vgl. österr. *pretzigen* (WBÖ III,929). J.D.

†Bretzing

M., Brachse: *Der Brachsen ... der Bretzing* WEBER Fische 12.

Etym.: Nebenf. von →*Brächse*; vgl. Schwäb.Wb. I, 1334.

Schwäb.Wb. I,1413. J.D.

Pretzler

M.: °*Bretzler* „jemand, der recht unverständlich spricht" Ihrlerstein KEH.

WBÖ III,929. J.D.

-breu

M., nur im Komp.: [**Wasch**]**b.** Bleuel: °*Woschbrei* „zum Schlagen der Wäsche auf der Waschbank" Neurandsbg BOG; *woʃ-*, *woʃbrai* nach KOLLMER II,295.– Nebenf. von →*Bleu*.

KOLLMER II,295. J.D.

-breuel

M., nur im Komp.: [**Wasch**]**b.** Bleuel: *woʃ-*, *woʃbrail* nach KOLLMER II,295.– Nebenf. von →*Bleuel*.

KOLLMER II,295. J.D.

Preuße

M. **1** Bewohner Preußens: *na hot der Preiß gsagt* KÖZ, VIT BJV 1954,199; *Dö Preißn hamd an Deifl Gßegn* Kraiburg MÜ um 1870 RATTELMÜLLER Soldatenlieder 162.– Ra.: *so schnoi schiaßn d Preißn nöt* „laß dir Zeit, warte ab!" Passau, ähnlich °M.– *Der gäiht oan(n' wöi a Preiß* „fackelt nicht lange herum!" BRAUN Gr.Wb. 471.– Scherzh. Deutung der Initialen Prinzregent Luitpolds auf den Schulterklappen seines Magdeburgischen Feldartillerie-Regiments: *Preußen, leckt's mi kreuzweis!* Mchn SHmt 47 (1958) 490.– Übertr. soldatensprl.: *Preißn* „Fußkranke" Mchn.
2 abwertend Norddeutscher, °OB, °NB, °OP vereinz.: °*jammerschod, daßd du a Breiß bist, sist warst ganz gführi* „angenehm" Tittmoning LF; *Wos gänga denn uns die Preißn oa, haa?* SCHEMM Neie Deas-Gsch. 27.– In Vergleichen: *a Schnauzn wia no moi a Breiß* „von einem, der ununterbrochen redet" Ingolstadt;– *Der reißt das Maul auf wie ein Preuß* SCHMID Attenhfn 215.– Ra.: °*woust hischbeist is a Preiß* „überall" Weiden.– Übertr.: *Preuß* „frecher Mensch" Passau.

Etym.: Mhd. *Priuz(e)* swm., slaw. Herkunft; LEXER HWb. II,298.

WBÖ III,790f.; Schwäb.Wb. I,1413; Schw.Id. V,816; Suddt. Wb. II,622.– Frühnhd.Wb. IV,1102; LEXER HWb. II,298.– BRAUN Gr.Wb. 471; CHRISTL Aichacher Wb. 254; SINGER Arzbg.Wb. 179.

Abl.: *preußeln*, *Preußen*, *preußenhaft*, *preußisch*.

Komp.: [**Erd-äpfel**]**p.** wie →*P.*2: *Erdöpföpreiß* SCHLAPPINGER Bilder 26.

[**Sau**]**p. 1** abwertend wie →*P.*1: „Tagebuchnotizen ... 1915 ... 'Den *Saupreußen* werden wir doch nichts geben!'" MM 16.4.2013, 3; *Ma sagt ... aa net Saupre-uß, ma sagt Saupreiß!* 2.H.19. Jh. QUERI Kraftbayr. 180.– **2** wie →*P.*2, °OB, °NB, °OP vereinz.: °*Saupreiß* mittl.OP; *Ja, wos buidst da denn du ei ... du Saubreiß, du gschnabbiga* „vorlauter" BINDER Saggradi 185.

WBÖ III,790f. J.D.

preußeln

preußeln
Vb., norddt. reden, norddt. Ausdrücke gebrauchen: °*breißln* Marquartstein TS; *wenn de Kartn* [Speisekarte] *preißln tuat* Altb.Heimatp. 58 (2006) Nr.29,2.

Schw.Id.V,816.   J.D.

Preußen
N. **1** Preußen, Ländername: *wej ma zu Preißn kemma han* KÖZ, VIT BJV 1954,199; *an Bismarck vo Preußn sollns lebendi siadn* 1866 RATTELMÜLLER Soldatenlieder 152.– Gstanzl: °*und drentahal der Doana* (Donau) *is s' Vaterland Preißn. Der wo nix z' Fressn hat, hat nix zum Scheißn* Leitenbach MAI, ähnlich QUERI Kraftbayr. 180.– Ä.Spr. Gebiet der Pruzzen, dann des Dt. Ordens: *daz wůst lant in Brůssen* KONRADvM BdN 103,23.

2 Norddeutschland: °*mei Tanti, döi haout aaf Breißn gheiat* Windischeschenbach NEW; *weil es so weit ist ins Breißen hinaus* PEINKOFER Werke II,62.

SCHMELLER I,472.– Suddt.Wb. II,622.– Frühnhd.Wb. IV, 1102.   J.D.

preußenhaft
Adj.: *braissnhaft* „wer wie ein ... *Braiss* [Norddeutscher] ist" AMAN Schimpfwb. 39.   J.D.

preußisch
Adj. **1** aus Preußen stammend: *ain parr schon schlechte Preisische Schuech* Zaunmühle WEG 1690 BJV 1962,214 (Inv.).

2 abwertend norddeutsch: *so wia me der schikaniert hod mid seina breißischn Fotzn* TOCHTERMANN Oiß wos Recht is 119.– Auch in norddt. Spr.: *nacha probier i's halt in Gottsnam auf preißisch damit* Mchn.Stadtanz. 7 (1951) Nr.25,3.

Etym.: Mhd. *priuzisch*, Abl. von →*Preuße*; WBÖ III,791.

WBÖ III,791; Schwäb.Wb. I,1413, VI,1692; Schw.Id.V,817; Suddt.Wb. II,622.– Rechtswb. X,1249f.; Frühnhd.Wb. IV,1102f.; LEXER HWb. II,299.   J.D.

Breve
N., meist Dim.– **1** Amulett.– **1a** Schutzbrief (mit Hülle), °OB, °NB vereinz.: °*Breverl* „meist Klosterarbeit" O'ammergau GAP; „*Breverln* ... kleine kissenförmige Amulette ... welche ... meist neunteilige Faltzettel mit ... Heiligenbildern, Gebeten, Segen und aufgeklebten Dingen ... enthalten" BJV 1966/1967,212; *.1. Silberes Preui* 1700 Stadtarch. Rosenhm, Abt.B/B Nr.113, fol.160ʳ (Inv.).– Auch: Gebet auf diesem Schutzbrief: °*af d'Nacht doa bedd i oft an Rousnkranz und a Brefal dazua* Grafenau.– Sachl. vgl. BÖHNE in: BJV ebd. 208-213.– **1b** geweihte Medaille, Anhängsel, °OB, °NB, °OP vereinz.: °*d Muatta hat ma vo Altötting a Breverl mitbracht* Schönbrunn LA; *Breval* „Medaille mit Gebetsspruch" Spr.Rupertiwinkel 13.

2 Anhänger, Medaillon: °*a Breval* „bei Kindern, meist Herzerl oder Engerl" (Ef.) Marktl AÖ; *Brävei* „Medaillon" Ramsau BGD Bergheimat 10 (1930) Nr.10,39.– Auch Brosche, °OB vereinz.: *Bräfei* Maria Gern BGD; *Brävei* HELM Mda.Bgdn.Ld 41.

3 Abzeichen, Auszeichnung, Medaille, °OB vereinz.: *a Brevai* „irgendein Abzeichen" Ramsau BGD.

Etym.: Aus *Breve* 'einfacher päpstlicher Erlaß' zu spätlat. *breve* 'kurzes Verzeichnis'; DUDEN Wb. 660.

WESTENRIEDER Gloss. 59.– WBÖ III,819f.; Schwäb.Wb. I,1413.– DWB II,379; LEXER HWb. I,351.– RASP Bgdn. Mda. 33; Spr.Rupertiwinkel 13.– W-42/22.

Komp.: [**Mutter-gottes**]**b.** Dim., Marienmedaille, °OB, °NB vereinz.: °*Muttergottesbreverl, Schutzengelbreverl, Papstbreverl* „geweihte Medaillen" Eining KEH; „zahlreich waren die *Muttergottesbreverl*, daneben gab es *Heiligen-* ... und *Ablaßbreverl*" Töging AÖ Heimatgl. 18 (1966) Nr.1,2.   J.D.

Brevier, †**Briefer**
N. **1** auch †M., Brevier, Gebetbuch: *Aber ein meßpůch. Ain brieffer* Landshut um 1450 ObG 11 (1969) 308; *Es liegt in der G'raffel-Schubladen beym Brevier* BUCHER Werke IV,259.

2 Stundengebet: *der Herr Pfarrer – der hat jedn Tag ... sei Brevier bet'* HALLER Dismas 117.

Etym.: Mhd. *breviere* stn., lat. Herkunft; DUDEN Wb.661.

SCHMELLER I,376.– Schwäb.Wb. I,1416; Schw.Id. V,433.– DWB II,379; Frühnhd.Wb. IV,1103f.; Mhd.Wb. I,1000.

Komp.: †[**Schlüffel**]**b.** Brevier, Gebetbuch für die Reise: *Der Herr kann mir einmal ein Schlifelbrevier ... dafür verehren* BUCHER Kinderlehre 8.– Zu →*Schlüffel* 'Schlingel'.

SCHMELLER II,511.   J.D.

Breze, -el, Brezge
F. **1** Breze, Brezenring.– **1a** Breze, °Gesamtgeb. vielf.: *Sööml, Oarwöggli, Brötzga* Peiting SOG; *bon unsanö Böcka weand Brötzln mit da Händ draht* Hengersbg DEG; *am Palmsunta geng ma afs Beichtn, nacha gits Bretzn* Adlersbg R; *dann*

krejgat i no sechs Brezn und zwoa ganze Essiggurkerln LAUERER I glaub, i spinn 60; „formt ... *Bretzeln daraus"* SCHANDRI Rgbg.Kochb. 283; *Similam frixam prkcfllxn* [*pricellun*] Tegernsee MB 10./11.Jh. StSG. I,422,23; *umb precen an dem antloztag* [*Gründonnerstag*] *und an chorfreitag 16 dn.* N'viehbach DGF 1386 BJV 1957,71 (Rechnung); *Mach/ Daraus ... prezen, las gehen ... las bachen* PICKL Kochb.Veitin 167.– In festen Fügungen: *ganganö Brözn* „Brezel aus Sauerteig" Mengkfn DGF;– *kaŋani pretzn* „dick und aufgesprungen" SCHWEIZER Dießner Wb. 154.– *Gesottene Bretzel* „Laugenbrezel" Mchn.– In Vergleichen: *da wie eine B.* pünktlich, mit Sicherheit da: °*do bin i do wia a Bretzn* Mchn; *Haout ... a Baua a Dschuugl otou* [ein Schwein geschlachtet] ... *er woar daou wöi a Breezn* HEINRICH Gschichtla u. Gedichtla 14.– „Fühlt man sich ... *wöi a Brez'n* ... d.h.schlecht, übel" Oberpfalz 80 (1992) 145;– *beinand bin i wia a Brezn aus der Laugn!* „schlapp, müde" O'stimm IN.– *Frau L. ist gut beinand, wie a Brezn* MM 20./21.7.2002, 10;– auch: *gstellt wia a neibachne Brezn* Reisbach DGF.– *Aufgehen wie eine (neugebachene) B.* in Zorn, Wut geraten, OB, NB, OP vereinz.: *der geht auf wie a neubachne Bretzn* Jesendf VIB; *à:fge:a wia a bre:zn* KILGERT Gloss.Ratisbonense 185.– °*Der geht ausananda wäi a bachene Brezn* „geht in die Breite" Abbach KEH, ähnlich °R.– *Saukold is's. Wöi a Brezn Zöihgt's di furta* [ständig] *zamm* SCHWÄGERL Dalust 139.– „Der höchste Grad von Direktheit ... *pfeigrad wiar a Brezn*" KUEN Bair. 7, ähnlich DGF.– °*Kaam draa Kaas houch, owa frech wöi a Brezn* Wdsassen TIR.– Ra.: *dees gäiht ja wöi 's Breez'lbâch'n* „es geht rasch" BRAUN Gr.Wb. 65.– *dia heng i no amal um 5 Mark Brezn o* „Drohung, einem das Messer durch und durchzustechen" JUDENMANN Opf. Wb. 29.– Scherzh. Deutungen der Türbeschriftung an Dreikönig (→*CMB*): *19 KMB 29: 19 Kasperl möchtn 29 Brözn* Griesbach, ähnlich NB mehrf., OB, OP vereinz.;– *Kathl macht Brezn* Immenrth KEM, ähnlich BOG;– *Katzal mächst a Brözen?* Wurmannsquick EG.– Spiele: *B.n angeln / schnappen* nach aufgehängten Brezen schnappen, °OB, °NB vereinz.: °*'s Brezgaangla an Fasnachtsdiaschdag* O'ammergau GAP;– Sachl.: „Auf einem Ochsenwagen sind drei, vier *Bretzgaangla*, die an langen Angeln eine *Breze* über die Köpfe der Kinder hinwegschwenken. Diese schnappen danach und rufen dabei: *Mari, mari Brez!"* ebd.– *Brötzn hagln* „zwei ziehen an einer Breze und bekommen den Teil, der in ihrer Hand bleibt"

Simbach PAN, ähnlich °EBE.– Vkde: *B.n* bzw. *Brezenringe* (→Bed.1c) gibt es im Fasching (→[*Fasching(s)*]-, [*Fas-nachts*]*b.*) (°M; DEG, PA, PAN; KEM, NEW, SUL, VOH; FDB), in der Fastenzeit (→[*Fasten*]*b.*) °OB, NB, OP (dazu DON, FDB), an den Beichttagen während dieser Zeit (→[*Beicht*]*b.*) (AÖ; DEG, GRI, PAN, WEG), nach der Fastenpredigt (°AIB). Vereinz. werden die am Palmsonntag geweihten Palmen mit *B.n* geschmückt (AÖ, RO, TS; PAN). S.a. [*Brezen*]*baum*, [*Brezen*]*tanz*.– „Wer beim *Brezenhackeln* [eines Paars] ... das große Stück behielt, hatte ... nach alter Meinung künftig das 'Kreuz' zu gewärtigen" HAGER-HEYN Drudenhax 103. „Wer von den Eheleuten die größere Hälfte einer *Breze* abbricht, hat das Regiment" Neukchn VOH.– **1b** Brezel, Knabbergebäck: *bre:zal* KILGERT Gloss.Ratisbonense 48.– **1c** Brezenring: *brēdsn* „nur zwischen Dreikönigstag und Fastnacht gebacken ... ringförmig" DENZ Windisch-Eschenbach 117.– Abb. s. *Bauge*[1].– Auch: *a Brezn* „doppelter Ring in Form einer Acht" Neukchn VOH.

2: *a Breeds auffimacha* „die Haare in Brezenform verschlingen" Taubenbg MB.

3 Vorrichtung zum Aufladen u. Transportieren von Säcken, °OB vereinz.: °*tua ma d Brezn her* Rettenbach WS; *Die Bretzen* „Art Viereck von ohngefähr 6 Zoll langen Stäben" SCHMELLER I, 376.– S.Abb. 6.

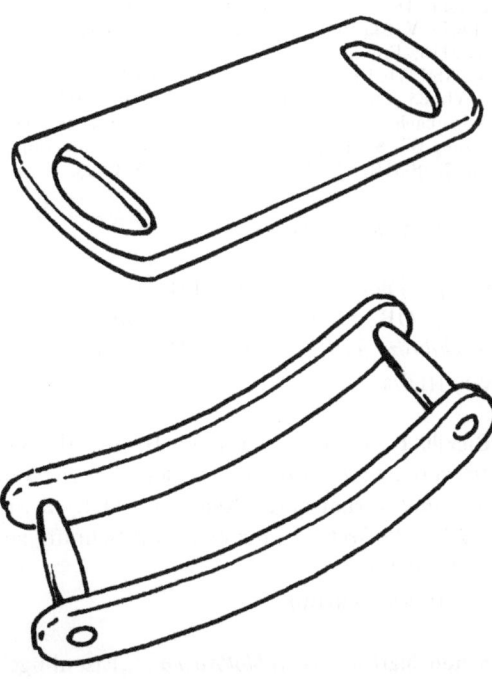

Abb. 6: *Breze* zum Aufladen von Säcken (oben aus Halfing RO, unten aus Klingen AIC)

4 Eisenring, v.a. am Kummet, °OB, °NB vereinz.: *brēds* „am Reibholz des Baumschlittens" Achbg TS; „Am *Kleester* [Holzrahmen des Kummets] waren die Zügelringe, die *Bretz'n* ... und die Brustkette befestigt" HÄRING Gäuboden 86; „die *Bretzen* ... in welche das Leitseil befestigt ist" SCHMELLER ebd.
5 geflochtener Zaunring: °*Bretzn* Fischbachau MB; *Die Bretzen* „Ring zu einer Art Zaun, aus Weiden geflochten" SCHMELLER ebd.; *Brezn* „Zaunring aus dürren Zweigen für den Stangenzaun (früher)" SOJER Ruhpoldinger Mda. 7.– Im Wortspiel mit Bed.1a *B.n bachen* einen solchen Zaunring herstellen: °*Bretznbacha* Fischbachau MB; „Scherzh. ... *Bretzen bachen*, Zaunringe am Feuer drehen und flechten" SCHMELLER ebd.
6 †Handschellen: „Außerdem hätte er *zween ... gefenckhlich angenommen und zusammen in ain brezen geschmidt*" Eberspoint VIB um 1610 HELM Obrigkeit 260.
7: °*mei, des is a aite Brezn, de ko baid nimma geh* „kränkelnde Frau" Halfing RO.

Etym.: Ahd. *brezza*, mhd. *bre(t)ze*, ahd. *brezzila*, mhd. *brêzel, p-, prêzile* swf., über Zwischenformen aus lat. *bracchium* 'Arm'; Et.Wb.Ahd. I,330f.

Ltg, Formen: *brēdsn* u.ä., auch *-dsa* u.ä. (LL, STA, WM), *brēds* u.ä. OB, dazu *brɛtʃkŋ* u.ä. (AIC, FFB), *-kə* u.ä. (GAP, SOG), *-tʃk* (A, DON).– Daneben vereinz. *brēdsl* (M, PAF; DEG, EG; NEW, ROD, TIR, VOH).

DELLING I,96; HÄSSLEIN Nürnbg.Id. 53; SCHMELLER I,376; ZAUPSER 18.– WBÖ III,924-926; Schwäb.Wb. I,1411f.; Schw.Id. V,1039-1041; Suddt.Wb. II,622f.– DWB II,379, VII,2113; Frühnhd.Wb. IV,1100-1102; LEXER HWb. II, 294; Ahd.Wb. I,1377.– BERTHOLD Fürther Wb. 29; BRAUN Gr.Wb. 65; CHRISTL Aichacher Wb. 70; DENZ Windisch-Eschenbach 117; KILGERT Gloss.Ratisbonense 48; MAAS Nürnbg.Wb. 89; RASP Bgd.Mda. 34; SOJER Ruhpoldinger Mda. 7.– S-31B10,34D7ᶜ,M-15/18,122/8,W-42/23.

Abl.: *brezeln, brezern, brezicht*.

Komp.: [**Beicht**]b. an Beichttagen gegessene Breze, OB, °NB vereinz.: *Diana bringant Baichtbrözn fia Khinda hoam* Mittich GRI.
WBÖ III,926.– S-31B10ᵇ.

[**Bier**]b. **1** zum Bier gegessene Breze, OB, NB, OP vereinz.: *Bierbretzn* „an der Stange vom *Bretznbub* verhausiert" Neukchn VOH.– **2** wie →*B.*1b: *Bierbretzn* „ganz klein, auf Schnüre gereiht" Mchn.
WBÖ III,926.– S-31B10ᵈ.

[**Seiten-blatt**]b.: *Seitnblotbrözna* „Eisenbügel, Ringe am Zugstrang, die am Kummet eingehängt werden" Arrach KÖZ.

[**Totel**]b. vom Paten (→ *Totel*) geschenkte Breze: „*Dodlbrezgn* oder *Godlbrezgn* und 16 *Oar* bekommt das Firmkind an Ostern" Gallenbach AIC.

[**Eier**]b. mit Eiern gebackene Breze: *Oabrezgn* ebd.; „Die *Eierbretzen* in der Karwoche haben sich ... auf dem Land erst im vergangenen Jahrhundert eingebürgert" TS Dt.Gaue 14 (1913) 147.

[**Fasching(s)**]b. im Fasching gegessene Breze, NB vereinz.: *Foschöngbrötzn* Hengersbg DEG.

[**Fasten**]b. in der Fastenzeit gegessene Breze, °OB, NB, °OP, SCH vereinz.: *d'Fastnbrezn haout alle Jaoua in an gröißan Oart an andana Becka bacha* Wdsassen TIR; „die ... *Fastenbretzeln*, welche nur vom Aschermittwoch bis Charsamstag zum Verkauf gebracht werden dürfen" FENTSCH Bavaria Mchn 132; „*Fastenbrezen* ... blasse, dünn ausgedrehte Wasserbrezen" E. HORN, Bayr. Kuchl, München 1982, 21; *dann ich ihnen die vasten pretzen darumb khauffen muessen* Dießen LL 1567 BJV 1957,72; „jedem Kind 2 fette und 4 dünne Sulzbacher *Fastenbrezen*" Ammerthal AM 1781 Oberpfalz 72 (1984) 142 (Prot.).
DELLING I,96; SCHMELLER I,376.– WBÖ III,927.– DWB III,1353.– BRAUN Gr.Wb. 128.– S-31B10ᵇ, 72B34.

[**Hand**]b. **1** wie →*B.*3, °OB mehrf., °SCH vereinz.: °*nimm d'Handbrezn hea zun Sågauflån* Dachau.– **2** †wie →*B.*6: *hat sich ...von seinen angehabten Schellen ... und Handbretzen losgemacht* Neuburg Oberpfälzisches Wochenbl. 13 (1806) 561f.
WBÖ III,927.– Rechtswb. V,4.– S-34C44ᵃ, W-42/24.

†[**Heller**]b. Breze, die einen Heller kostet: *so sollen Heller- und Pfenningbretzen gemacht werden* Mchn 1659 Heimatbilder Chiemgau Nr. 16 (1915) 127.

[**Kummet**]b. Eisenring am Kummet, NB vereinz.: *Kummatbrözna* „zur Befestigung der Brustkette" Arrach KÖZ; *Kummetbretzen* SCHMELLER I,376.
SCHMELLER I,376.– WBÖ III,927.

[**Laugen**]b. Laugenbreze, OB, NB, OP vereinz.: *Laugnbrezn* „werden vor dem Backen mit heißer Lauge abgebrüht" Stadlern OVI; *Da hat jeds a Laugnbretzn!* KREIS Münchner 54.– In

Vergleichen: *aufgehen wie eine L.* in Zorn, Wut geraten, OB, NB vereinz.: *der geht auf wia a Laugnbretzn* Au MAI.– *Aufblosn wia a Laugnbretzn* „stolz, hochmütig" Jesendf VIB.
WBÖ III,927.

[**Fas-nachts**]**b.** im Fasching gegessener Brezenring: *Fosnatbrezn* Naabdemenrth NEW; „Die blasse *Fosnatbrezl* ... deshalb auch *Weißbrezn*" Windischeschenbach NEW, Plößbg TIR FÄHNRICH Brauchtum Opf. 29.– Sachl. vgl. ebd. 29 f.

[**Salz**]**b.** Salzbreze, OB, NB, °OP vereinz.: *Såizbrezn* Kochel TÖL; „*Salz-* oder *Fasten-Bretzen*, sehr stark mit Salz überstreut, sind in der Fastenzeit beliebt" SCHMELLER I,376; „beliebtes Gebäck in der 40tägigen Faste sind die ... *Salzbrezen*" SIEBZEHNRIEBL Grenzwaldheimat 196.
SCHMELLER I,376.– WBÖ III,927.– BRAUN Gr.Wb. 593.

[**Sattel**]**b.**: *Sattlbrötzn* „Nagel, mit dem *Sattel* (Kipfstock) und Achsstock am Wagen miteinander verbunden sind" Innviertel.

[**Schnee**]**b.**, Kaulquappe, → *Schneberitze*.

[**Sebastiani**]**b.** an Sebastian (20. Januar) gegessene Breze: „Zum Festtag gehören auch die *Sebastianibrezeln* ... vom örtlichen *Beck*" Winklarn OVI FÄHNRICH Brauchtum Opf. 22.

[**Seel(en)**]**b.** (vom Paten) an Allerseelen geschenkte Breze, westl. OB, SCH vereinz.: *Soinbrötzn* Weilhm; *seatnpretzlan* „Bretzen, die am Allerseelentag verschenkt wurden" SCHWEIZER Dießner Wb. 154.
WBÖ III,927.– DWB X,1,6.

[**Zaun**]**b.** wie →*B.5*, °südl. OB vereinz.: °*Zaunbrezn* „beim alten Stangenzaun zum Zusammenhalten der Stecken" Steinhögl BGD.
WBÖ III,927.– S-93P2, W-42/23.

[**Zucker**]**b.** süße Breze: *Zuckerbretzn* Wasserburg; *Zuckerbrezen* Regensburger Anzeiger 6 (1867) Nr.316[,4]; *Zuckerbreze[n]* „aus süßem Teig, mit (Puder-)Zucker bestreut" [4]ZEHETNER Bair.Dt. 79; *Zücker Brezen ... Nimb halb Mehl und halb zücker* PICKL Kochb.Veitin 80.– Gstanzl: *ä frische Mås Biä und ä Tsukäbretsl, i ko di niät låsn, mai liäwi Resl* Bruck ROD.
DWB XVI,301. J.D.

brezeln
Vb. **1** nach Art einer Breze formen: °*da boarische Löwe mit dem brezltn Schwoaf* Mchn.
2 schön herrichten, herausputzen: „hält die Frisur ... für ... 'ein bisschen zu *gebrezelt* und hingeföhnt'" MM 13.2.2002,2.
3 unpers., krank, bettlägerig werden: °*den hots brezlt* „bei einer Krankheit" Schnaittenbach AM.

Komp.: [**auf**]**b. 1** schön herrichten, herausputzen, °OB, °NB vielf., °OP mehrf., °MF vereinz.: °*der hat a ganz a Aufbrezlte* Tüßling AÖ; °*d Inge moan i gäht zum Aufreißn, weil sa se gor aso aufbrezlt hot* Pilsting LAN; °*wäi de häd afbrezld en da Keacha war, alle Läd ham gschaud* Rötz WÜM; „Danach wurden die Bretter [Skier] kosmetisch *aufgebrezelt*" Altb.Heimatp. 53 (2001) Nr.5,27.– **2**: °*aufbrezln* „aufschneiden, übertreiben" O'ammergau GAP.– **3** refl.: °*sich aufbrezln* „aufbegehren" Eschenbach.– **4**: °*afbrezln* „zornig machen" Plößbg TIR.– **5**: °„der Sachverhalt wurde vollständig *aufbrezlt*, aufgeklärt" Mammendf FFB.
GÖTTLER Dachauerisch 12; KILGERT Gloss.Ratisbonense 34.– W-203/5.

[**her**]**b. 1**: *heabre:zln* „hinfallen, stürzen" KILGERT Gloss.Ratisbonense 96.– **2** wie →*b.3*: *heabre:zln* „bettlägerig werden (Krankheit)" ebd.
KILGERT Gloss.Ratisbonense 96.

[**hin**]**b.**: *hi:bre:zln* „hinlümmeln" ebd. 97.
KILGERT Gloss.Ratisbonense 97. J.D.

brezern
Adj. **1**: *brezern* „hochmütig, prahlerisch" [4]ZEHETNER Bair.Dt. 80.
2: *A weng brezern is ...* „langweilig" MM 2./3.12.2000, J2. J.D.

Prezetter, langsamer Mensch, Zeigefinger, → *Präzeptor*.

brezicht, -ig
Adj. **1**: °*der is brezig beianand* „kräftig" Barbing R.– Auch: °*der is brezi* „gut in Form" Uffing WM.
2: °*de Sach is brezi* „gut, in Ordnung" ebd.
3 famos, großartig, OB, °NB, °OP vereinz.: *brezig* Wasserburg.
4: *brezert* „hochmütig, prahlerisch" [4]ZEHETNER Bair.Dt. 80.

brezicht

5: *Wennsd'ned gar aso brezert waarst ...!* „langweilig" MM 23./24.9.2000,J2.

W-41/19. J.D.

Priamel →*Präambel*.

Pribisel

F.(?): *Prübisl* „Preiselbeeren" Neustadt KEH.

Etym.: Wohl Kontamination aus →[*Preisel(s)*]*beere* u. →*Ribisel*. E.F.

brichseln

Vb.: °*herst, wej da Hagl prixlt* rauschen (von Hagel) Trausnitz NAB. E.F.

brichsen, -nen

Vb. **1** krachen, lärmen.– **1a** krachen, donnern, °NB, °OP vereinz.: °*des hot owa brixnt!* „stark gedonnert" O'viechtach; *im Woid ent hot's kracht und brixnd* Neuschönau GRA FRIEDL Geister 129; *brichsnen* „krachen (v. Schießen und Scheißen)" SCHMELLER I,345.– **1b** lärmen, °NB vereinz.: °„Kinder *brixnand,* wenn sie auf dem Dachboden herumspringen" Rattenbg BOG.
2 ein prasselndes Geräusch machen, °NB, °OP vereinz.: °*Herrgott brixt dös Grassa!* „Tannenzweige" Eschlkam KÖZ.
3: *briksn* „rennen" Aicha PA.
4: °*Polizei hat mi brixat gmacht* „zum Reden gebracht" Innernzell GRA.

Etym.: Wohl Weiterbildung zu einer Form von →*brechen*[1]; vgl. WBÖ III,815 (*prëchsnen*).

SCHMELLER I,345.– WBÖ III,933; Suddt.Wb. II,623.– KOLLMER II,73.– W-43/13f.

Abl.: *brichseln, Brichser, Brichsler*.

Komp.: [**um-ein-ander**]**b. 1** wie →*b*.1b: °*brixn dö wieda umanand, am Bodn om* „machen Spektakel" Wiesenfdn BOG.– **2** herumlaufen, herumstreunen, °NB, °OP vereinz.: °*dös Deandl brixt alleweil umananda* Straßkchn SR.

W-43/14.

[**aus**]**b.**: *ausbriksn* „abhauen, davonrennen" Aicha PA.

[**um**]**b.** wie →*b*.1b: °*wöi dö umbrixn!* „ein Getöse machen" Fronau ROD. E.F.

Brichser

M. **1** Donnerschlag, °OP vereinz.: °*dös hot an gscheitn Brixer dou* Winklarn OVI.

2: *Briksa* „herumstreunender Bub oder Hund" Aicha PA. E.F.

Brichsler

M.: °*dös haot an Brixla tou* „Donnerschlag" Traidendf BUL. E.F.

†**Bricke**

F, Neunauge: „Das Neunauge ... hier in den Kaufläden, *Pricken* genannt" WEBER Fische 27f.; *Die Bricken seynd recht wohlschmeckende Fische* SCHREGER Speiß-Meister 115.

Etym.: Abl. zur selben Wz. wie *prickeln*; WBÖ III, 933.

WBÖ III,933; Schwäb.Wb. I,1414.– DWB VII,2113; Frühnhd.Wb. IV,1104f.– S-62E122. E.F.

briechen, reiteln, →*brüchen*[2].

briechig, mit unfruchtbaren Stellen, →*bruchig*.

Briechler, Kleinhändler, →*Brüchler*.

Brief[1]

M. **1** Brief, schriftliche Mitteilung, °Gesamtgeb. vielf.: °*a kloans Briafö* Ascholding WOR; *nöd amai an Briaf schraim kina* Mittich GRI; *a doplda Breif* Brief über 20 g Floß NEW; *nimm düi bläidn Brüiff wiida miid, düissd mein Wei ... gschriim housd* LODES Huuza güi 27; *dà hàbt's – ăn Briăf* OB Bavaria I,345; *Alse Helenâ die brieve gelas, wie trûrich ir herze was!* Kaiserchr. 234,8296f.; *si ... gab im ain brief von der junckfrawen* FÜETRER Lanzelot 40; *in ainem briefl ... die noch yberigen restierenten 3 fl hinnach yberschickht* 1699 POSCHINGER Glashüttengut Frauenau 110.– In fester Fügung: *Briaf doa* „eine Botschaft übermitteln" Willprechtszell AIC.
2 †offizielle Bekanntmachung, Aufforderung: *Die brieve flugen in diu lant* Kaiserchr. 386, 16922; *Ich ... Landrichter und Kastner zum Camb thue khundt allermänigelichen mit diesem offenen Brief* Chammünster CHA 1529 HARTINGER Ordnungen II,501.
3 †(beschriebenes) Blatt Papier: *Carta prieue* Frsg 9.Jh. StSG. I,480,9; *in yeder plahen ain brifl, da stet an Caspar, Walthasar und Melchior* 1399 Runtingerb. II,124; *Item ain klains truhel mit etlichen perchamenen vnd sonst andern prieffen* Mchn 1538 MJbBK 13 (1938/1939) 98 (Inv.).

4 Urkunde, OB, NB vereinz.: *Briaf* „notariell beurkundetes Schriftstück" Wasserburg; *Briəf* „eine gerichtliche Schrift, Urkunde, Instrument" SCHMELLER I,350; *Libellus prief* Tegernsee MB 11.Jh. StSG. II,136,18; *Wir ... bestättigen mit disem brief ... die articul, die hernach gschriben seint* 1333 Schrobenhsn.Stadtrechtsb. 19; *Den Beden ... gib Ich ... in krafft ditz briffs mein gantz völlig macht ... mein verlassen Hab vnd guter anzegreiffen* Mchn 1538 MJbBK 13 (1938/1939) 96.— In fester Fügung *B. und Siegel* u.ä. dass.: *i ho Sigl und Bröif!* „notarielle oder amtliche Sicherung" Naabdemenrth NEW; *so hat der bischof von Freising doch brief und sidl von den Tölzneren umb di ganz herschaft zu Tölz* ARNPECK Chron. 677,2-4;— übertr. feste Zusicherung: *da setz i Siegl und Brief* Schnaitsee TS; *Dåu gii(b a da Bröif uu Sieg'l* „das kannst du 'hundertprozentig' glauben!" BRAUN Gr.Wb. 66; *das ir ... andern menschen nit vertraut, wölt brief und sigel haben* AVENTIN IV,360,4 f. (Chron.).— Ra.: *keinen B. von etwas haben* u.ä. keine Gewißheit haben: *an Briaf hamma net, daß mia den Kriag gwinna* Berchtesgaden; *Kainen Brieff von etwas haben* SCHMELLER I,350.— †„Ironisch: *Ainen Brief, den Brief, die Brief von etwas haben*, einen (verbrieften) Vortheil, Nutzen davon haben ... *I häd di Briəf vo~n Tanz·n!* ich mag nicht tanzen" ebd.— †*Was der B. vermag* u.ä. so viel, so sehr als möglich: *Sie wälzen sich, wie d'Säu im Trog, In Sünden, was der Brief vermog* BUCHER Charfreytagsprocession 115.

5 †Recht.— **5a** verbrieftes Recht, Privileg: *als wür ... den Burgern gemeingelichen Unserer Statt zu München Ire recht, brief und guete gewohnheiten ... bestättet haben* 1363 Schrobenhsn.Stadtrechtsb. 21.— Auch in fester Fügung →*Gnade und B.*— **5b** Recht, Gesetz, in Ra.: *vil brief, wenig gerechtigkait* AVENTIN I,467,24 f. (Gramm.).

6 †Aufnahmeformel bei der Profeß: *darauf gleich hat der nouizin den Brieff Sambt dem vers suscipe vor dem altar gesungen* 1621 HAIDENBUCHER Geschichtb. 45.

7 kleine gefaltete Papierverpackung: °*an Briaf Nodln* Mchn; „man kauft *an Breif Nädln*" BERTHOLD Fürther Wb. 28; *Ein Brief Tabak* „Päckchen" SCHMELLER I,350; *das er Jr vmb .2. brief nesstl schuldig .1. f.36 kr.* 1605 Stadtarch. Rosenhm Abt. B/C Nr.145,120.

8 auch N., Spielkarte(n).— **8a** Spielkarte, °OB, NB, °OP vereinz.: °*gib obacht, daß da de Briafa nöd an de Bratzn owachsn* „zu einem zögerlichen Spieler" Bibg AIB; *Da Schneida mischt, vothaelt dee Brief* PANGKOFER Ged.hd.u.altb. Mda. 34; „Wenn jemand beim Aufnehmen der Karte einen *Brief* fallen läßt" SCHLAPPINGER Niederbayer II,46; *nachdeme dess Ausgebens, auch zuuill gehabten Briefen halber zwischen ihnnen öffters ein Zanckh entstandten* StA Mchn Hofmark Amerang Prot.18 (2.10.1750).—
8b Gesamtheit der an einen Spieler ausgeteilten Karten: °„wer wenig Trümpfe hat, *hat a miserabls Bröüf*" Kallmünz BUL.— **8c** die bei einem Stich auf dem Tisch liegenden Karten: *Gestochen!* sagt der liebe Gott und haut den Brief mit der Herzaß zusammen QUERI Rochus Mang 105.

Etym.: Ahd. *briaf*, mhd. *brief* stm., aus lat. *breve* 'kurzes Schreiben'; KLUGE-SEEBOLD 151.

Ltg: *briav* OB, NB, SCH, *breiv* u.ä. nördl.NB, OP, OF, MF (dazu IN).

SCHMELLER I,350 f.; WESTENRIEDER Gloss. 415; ZAUPSER Nachl. 13.— WBÖ III,934-936; Schwäb.Wb. I,1414-1416; Schw.Id. V,435-447; Suddt.Wb. II,623.— DWB II,379 f.,381; Frühnhd.Wb. IV,1106-1112; Mhd.Wb. I,1000-1004; WMU 289 f.; Ahd.Wb. I,1378 f., 1382 f.— BERTHOLD Fürther Wb. 28; BRAUN Gr.Wb. 66; CHRISTL Aichacher Wb. 148; SINGER Arzbg.Wb. 43.— S-91F7, 105D15,37,39, M-6/36.

Abl.: *briefen, Briefer(er), Brieferei, Briefler, brieflich, Briefung*.

Komp.: †[**Acht**]**b.** Urkunde, in der die Acht ausgesprochen wird: *lies überal anschlahen über den herzogen die achtbrief* AVENTIN V,325,12 f. (Chron.).

WBÖ III,937; Schwäb.Wb. I,93; Schw.Id. V,448.— ²DWB I,1380; Frühnhd.Wb. I,552 f.; Mhd.Wb. I,131.

[**Alm**]**b. 1** Satzung der Almbauern: *Oimbriaf O'audf* RO; *sich auch sonsten den almbriefen allerdings gemäß in allen puncten zu verhalten schuldig und verbunden* 1589 Chron.Kiefersfdn 131.— **2**: *Oimbriaf* „Urkunde an einen Lehensinhaber in der die meist erbliche Verleihung einer Alm dokumentiert ist" HELM Mda.Bgdn.Ld 172.

WBÖ III,937; Schw.Id. V,448 f. (Alp-).— Frühnhd.Wb. I, 750.— RASP Bgdn.Mda 114.

†[**Paß**]**b.** Passierschein für Personen od. Güter: *1 Paaßbrieff auff die Frau Wittib lautendt* Rgbg 1637 VHO 81 (1931) 45.

WBÖ III,937; Schw.Id. V,473.— Rechtswb. X,545 f.; LEXER HWb. II,211.

†[**Passier**]**b.** dass.: *öttliche Clester haben von den vnd'n baurern baß Süer brüef aus gebracht* 1632 HAIDENBUCHER Geschichtb. 96.

Rechtswb. X,546 (Passer-).

[Paten]brief

[**Paten**]**b.** Patenbrief, OP, °OF vereinz.: °*da Bånbrejf* „ins Taufkleid gesteckter Brief mit Geld oder Goldstück" Schönwd REH; *in Patenbröif moußt dreierla Göld drin saa* SCHEMM Stoagaß 116.
WBÖ III,937f.; Suddt.Wb. II,105.– DWB VII,1500.– BRAUN Gr.Wb. 470.

[**Bet**]**b. 1** †Bittschrift: *er gab yederman geren fürdrung und bettbrief* ARNPECK Chron. 673, 16f.– **2** Zettel mit Gebet, Amulett: *Grad an Betbriaf balst hättst!* CHRIST Werke 536 (Rumplhanni).
WBÖ III,938; Schwäb.Wb. I,946; Schw.Id. V,473f.– Frühnhd.Wb. III,2040f.; LEXER HWb. I,234.

Mehrfachkomp.: [**Ab-bet**]**b.** Brief, in dem der Konfirmand dem Paten Abbitte leistet: *Da Pate haoutma an „Obe(t)bröif" gschriem* SCHMIDT Säimal 80.

[**Bettel**]**b. 1** Bettelbrief: *Bedlbriaf* Reisbach DGF.– **2** †schriftliche Erlaubnis zum Betteln: *destwegen weiter kain betlbrief gegeben* 1627 WÜST Policey 574.
WBÖ III,938; Schwäb.Wb. I,962; Schw.Id. V,474.– ²DWB V,23; Frühnhd.Wb. III,2162.

[**Pfand**]**b. 1** Pfandbrief: *Pfandbriaf* Passau; *Wir haben ihn ... versprochen, das vvir niemand ... kainen pfandbrieff geben söllen* Mchn 1393 HEUMANN Opuscula 167.– **2** †Urkunde über eine Verpfändung: *in ... bey seiner pfantbriefe ... inhalt beleiben zu lassen* 1461-1463 Urk.Juden Rgbg 19.
WBÖ III,938; Schwäb.Wb. I,1008; Schw.Id. V,476.– DWB VII,1607; Frühnhd.Wb. IV,37; LEXER HWb. II,227.

†[**Boden**]**b.**: „*Den Bodenbrief herunter daumeln,* ein Spielterminus: sich das untere Kartenblatt betrügerisch zumischen" SCHMELLER I,350.
SCHMELLER I,350.– Rechtswb. II,395f.

†[**Borgschaft(s)**]**b.** Urkunde über eine Bürgschaft: *hierüber einen ordentlichen Borgschaftsbrief zu errichten versprochen hat* Miesbach 1807 OA 76 (1950) 11; *ordenliche Porgschafftbrieff auffgericht* Landr.1616 (GÜNTER) 53.

†[**Land-bot(s)**]**b.** schriftliche Verkündung einer Landesverordnung: *seiner Gnaden Landbotbrief* Landshut 1474 BLH VII,446.
Rechtswb. VIII,348.

[**Brand**]**b. 1** amtliche Sammelerlaubnis eines Brandgeschädigten: °„*im Brandbröif war festgelegt, wo man sammeln durfte*" Schnaittenbach AM; „*vermittels eines Brandbriefes im Lande Hilfe und Unterstützung zusuchen*" Geisling R 1802 Oberpfalz 63 (1975) 296.– **2** Brief, in dem eine Brandstiftung angedroht wird, OB, NB vereinz.: *a Brandbriaf* „Erpressungsbrief" Mengkfn DGF; „*Dabei zeigte ... der Mo[r]dbrenner seine verruchte Tat oft mit einem Brandbrief an*" HAGER-HEYN Dorf 258; *Brandbrief* „ein feindliches, Mord und Brand bedrohendes Schreiben" WESTENRIEDER Gloss. 57.– **3** dringendes Bitt- od. Mahnschreiben, °OB vereinz.: °*da Hea Segredea håd vazeid, vom Ministerium z'Minga hens an Brändbriaf åwagschiggd* Ebersbg; *Brändbröif* „Bettelbrief; der Schreiber bittet um Geld" BRAUN Gr.Wb. 60.– **4** †Verordnung gegen Brandstiftung u. -schatzung: *Nu haben wir ... In bestätt ... den Prannt-Brief* Ingolstadt 1416 LORI Lechrain 99.
SCHMELLER I,360; WESTENRIEDER Gloss. 57.– WBÖ III,938; Schwäb.Wb. VI,1683; Schw.Id. V,475f.; Suddt.Wb. II,563.– DWB II,297; Frühnhd.Wb. IV,923; LEXER HWb. III, Nachtr. 100.– BRAUN Gr.Wb. 60.– S-94B2.

†[**Büchslein**]**b.**: „Urkunde aus feinstem Pergament ... dazu hing eine geschnitzte Kapsel mit Siegel ... *Büchselbriefe*" SILBERNAGL Almsommer 136.
Rechtswb. II,557f.

†[**Bund(es)**]**b.** Bündnisurkunde: *das bezeugt ein alter Puntsbrieff* HUND Stammenb. I,80.
WBÖ III,939; Schw.Id. V,472.– DWB II,518; Frühnhd.Wb. IV,1389; Mhd.Wb. I,1100.

†[**Bürgschaft**]**b.** wie →[*Borgschaft(s)*]*b.*: *pin ich bei dem Pfleger zu Marquartstein gewesen ... zwen pirchschafftprief lassen aufrichten* Hohenaschau RO 1564 PEETZ Volkswiss.Stud. 141.
WBÖ III,939.– Rechtswb. II,640; Frühnhd.Wb. IV,1453.

†[**(Ge-)Burts**]**b.** Geburtsurkunde: *doch soll er in 14 tagen seiner hausfrauen geburtsbrief ... furlegen* Straubing 1558 JberHVS 96 (1994) 245.
ASCHL Geburtsbrief.– WBÖ III,939; Schwäb.Wb. III,140; Schw.Id. V,473.– DWB IV,1,1,1907f.; Frühnhd.Wb. VI,334; LEXER HWb. I,766.

[**Butter**]**b.** schriftliche Dispens vom Butterverbot in der Fastenzeit: „einen von dem Landshuter Pfarrer Dr. Federkiel beglaubigten

Butterbrief" 2.H.15.Jh. Sammelbl.HV.Frsg 11 (1918) 104.

Schwäb.Wb. VI,1714.– DWB II,584; Frühnhd.Wb. IV, 1512.

†[**Dangel**]**b.** schriftlicher Vertrag einer Dorfgemeinschaft mit dem Schmied: *Der Danglbrief des Ehehafts-Schmiedes ... soll ... verbrandt seyn* Schönach R 1711 HARTINGER Ordnungen III,114.– Zu *dangeln* (→*dengeln*).

[**Tauf**]**b.** wie →[*Paten*]*b.*: *Taufbräifl „darin drei, zwei oder eine Mark"* Ebnath KEM; *„das Taufbüchl, darin lag der Taufbrief ... früher unterschrieben vom Paten"* FÄHNRICH M'rteich 250.

WBÖ III,939.– DWB XI,1,1,187.

†[**Teil**]**b.** Urkunde über eine Besitzteilung: *daz man all tailbrief über solt geben jedem herrn zu seinem tail* Mchn 1403 Chron.dt.St. XV,501,6.

WBÖ III,939f.; Schwäb.Wb. II,136; Schw.Id. V,489.– Frühnhd.Wb.V,385; LEXER HWb. II,1415; WMU 1745.

Mehrfachkomp.: †[**Ur-teil**]**b.** schriftliche Ausfertigung eines Urteils: *dem Gerichtschreiber von dem Vrteilbrieff zeschreiben* 1500 Frsg.Dom-Custos-Rechnungen I,819.

Schwäb.Wb. VI,309; Schw.Id. V,489f.– LEXER HWb. II, 2015.

†[**Leib-(ge-)ding(s)**]**b.** Urkunde über die Verleihung von Gütern od. Nutzungsrechten auf Lebenszeit: *man sant ... Den hädrär gein Nürnberch mit leypting priff* 1394 Stadtarch. Rgbg Cam. 3, fol.8ᵛ; *Es soll ... ein ieder Vnterthonn allweegen bey der Stüfft seinen ... Leibgedings Brief vorweißen* nach 1681 BREIT Verbrechen u.Strafe 93.

WBÖ III,940.– Rechtswb. VIII,1058, 1082; Frühnhd.Wb. IX,1,737; Spätma.Wortsch. 194.

†[**Toten**]**b.** Verzeichnis der Toten, für die regelmäßig eine Messe zu halten ist: *„geht einer mit den Totenbriefen ins Ober-, der andere ins Unterland"* O'alteich BOG 1754 JberHVS 36 (1933) 39.

WBÖ III,940; Suddt.Wb. III,272.– DWB XI,1,1,599; LEXER HWb. II,1472.

†[**Tots**]**b.** Ungültigkeitserklärung: *oder in darumb mit notorftigen todsbriefen versorgen* ARNPECK Chron. 686,34.

WBÖ III,940; Schwäb.Wb. II,290; Schw.Id. V,490.– DWB XI,1,1,593; LEXER HWb. II,1471.

†[**Aus-trag**]**b.** Vertrag über den Lebensunterhalt im Austrag: *Pfriendt- oder austrag brief* 1669 MHStA Jesuitica 2445 1/16,fol.12ʳ (Stiftb.).

Schw.Id. V,491.– Rechtswb. I,1123.

†[**Ehren**]**b. 1** Leumundszeugnis: „*Litteræ honorariæ ... ehrenbr[ieff]*" SCHÖNSLEDER Prompt. H6ʳ.– **2** Lobschrift: *Ist euch gemacht Zuehren ... der eren Brief* Mchn 1462 Jakob Püterich von Reichertshausen, Der Ehrenbrief, hg. von K. GRUBMÜLLER, U. MONTAG, München 1999, fol.13ʳ.
²DWB VII,203.

†[**Eigen**]**b.** Urkunde über eine Besitzübertragung: *daß ... bey den guets beschreibungen ... auch die aigenbrief fürzulegen begert ... werden* FRIED-HAUSHOFER Dießen 16.

Rechtswb. II,1334f.

[**Eil**]**b.** Eilbrief, OB, OP, SCH vereinz.: *Aillbröif „Expreßbrief"* Floß NEW.

WBÖ III,941; Suddt.Wb. III,559.– ²DWB VII,446.

†[**Eisen**]**b.** schriftliches Moratorium: *der Innhalt des ertheilten Eisen-Briefs* W.X.A.v.KREITTMAYR, Codex juris Bavarici judiciarii de anno 1753, München 1754,131.

WESTENRIEDER Gloss. 125.– Rechtswb. II,1503.

†[**Erb**]**b.** Urkunde über ein Erblehen: *so süllen sie fürpaz pleiben pey allen den rechten als ir erbbrief lawt* Neumarkt 1404 MB XXIV,539; *Welcher kheinen Khauff- noch Erbbrief hat* Floß NEW um 1610 HARTINGER Ordnungen II,553.

WBÖ III,941; Schwäb.Wb. VI,1829.– ²DWB VIII,1586; LEXER HWb. III,Nachtr.151.

[**Faschings**]**b.**: °*Fåschingsbriaf* „lokale Faschingszeitung, in der Mißgeschicke einzelner Personen verulkt werden" Högl BGD.

WBÖ III,941.

[**Fehl**]**b.** N.: °*Failbröif* „schlechte Spielkarte" Kallmünz BUL.

[**Ge-fei**]**b.**: *Gfeihbrief* „Kettenbrief, weitergeschickt schützt er vor Gefahr" Traunstein.

[**Forder**]**b.,** †[**Fü-**]- **1** Forderungsschreiben, °OP vereinz.: °*wos, van Finanzamt? Des is höchstns a Fuadabröif!* Windischeschenbach NEW; *durch anschlahen offner vorderbrief ... in der gewöndlichen pfarrkirchen jrs bistumbs* Gerichtzordnung

[Forder]brief

Jm̄ fürstnthumb Obern vnd Nidern Bayrn, München 1520, fol. K1ᵛ.– **2** †Vorladungsschreiben: *so der pot also geschworn, soll man jm den vorder brieff zu°stellen* Passau 1536 WÜST Policey 255.

SCHMELLER I,753.– WBÖ III,941.– Rechtswb. III,616; LEXER HWb. III,464.

†[**Frauen**]b. Zettel mit Spruch od. Gebet für Frauen, Amulett: *frauenbrief, die man schreibt zu der liebe oder chinder [zu] haben* Indersdf DAH 1424 BJV 1963,14.

Schw.Id. V,452.– Rechtswb. III,671; LEXER HWb. III,542.

[**Frei**]b. **1** †wie →*B*.5a: *Ein freybrieff vmb ein hueb zu Schöfftlarn* Mchn 1355 Urk.Schäftlarn 191; *nach/ folgende Freybrieff ... gegen den rechten Originalen mit fleiß Collationirt ... worden* Freyhaiten 1568 fol. A IIᵛ.– **2** †Zeugnis über den erfolgreichen Abschluß einer Lehre: *Freybrief* WESTENRIEDER Gloss. 165; *Dargegen hat mir Ernanter Joseph seinen Lehr-, Frey- und Gepuerthsbrief ... eingesözt* 1684 POSCHINGER Glashüttengut Frauenau 102.– **3** wie →[*Bet*]b.2: *Freibrief* O'nzell WEG.

WESTENRIEDER Gloss. 165.– WBÖ III,941 f.; Schwäb.Wb. II,1722.– ²DWB IX,926-928; LEXER HWb. III,508.

†[**Freiheit(s)**]b. wie →*B*.5a: *Satler ... bracht Jr Freyhait brief mit dz Si di Sätl Khamet vnnd Khriemb zemachen befuegt* 1596 Stadtarch. Rosenhm Abt. B/C Nr. 139,112.

WBÖ III,942; Schw.Id. V,452.– ²DWB IX,951.

[**Freis**]b. Zettel mit Spruch od. Gebet gegen Schüttelkrampf, Amulett, OB, °NB vereinz.: *kloan Kindern Froaßbriaf untas Kopfal legn* Pfarrkchn; „*Froas-Sackerln* um den Hals gehängt ... welche einen *Frais-Brief*, d.i. ein Gebet oder eine Beschwörung gegen die *Fraisen* ... enthalten" KRISS Sitte 114; „Gegen die *Frais* der Kinder wird der *Fraisbrief* dem Kranken 3 mal vorgelesen, dann auf die Brust gelegt" HÖFLER Volksmed. 221.

WBÖ III,942.

†[**Fried**]b. **1** Urkunde über einen im Gerichtsprozeß vereinbarten Frieden: *Ez Rait der Awmair gein laber mit den fridpriefen* 1405 Stadtarch. Rgbg Cam. 6, fol.83ʳ.– **2** Friedensordnung einer Stadt: *der erst artikel was vmb den fridbrif zu vernewen* 1418 Stadtb.Rgbg 350.– **3** Landfriedensurkunde: *daz der rihter an dem gerihte iht sitze ân dem fridebrief* Straubing 1256 L. v.ROCKINGER, Denkmäler des bair. Landesrechts vom dreizehnten bis in das sechzehnte Jh., Bd 2, München 1891, 52.– **4** wie →[*Paß*]*b*.: *uns Fridtbrief geben an unser Swager ... daß sy uns freys Scheff fürn lassen* Burghsn AÖ 1418 LORI Bergr. 24.

WBÖ III,942; Schwäb.Wb. VI,1951; Schw.Id. V,452 f.– DWB IV,1,1,181; LEXER HWb. III,509; WMU 2240 f.

†[**Fürder**]b., [**Fuder**]- Empfehlungsschreiben: *sunder in wen sy begert vnnser Fuder-Brif geben an vnnser Swager* Burghsn AÖ 1414 LORI Bergr. 23.

SCHMELLER I,753.– Schwäb.Wb. II,1846.– DWB IV,1,1,368; LEXER HWb. III,594.

†[**Fürdernis**]b. dass.: *Phalzgraf Ludwig ... bracht von den, die im wol wolten, fürdernusbrief an den künig* AVENTIN V,401,10-12 (Chron.).

Schwäb.Wb. VI,1962; Schw.Id. V,451.– DWB IV,1,1,720; LEXER HWb. III,596.

†[**Über-gab**]b. Urkunde über eine Besitzübergabe: *Von ... den Rauhenpergern geprüedern ain übergabbrief* 1445 J. DORNER, Burghauser Urk.b. 1025-1503, Bd 1, Burghausen 2006, 454.

WBÖ III,942; Schw.Id. V,454.

†[**Gant**]b. Urkunde über eine Ersteigerung: *Gantbrief* „Kaufs-Instrument über eine, aus der Gant an sich gebrachte Sache" SCHMELLER I,926; *den Gantbrief auf das Gut Meldenperig* Seligenthal LA 1457 VHN 33 (1897) 128.

SCHMELLER I,926.– WBÖ III,943; Schwäb.Wb. III,59; Schw.Id. V,456 f.– DWB IV,1,1,1284; Frühnhd.Wb. VI,84; LEXER HWb. I,737.

†[**Gegen**]b., [**Ga-**]- **1** Bescheinigung, Quittung: *daz man im ainen gagenprief geb* 1340 Stadtr. Mchn (DIRR) 324,9.– **2** Revers, schriftliche Verpflichtung: *hat unns ... versprochen, unns auch des seinen Gegenbrief unnder seinem Innsigel geben* 1486 DORNER Herzogin Hedwig 199.– **3** Abschrift einer Urkunde: *sullen wir in danne iren gagenbrief, den wir über die ambt von in haben, widergeben* 1360 Rgbg.Urkb. II,172.

WBÖ III,943; Schwäb.Wb. III,176; Schw.Id. V,454.– DWB IV,1,2,2227; Frühnhd.Wb. VI,497 f.; LEXER HWb. I,779, III,Nachtr. 180.

[**Geld**]b. Geldsendung, OB, NB, OP, SCH vereinz.: *Göidbriaf* Staudach (Achental) TS.

WBÖ III,943; Schwäb.Wb. III,274 f.– DWB IV,1,2,2909; Frühnhd.Wb. VI,709; LEXER HWb. I,826.– S-105D16.

†[**Ewig-gelt**]b. Rentenurkunde: *als will man ... gedachten Ewiggeldbrief hiermit öffentlich als*

amortifizirt erklärt ... haben Königlich-Baier. Staats-Ztg von München 7 (1806) Nr.34,Beylage [3]; *Es sollen ... khaine ewiggelt- oder transportbrief für steuerfrei ... gefertigt werden* 1628 Stadtr.Mchn (AUER) 264.

Rechtswb. III,339.

[Gicht]b. Zettel mit Spruch od. Gebet gegen Gicht, Amulett, OB, NB vereinz.: *Gichtbriaf* „geschriebenes Gebet, das man an neun Tagen je einmal lesen und dann unters Kopfkissen legen soll" Burghsn AÖ; *„Frais- und Gichtbriefe"* Frigisinga 1 (1924) 313.

WBÖ III,943; Suddt.Wb. IV,792.– Rechtswb. IV,870.

†**[Glaub]b.** Beglaubigungsschreiben: *des kv̈nigs glavb brief* Prüfening R 1297 Corp.Urk. IV, 158, 20; *Hierauf unsern Glaubbrief zu antworten* 1492 BLH IX,176.

WBÖ III,945f.; Schwäb.Wb. III,682, VI,2045; Schw.Id. V,461f.– DWB IV,1,4,7775f.; Frühnhd.Wb.VI,2243; WMU 621.

†**[Gnaden]b. 1** wie →*B.*5a: *alles auff laut vnd sag/ derselben jrer genaden Brief/ die wir von jn haben* Freyhaiten 1568 172.– **2** Ablaßbrief: *Jn disem Jahr hat d'hoch geborne Graff ... beÿ Jhr: Babstl: hl: vrbano dem achtn. ein Gnaden Prieff aus gebracht* 1639 HAIDENBUCHER Geschichtb. 134.

WBÖ III,943; Schwäb.Wb. III,721; Schw.Id. V,457.– DWB IV,1,5,568f.; Frühnhd.Wb.VII,32; LEXER HWb. I,850.

†**[Ver-gonn]b., [-gönn]-** wie →*B.*5a: *vergoènnbrief, den traid auff dem lannde aufzekhauffen* 1542 WÜST Policey 423.

†**[Grund]b.** Grundbrief: *wie ein alter Grundbrief von ... 1702 erweiset* Langenerling R 1805 HARTINGER Ordnungen III,388.

WBÖ III,943.– DWB IV,1,6,766; Frühnhd.Wb.VII,565.

†**[Gült]b., [-u-]-** Schuldschein: *Sollen sie Ime Perger bezalung thuen, dagegen Perger Inen Plapharts gultbrief Zuestellen* Straubing 1559 JberHVS 96 (1994) 313.

Schwäb.Wb. III,917; Schw.Id. V,455.– DWB IV,1,6,1081f.; Frühnhd.Wb.VII,649f.; LEXER HWb. I,1117.

†**[Ehe-haft(s)]b.** Urkunde über Rechte u. Pflichten in einem Gemeinwesen: *Nach einem aus dem Ehehaftsbriefe genommen und vorgezeigten Verzeichnisse* Petersglaim LA 1805 HARTINGER Ordnungen III,443; *unnsere ... Innsigl ... an disen Ehafftbrief ... gehanngen* Straßkchn SR 1589 ebd. 489.

²DWB VII,128.

†**[Haupt]b. 1** Originalurkunde: *das wir die haubtbrief, darnach das vidimus [beglaubigte Abschrift] geschriben ist ... gesehen ... haben* Mchn 1435 FREYBERG Slg I,370; *daß man den advocate niemahls die originalia, sonderlich der haubtbrief, aber wol collationierter abschrifften yberschickhen solle* FRIED-HAUSHOFER Dießen 12f.– **2** Urkunde über Grundstücksverkauf: *das feldt ... wye das an vns ... kawflich kumen aufgemarckt vnd verstaint ist nach antzaige des Hawptbriefs* Schamhaupten RID 1511 MB XVII,451.– **3** wie →*[Gült]b.*: *Auch sol man ain loch in den haubtbrif sneyden, wan er gelöst wird* 1396 Runtingerb. II,300; *der her schwager welle mit ehister gelegenhaidt den haubt brieff herauf ordnen* Mchn 1616 OA 100 (1975) 220.

WBÖ III,943f.; Schwäb.Wb. III,1249; Schw.Id. V,457f.– DWB IV,2,609; Frühnhd.Wb. VII,1263f.; LEXER HWb. I,1347.

†**[Haus]b.** Vertragsurkunde über ein Haus: *Der hawsbrief liegt hinder meinen herrn zu furpfanndt umb der stat steŵr und all ir gerechtikait* 1461 Runtingerb. III,71.

WBÖ III,944; Schwäb.Wb. III,1272f.; Schw.Id. V,459.– DWB IV,2,654; Spätma.Wortsch. 140f.

[Heirat(s)]b. 1 eine Heirat betr. Brief.– **1a** schriftlicher Heiratsantrag, OB vereinz.: *an Heiradsbriaf schreim* „brieflich anhalten" Schrobenhsn.– Auch: *Haiadsbriaf* „Liebesbrief" Ettal GAP.– **1b** Brief für od. gegen eine Heirat, OB, OF vereinz.: *Heiatsbröif* „Schmähbrief von einem Neidischen" Leupoldsdf WUN.– **2** Urkunde, Vertrag anläßlich einer Heirat.– **2a** Heiratsurkunde, NB, OP vereinz.: *Häratsbraöf* Zandt KÖZ.– **2b**: *Hairadsbröif* „amtliche Bewilligung einer Heirat" Stadlern OVI.– **2c**: *Heiradsbriaf* „sämtliche zur Heirat nötigen Papiere" Haimhsn DAH.– **2d** Ehevertrag, OB, NB, OP, SCH vereinz.: *der kann wartn bis i am an Heirötsbriaf gib* „der Werber gefällt mir nicht" OB, NB; *Heiratsbrief à 415 fl.* Rohrbach PAF 1841 SCHMELLER II,32; *Andre Khröll ... bekhent seiner ehelichen hausfrauen Maria ... in ainem heyrathsbrief* N'ottmaring VOF 1667 S. u. H.H. MAIDL, Chron. Gde Buchhofen, Winzer 2007, 70.– **2e** wie →*[Eigen]b.*, NB, OP vereinz.: *Häratsbrief* „Übergabsbrief vom Notar" St. Englmar BOG.– **3** scherzh. Spinnwebe, OP ver-

[Heirat(s)]brief

einz.: *Heiratbreif* Immenrth KEM; „*Heiradsbröif* heißen die staubigen Spinnweben ... ein schlechtes Zeugnis für die Mädchen" WINKLER Heimatspr. 104.

WBÖ III,944; Schwäb.Wb. III,1392, VI,2140; Schw.Id. V,458; Suddt.Wb. V,215.– DWB IV,2,895; Frühnhd.Wb. VII,1585 f.; LEXER HWb. I,1302.– S-11H1ª.

†[**Ver-hör**]b. Protokoll einer Vernehmung: *wir haben geben dem landrichtär zv hirsperkch lx dn̄ von zbain verhor briefen* 1404 Stadtarch. Rgbg Cam. 6, fol. 60ʳ.

†[**Hut**]b. Urkunde über Weiderechte: „*In einem ... Huth-Brief erhielt Johannes Sommerer ... bewilligt ... in die hochherrschaftliche Waldung zu hüthen*" Kothigenbibersbach WUN 1756 SINGER Vkde Fichtelgeb. 108.

Rechtswb. VI,140.

†[**Juden**]b. Urkunde über Rechtsansprüche von Juden: *1 almrein [Schrank] mit judenbriefen* 1476 Rgbg. Judenregister 125.

WBÖ III,944; Schwäb.Wb. IV,115.– Rechtswb. VI,534 f.; Frühnhd.Wb. VIII,406; Spätma.Wortsch. 148 f.

[**Karten**]b. **1** Kartenbrief, OB, NB, OP vereinz.: *Kattnbröif* Floß NEW; *Der Girgl hört, daß Kartenbriaf Jatzt auf der Post wern kafft* M. HOFMANN, Wia der Schnabi g'wachsen is, München 1898, 25.– **2** wie →*B.*8a, °OB vereinz.: °*dösmoi werd i koan Stich macha, i hob lauter laarö Kartnbriafö* Fischbachau MB; *is eahm a Koart'nbriaf untern Tisch abig'fojn* BIBERGER Gschichten 12.

WBÖ III,944 f.– DWB V,241; Frühnhd.Wb. VIII,656; LEXER HWb. I,1525.– S-105D16.

[**Kauf**]b. Kaufbrief: *als sein kaufbrief von meinem vater sagt* 1376 Urk.Heiliggeistsp.Mchn 186; *bey der Inventur befundene ... Kauffbrieff und Register über ligende Güther* Instruction Rgbg 8.

WBÖ III,945; Schwäb.Wb. IV,290; Schw.Id. V,459.– DWB V,323; Frühnhd.Wb.VIII,711 f.; LEXER HWb. I,1693.

†[**Kind**]b. Testament zugunsten der Kinder: *der chind brief uber daz haus* 1358 Rgbg.Urkb. II,129.

Rechtswb. VII,818; Frühnhd.Wb. VIII,915; Spätma. Wortsch. 160.

†[**Kompaß**]b. wie →[*Fürder*]b.: *Wo aber die zeügen ... ausserhalb des richters gerichtszwang ... waᵉrn, so soll der zeügenfuᵉerer begern, ime compaßbrieff vnd fürdrung zuᵒegeben* Passau 1536 WÜST Policey 291.

WBÖ III,945; Schwäb.Wb. IV,598.– Rechtswb. VII,1197 f.; Frühnhd.Wb. VIII,1311; LEXER HWb. III,Nachtr. 277.

[**Kuchel**]b., [**Kuchen**]- Küchenzettel, °OB, °NB, °OP vereinz.: °*wos hostn heut aufm Kuchlbriaf?* „*was gibt's zu essen?*" Hohenpeißenbg SOG; „*Wir geben nun ... den Kuchelbrief eines richtigen Hochzeitschmauses aus der Gegend am unteren Inn*" Bavaria I,401; „*Der Kuchelbrief enthält immer drei Richten [Teile einer Speisenfolge]*" STOLL Leben 21 f.

S-9E6, W-42/27.

†[**Kundschaften**]b. schriftliche amtliche Auskunft: *kundtschafftenbrieff, zeügknus vnnd all annder nottürfft des rechtens fürzuᵒpringen* Passau 1536 WÜST Policey 272.

WBÖ III,945; Schwäb.Wb. IV,843; Schw.Id. V,460.– DWB V,2647.

†[**Ladung**]b. gerichtliche Vorladung: *begern, das richter soᵉlche sein klag in den ladungbriefe einschließ* Passau 1536 WÜST Policey 257.

Schwäb.Wb. IV,918.– Rechtswb. VIII,275 f.; LEXER HWb. I,1812.

†[**An-laß**]b. schriftlicher Vertrag über ein Schiedsgerichtsverfahren: *nach solchem Anlaß-Brief Laut und Sag, die sy beederseit gegen einander hetten* Ingolstadt 1389 LORI Lechrain II,85.

WBÖ III,945; Schwäb.Wb. I,230; Schw.Id. V,464 f.– ²DWB II,1130; Frühnhd.Wb. I,1286 f.; Mhd.Wb. I,253.

†[**Ant-laß**]b. wie →[*Gnaden*]b.2: *waz sunst samung wirt ... in halt der antlaz brieff daz sol vnnser frawen capellen allain beleiben* Hohenwart SOB 1475 MB XVII,198.– Zu →[*Ant*]*laß* 'Ablaß'.

SCHMELLER I,1507.– WBÖ III,945.– Frühnhd.Wb. I,1529; Spätma.Wortsch. 11.

†[**Weg-laß**]b. schriftliche Ausreisegenehmigung: *Welcher Underthon ... sich hinweckh und in andere Herrschafft begeben will, der soll ... einen Weglaß-Brief nehmen* Floß NEW um 1610 HARTINGER Ordnungen II,549 f.

[**Lehen**]b. Lehensbrief: *haben wir die Stifft gilt. vnd Lehen Pfrief ... ab hollen Lasen* 1634 HAIDENBUCHER Geschichtb. 108.

Schwäb.Wb. IV,1105; Schw.Id. V,463.– DWB VI,539; Frühnhd.Wb. IX,1,659 f.; LEXER HWb. I,1860, III,Nachtr. 295.

[**Lehr**]b. **1** Lehrbrief, Urkunde: *Lehrbriaf* Pfarrkchn; *wann also der leerjunger ... ausgelernt, soll ime sein maister ... ainen lerbrieff aufzerichtn und zegeben schuldig sein* Landshut 1554 Zils Handwerk 76.– **2** †Lehrvertrag: „*Die Lehrbriefe ... über die Puncta ... wieviel Jahr er lernen ... und was er ... zum Lehrgeld geben solle*" Wagner Beamte I,278.

WBÖ III,946; Schwäb.Wb. IV,1179; Schw.Id. V,463f.– DWB VI,553; Frühnhd.Wb. IX,1,976.

†[**Leib**]b. wie →[*Leib-(ge-)ding(s)*]b.: *Der Leibbrief* „Document, wodurch Leibrecht ertheilt wird" Schmeller I,1412; *bey Errichtung der Leibbriefen, für die Wittiben und deren Kinder* Mchn 1776 Slg der Kurpfalz-Baier. ... Landes-Verordnungen, hg. von G.K. Mayr, München 1788, III,167.

Schmeller I,1412.– DWB VI,591.

†[**Lern**]b. wie →[*Lehr*]b.1: *soliche geburts vnd lern brieff* Ambg 1572 VHO 25 (1868) 3.

Rechtswb. VIII,1229.

[**Liebes**]b. Liebesbrief, °OB, NB, MF, SCH vereinz.: *a Lejbsbrejf* Preith EIH; *i brauchad an Liabsbriaf* Altb.Heimatp. 54 (2002) Nr.15,24; *a so an lumpeten Lieb'sbrief* Passauer Ztg 9 (1856) Nr.237[,2].

WBÖ III,946; Schw.Id. V,462.– DWB VI,943f.; Frühnhd. Wb. IX,1,1122.– S-91F8.

†[**Los**]b. wohl wie →[*Pfand*]b.1: *die 2 fl. ... samt dem Loßbrief* 1568 Stadtarch. Rosenhm Abt. B/C Nr. 137, 13.

WBÖ III,946; Schwäb.Wb. IV,1291.– Rechtswb. VIII,1413-1415; Frühnhd.Wb. IX,1,1379; WMU 1160.

†[**Schad-los**]b. Urkunde, die gegen Schaden sichert: *Schadlosbrief Steffan des Symon und seiner Hausfrau* 1366 Rgbg.Urkb. II,294; *Beclagter sagt khinde der Zeit nit bezalen, erbeut sich neben seiner Hausfrauen Jnen ordenlichen schadloß Brief aufzerichten* 1605 Stadtarch. Rosenhm Abt. B/C Nr. 145, 220.

Schwäb.Wb. V,648; Schw.Id. V,465f.– DWB VIII,1991; Lexer HWb. II,627.

[**Lotter**]b. Schmähbrief: „*das ist ein Loderbrief wider diese meine Geliebte*" Queri Bauernerotik 84.

†[**Ver-macht**]b. Urkunde über ein Vermächtnis: „*nach Maßgabe eines übergab vnd vermachtbriefs*" 1454 Urk.Heiliggeistsp.Mchn 480.

WBÖ III,946.

†[**Ge-mächt**]b. dass.: *alz sy dez dem heyligen Gayst ainen gemächt brief geben hieten* Dachau 1427 ebd. 421.– Zu →[*Ge*]*mächt* 'Vermächtnis'.

Schmeller I,1558.– WBÖ III,946; Schwäb.Wb. III,316; Schw.Id. V,466f.– DWB IV,1,2,3149; Frühnhd.Wb. VI, 805f.; Lexer HWb. I,838.

[**Mahn**]b. wie →[*Forder*]b.1, OB, NB, SCH vereinz.: *Månbriaf* Derching FDB; *Da welaib [schulde] ich ym umb monbrif und andern brif ... 12 gulldein* 1398 Runtingerb. II,184; *dem soll man vor durch ainen Manprieff die Pfañdtung anzaigen* Mchn 1540 Bergmann Mchn 60.

Westenrieder Gloss. 342.– WBÖ III,946; Schwäb.Wb. IV,1433; Schw.Id. V,467.– DWB VI,1461; Frühnhd.Wb. IX,1,1725; Lexer HWb. I,2023.– S-105D16.

†[**Meld**]b. gerichtliche Bestätigung über die Meldung von Ansprüchen: *des zu vrchund so gib ich im den meltprif mit meinem anhangendem Insigel* Straubing 1408 JberHVS 10 (1907) 25.

WBÖ III,946.– DWB VI,1991; Lexer HWb. I,2094.

†[**Münz**]b. Münzordnung, Münzvertrag: *wir wellen uns ... auch auf dy allten mūnssbrief zu einander verbrifen* Landshut 1405 Runtingerb. III,116.

Schwäb.Wb.VI,2618; Schw.Id.V,467f.– Rechtswb. IX,1004; Lexer HWb. I,2236.

[**Nadel**]b. Nadelbrief: °*Nådlbriafal* Mchn.

WBÖ III,946; Schwäb.Wb. IV,1920.– DWB VII,253.

†[**Nahrungs**]b. wie →[*Aus-trag*]b.: „*in einem Vertrags- und Nahrungsbrief vom 20. Oktober 1620*" Chron.Kiefersfdn 380.

Rechtswb. IX,1349.

†[**Quitt**]b. wie →[*Gegen*]b.1: *das ir solich gelt ... unserm jagermaister geben wellet und seinen quitbrief darumb nemmen* Ingolstadt 1418 Abh Mchn 23 (1906) 591 (Jägerb.).

WBÖ III,946; Schwäb.Wb. IV,899f.; Schw.Id. V,476f.– DWB VII,2381; Lexer HWb. II,328.

†[**Erb-recht(s)**]b. Urkunde über die Verleihung von erblichem Besitz: *zu Handt Lon geben dye drey gulden Reynisch, als der erbrecht prieff Inn halt* Indersdf DAH 1475 OA 25 (1864) 14; *Laut Erbrechtsbrief ... eine Ehehafts-Schmidte* Hfkchn MAL 1675 Hartinger Ordnungen III,371.

Rechtswb. III,121.

[Leib-recht]brief

†[**Leib-recht**]b. wie →[*Leib-(ge-)ding(s)*]b.: *erb und leibrechtbrief* Landshut 1523 JberHVS 20 (1917) 512.

Rechtswb. VIII,1111.

†[**Reit**]b. schriftliche Rechnung: *daran han ich meinem herren von Aw geben, waz sein gagenbrief und mein raitbrief sagent* 1370 Rgbg. Urkb. II,355.– Zu →*reiten* 'rechnen'.

Schmeller II,171.– WBÖ III,946f.; Schwäb.Wb. VI,2791; Schw.Id.V,480.– DWB VIII,766; Lexer HWb. II,397.

†[**Ge-richts**]b. Gerichtsurkunde: *Der urtail gert der egenant Heugadem* [PN] *eins gerihtsbriefs* Burglengenfd 1396 Runtingerb. III,110; *haben sie GerichtsBrieff darumb/ so soll der vorgehn/ der die ältern Brieff hat* Landr.1616 (Günter) 60.

WBÖ III,947; Schwäb.Wb. III,412.– DWB IV,1,1,3657; Frühnhd.Wb.VI,1092f.; Lexer HWb. III,Nachtr. 196.

†[**Rocken**]b. **1**: *Der Rockenbrief* „das buntgemalte oder geflochtene Papier, das auf dem Spinnrocken um den Flachs gesteckt wird, damit er zusammen halte" Schmeller I,350.– **2** übertr. abwertend Schriftstück: „So ist ... eine Urkunde im Archive zu Moos [VOF] ... von einem früheren Registrator außen als *Rockhnbrief* bezeichnet worden" Blau Böhmerw. Hausindustrie II,49.

Schmeller I,350.– DWB VIII,1103.– S-105D16.

†[**Rodel**]b. schriftliche Mitteilung über den Tod eines Mitglieds der Klostergemeinschaft: „die *Rotelbriefe* ... zu den konföderierten Klöstern ... zu überbringen" O'alteich BOG 1754 Jber HVS 36 (1933) 39.

†[**Ab-sag**]b. Fehdebrief: *keinem/ der ... Absag- vnd Fehdbrieff anschlägt/ oder zuschreibt* Landr.1616 720.

Schmeller II,233.– Schwäb.Wb. I,55; Schw.Id.V,480; Suddt.Wb. I,157.– ²DWB I,729f.; Frühnhd.Wb. I,300; Lexer HWb. I,16.

†[**Auf-sag**]b. Urkunde über die Übergabe von Grundeigentum: *um solcher Abtrettung halben ... sollen ... an die Amtleute Burger und Unterthanen in jeden Flecken ein besonderer Abtrett- und Aufsagbrief ... ausgehen* Frsg 1506 BLH XV,248.

Rechtswb. I,931; Frühnhd.Wb. II,636.

[**Ge-schäft(s)**]b. **1** Geschäftsbrief, OB, NB, SCH vereinz.: *Gschefftsbriaf* Lichtenhaag VIB.– **2** †schriftliche Anordnung: *dem Kastner zu Landshut ... auf der Vormunder Befehl und Geschäftbrief das Steuergeld ... inngelassen* Mchn 1508 BLH XVI,332.– **3** †wie →[*Ver-macht*]b.: *auch sol man ir geben ... was ir mein swester selige geschafft hat nach irs gescheftbriefs sag* 1428 Runtingerb. III,69.

Schmeller II,380.– WBÖ III,947; Schwäb.Wb. III,450.– DWB IV,1,2,3825f.; Frühnhd.Wb.VI,1234f.; Lexer HWb. I,898.– S-91F8, 107/33.

†[**Be-schau**]b. Urkunde über das Ergebnis einer Grenzbegehung: *vermög seines Beschaubriefs, so zwischen ime unnd einer Gemain aufgericht* Schönach R 1599 Hartinger Ordnungen III, 109.

Frühnhd.Wb. III,1613.

†[**Scheide**]b. Scheidungsurkunde: *hab ich mich am geistlichen Gericht von ... meiner ersten ehlichen versprochenen Braut ... inhalt eines Scheidbriefes scheiden lassen* Hohenaschau RO 1544 Breit Verbrechen u.Strafe 194.

Schwäb.Wb. V,742; Schw.Id. V,482.– DWB VIII,2398f.; Lexer HWb. II,684.

†[**Schelm**]b. unrechtmäßig ausgestellte Urkunde: *vnd besthe durchauß nit, das er geredt sy haben schellmbrief ausgeben* 1603 Stadtarch. Rosenhm Abt. B/C, Nr. 143, 56.

DWB VIII,2512.

†[**Ab-schied(s)**]b. **1** Urkunde über die Entlassung aus einem Dienstverhältnis: *daß forthin niemands ... einigen unbekanten raisigen knecht an- oder auffnemme, es habe dan derselb ... glaubwu^{e}rdige ... abschidsbrieff auffzulegen* 1658 Wüst Policey 754 (Landsordnung Oberpfalz).– **2** Bericht über ein Gerichtsverfahren an die höhere Instanz: *so der Richter ihme die appostl vnd Abschidbrieff zůstellt* Landr.1616 185.

WBÖ III,948; Schw.Id.V,482.– ²DWB I,796; Frühnhd.Wb. I,328; Lexer HWb. I,16.

†[**Schirm**]b. Schutzbrief zur Sicherung von Rechten: *den schirmbrief ... über diese zölle* 1354 Rgbg.Urkb. II,43.

WBÖ III,947f.; Schwäb.Wb. V,856; Schw.Id. V,484.– DWB IX,214; Lexer HWb. II,756.

[**Schuld(en)**]b. wie →[*Gült*]b., ä.Spr.: *also nam er ain anlehen ... von den prelaten und gab in darumb schuldbrief* Arnpeck Chron. 620,21-23; *Wenn diese Rennmeister schnalzen, schnalzen* *sie meistentheils mit Schuldenbriefen* BUCHER Pferderennen 103.

WBÖ III,948; Schwäb.Wb. V,1172; Schw.Id. V,483.– DWB IX,1894 f.; LEXER HWb. II,814.

[Schutz]b. 1 †wie →[Paß]b.: *Schutz und glaittprieff ... durch daz gantz Romisch reich* 1315 Stadtr.Mchn (DIRR) 73,14f.– **2** Zettel mit Spruch od. Gebet, Amulett: *Schutzbrief* „vor 1870" Pommelsbrunn HEB; „*Schutzbriefe* oder *Breverln*" Heimatbilder Chiemgau Nr.46 (1926) 173 f.

DWB IX,2124 f.

†**[Schwert]b.** Zettel mit Spruch od. Gebet gegen Schwerthieb u. anderes Unheil, Amulett: *die den leuten brief schreiben mit figuren oder mit frömden wortten und an den hals haben, es seinn swertbrief* Indersdf DAH 1424 BJV 1963,14.

SCHMELLER II,648.– Schw.Id.V,486.– LEXER HWb. II,1365.

†**[Send]b.**, [-a-]- Sendschreiben: *der kayser verpott solich santbrief nicht aufzeschicken* Sandizell SOB 1335 FREYBERG Slg I,371; *was sy fürter ... besigeln sollen und mögen: nentlich ire missiff oder sendbrief* Hohenburg AM 1542 VHO 84 (1934) 61.

SCHMELLER II,305.– WBÖ III,947; Schwäb.Wb. V,1361; Schw.Id.V,481.– DWB X,1,572; LEXER HWb. II,605.

†**[Sicher]b.** Urkunde über die Gewährung von Schutz: *Ez süllen auch alle sicherbriefe und püntnüzze ... dhein chraft niht enhaben* 1374 Rgbg.Urkb. II,411.

DWB X,1,724.

†**[Ver-sorg]b.** Urkunde über die Gewährung von Schutz u. Rechten: *ob sy den versorgprief mit pessern möchten* Mchn 1398 Chron.dt.St. XV, 481,31 f.

WBÖ III,948.– DWB XII,1,1359; LEXER HWb. III,242.

†**[Spalt]b.** durchschnittene Urkunde, deren Teile Ausfertigungen für die Parteien sind u. zum Beweis der Echtheit zusammenpassen müssen: „*in dem alten Bäckerhause ... Erwerbs-* und *Spaltbriefe gefunden*" PEETZ Chiemg.Volk II, 140.

†**[Spruch(s)]b.** Urkunde über ein Gerichtsurteil: *Des zu Urkund gib ich iedem Tail einen solichen Spruch-Brief* Straubing 1433 LORI Lechrain 127; *sollen ... die gemaine Burger vnd Bawersleut ... ordenliche Spruchsbrieff darüber ... aufrichten lassen* Landr.1616 10 f.

WBÖ III,948; Schwäb.Wb. V,1598; Schw.Id. V,486 f.– DWB X,2,1,176; LEXER HWb. II,1121.

Mehrfachkomp.: †**[Aus-spruch]b.** dass.: *alz in dem ausspruchbrief geschriben steet* Mchn 1398 Chron.dt.St. XV,481,16f.

Schw.Id. V,487.– Rechtswb. I,1112; Frühnhd.Wb. II,1417; LEXER HWb. II,2047.

†**[Be-stall]b.**, [-stell]- Bestallungsurkunde: *Maister Hainrichen Leibarczt Bestelbriefe auf iii Jar* 1465 DORNER Herzogin Hedwig 160; *des zu vrkhundt haben wir jme disen bstallbrief ... verferttigt* Straubing 1555 JberHVS 10 (1907) 82.

Schwäb.Wb. VI,1626; Schw.Id.V,487.– DWB I,1673; Frühnhd.Wb. III,1961.

†**[Be-stand(s)]b. 1** schriftlicher Pachtvertrag: *Bstandbrief* SCHMELLER II,766; *seind 2 gleichlautende Bestandsbriefe obrigkeitlichen errichtet* Dornwang DGF 1790 HARTINGER Ordnungen III,295.– **2** wohl schriftlicher Dienstvertrag: *daß ... vnsere Ambtleut ... jre anzahl Knecht vnd Pferdt/ so jnen/ nach vermög jhrer Bestandbrieff/ zu haben aufferlegt seind ... in gueter Rüstung halten* Landr.1616 717.

SCHMELLER II,766.– WBÖ III,948; Schwäb.Wb. I,931.– Rechtswb. II,167; Frühnhd.Wb. III,1926; LEXER HWb. I, 224.

†**[Be-stät]b.** Bestätigungsschreiben: *auch süllt ir süchen den westättbrief* Ingolstadt 1398 Chron.dt.St. XV,574; *für den pischoff nider khniet vnnd den bstätt prieff gelessen* 1609 HAIDENBUCHER Geschichtb. 11.

WBÖ III,948; Schwäb.Wb. VI,1625 f.; Schw.Id. V,488.– Rechtswb. II,175; Frühnhd.Wb. III,1931; Mhd.Wb. I,674 f.

[Steck]b. Steckbrief für eine Fahndung: *Steckbriaf* Passau; *geh i umi auf Kraiburg, san d' Steckbriaf scho da* MB KIEM obb.Volksl. 391.

WBÖ III,948; Schwäb.Wb. V,1679.– DWB X,2,1,1286-1288.

†**[Stier]b.** Verordnung zur Haltung von Zuchtstieren: *Abschrift von bey Gemein zu Pyrbaum [NM] ertheilt- und wider erneuertm Stier-Brieff* 1648 HARTINGER Ordnungen III,455.

†**[Stift]b.** Stiftungsurkunde: *Stifftbrief umb 16 lb* 1397 Stadtr.Mchn (DIRR) 592,15; *Ein Pagetlein darin die Stifftbrieff von weilent herrn Dietrichen Bischoven zu Regenspurg* Mchn 1581 MJbBK 16 (1965) 122 (Inv.).

SCHMELLER II,740.– WBÖ III,948; Schwäb.Wb. V,1764; Schw.Id.V,487.– DWB X,2,2,2875; Frühnhd.Wb. XI,462 f.; LEXER HWb. II,1191.

[*Frei-stift(s)*]*brief*

Mehrfachkomp.: †[**Frei-stift(s)**]**b.** schriftlicher befristeter Pachtvertrag: *Was ... die ... besiczer der gueter ... an traidt und pfenniggülten jerlichen ... ertragen, vernemmen E. Frl. Drl. ... aus der besiczer habenden freystifft briefen* Mchn 1603 SbMchn 1910, 5. Abh. 14 (Inv.).
Rechtswb. III, 826.

†[**Ge-währ**]**b.** Urkunde über Besitzschutz: *mit einem gewer prief von dem herren, dar auf er bereden mug, das der herr des guots sein gwer sei* Frsg. Rechtsb. 212; *in disem Jar erkhaufften wür zwaÿ Gieter ... laut seiner gewer brief* 1615 HAIDENBUCHER Geschichtb. 34.
Schwäb. Wb. III, 604; Schw. Id. V, 495.– DWB IV, 1, 3, 4808.

†[**Ge-walt(s)**]**b.** schriftliche Vollmacht: *Darnach kam Wigeles ... zu herzog Ernst ... mit ainem gewaltbrief von dem purggrafen* Mchn 1402 Chron. dt. St. XV, 498, 31 f.; *So aber der Gewaltsbrieff etwas zweiffelhafftig were* Landr. 1616 156.
Schwäb. Wb. III, 599; Schw. Id. V, 494 f.– DWB IV, 1, 3, 5095-5097; Frühnhd. Wb. VI, 1827 f.; LEXER HWb. I, 973.

†[**Wechsel**]**b. 1** Urkunde über einen Tausch: *zween wexelbrief aufgericht, und jedem tail einer zugestelt worden* FRIED-HAUSHOFER Dießen 54.– **2** Wechselbrief: *Caspar Danner beclagt Bastian Weissen vmb das er Jme von den Kolblerischen ain wexlbrief p. 100 gld. ... vberantwort* 1565 Stadtarch. Rosenhm Abt. B/C Nr. 137, 23.
WBÖ III, 948; Schwäb. Wb. VI, 517 f.– DWB XIII, 2712 f.; LEXER HWb. III, 732.

[**Weide**]**b.** wie →[*Hut*]*b*.: *glei geh i und de Woadbriaf nimm i mit!* Altb. Heimatp. 59 (2007) Nr. 36, 25; „*Alle übrigen ... Blumbesuche* [Weiderechte] *... beruhen auf ... Eintrag in den Saalbüchern und sogenannten Waidbriefen*" HAZZI Sendschr. 33 f.; *die derentwegen aufgerichte waidt und trib brief* FRIED-HAUSHOFER Dießen 41.
Schwäb. Wb. VI, 572 f.; Schw. Id. V, 492.– DWB XIV, 1, 1, 540.

†[**Will(en)**]**b.** schriftliche Einwilligungserklärung: *ain wilbrieff vmb 1 lb. geltz aus Jŏrgen Newnkirchers ... hawsz* 1478 Urk. Heiliggeistsp. Mchn 532; *den sogenannten Willen-Brief selbst hierüber ausfertigen* Landr. 1756 506.
SCHMELLER II, 891; WESTENRIEDER Gloss. 676.– Schwäb. Wb. VI, 826; Schw. Id. V, 494.– DWB XIV, 2, 165 f.; LEXER HWb. III, 889.

†[**Wund**]**b.** Zettel mit Spruch od. Gebet gegen Wunden, Amulett: *So der geschrift pey im trüg und gelaubte an wundtprief* um 1500 BJV 1963, 14.

†[**Würz**]**b.**: „*Würzbrief*, (ä. Sp.) Pfefferdüte" SCHMELLER II, 1015.
SCHMELLER II, 1015.– DWB XIV, 2, 2334 f.

†[**Ver-zeih**]**b.** schriftliche Verzichtserklärung: *daz di ... Prennerinn iren geschǻfftherren* [Testamentsvollstrecker] *sol einen verzeichbrief geben umb alles das, daz ir geschafft* [vererbt] *ist* 1365 Rgbg. Urkb. II, 277.
SCHMELLER II, 1105.– WBÖ III, 948; Schwäb. Wb. VI, 1903; Schw. Id. V, 496 (Verzig-).– DWB XII, 1, 2512; LEXER HWb. III, 319.   E.F.

†**Brief**[2]
(Genus?), Neunauge: *Cirtis ein brief ... piscis* Rohr ROL 1419 Cgm 674, fol. 22[r] (Vokabular).
Etym.: Herkunft unklar.
SCHMELLER I, 351.– LEXER HWb. I, 352.   E.F.

briefen
Vb. **1** †schriftlich festhalten, verzeichnen: *Describeretur giprieuit* Tegernsee MB 11. Jh. StSG. I, 803, 31; *das mag man wol briefen* ARNPECK Chron. 677, 31.
2 verbriefen, OB, NB vereinz.: *de roasn scho zon Briafn* „das Brautpaar" Hundham MB; „*Vor der Hochzeit geht man auch noch zum Notar zon Briafa*" Bayerwald 24 (1926) 204; *briefen* „gerichtlich aufschreiben, Briefe aufrichten" SCHMELLER I, 351.

Etym.: Ahd. *briaven*, mhd. *brieven* swv., Abl. von →*Brief*[1]; WBÖ III, 949.

SCHMELLER I, 351.– WBÖ III, 949; Schwäb. Wb. I, 1416; Schw. Id. V, 499.– DWB II, 380; Frühnhd. Wb. IV, 1112; Mhd. Wb. I, 1005 f.; WMU 290; Ahd. Wb. I, 1380 f.

Komp.: [**ver**]**b. 1** wie →*b*. 2, OB, °NB, OP vereinz.: *bal amal vobriaft is, kanst nimma leich zruck* „vorm Ehevertrag" Innviertel; *wann laß ma denn d'Übergab vabriafen?* THOMA Werke III, 111 (Hochzeit); *wie dieselb versorgnuß verbrieft vnd begrieffen ist/ das ist mit vnserm gunst Vnd willen beschehen* Freyhaiten 1568 42; *verbrieft zinss* Passau 1536 WÜST Policey 323.– Auch als Eigentum überschreiben: °*a vobriafta Ocka* Steinhögl BGD.– **2** †refl., sich urkundlich verpflichten: „*Kein Bürger soll ohne Wissen und Willen der Geschworenen sich an anderen Orten verbriefen*" Hauzenbg WEG 1802 HAR-

TINGER Ordnungen III,63; *Darnach verpriefet und verpant sich herzog Fridrich zu herzog Johannsen* ARNPECK Chron. 666,20 f.

SCHMELLER I,351.– WBÖ III,949; Schw.Id. V,500f.– DWB XII,1,172f.; LEXER HWb. III,83; Ahd.Wb. I,1381.– KOLLER östl.Jura 73.

[**zu-ruck**]**b.**: *zruckbriafa* „ein verbrieftes Eheversprechen rückgängig machen" Erding. E.F.

Briefer → *Brevier*.

Briefer(er)
M. 1 †Schreiber, Kanzlist: *Notario prieuare* Tegernsee MB 10./11.Jh. StSG. I,477,21.
2 Brieftaube, °OB, °NB, °OP vielf., °MF vereinz.: °*han de Briafer scho då?* Garching AÖ; °*Brejfara* O'nrd CHA.– Auch männliche Brieftaube, °OB, °NB, °OP vereinz.: °*dös is an ächter Bröifer* Fronau ROD.

Etym.: Ahd. *briavâri*, mhd. *brievære* stm., Abl. von →*Brief*[1]; Etym.Wb.Ahd. II,334.

Schwäb.Wb. I,1416.– Rechtswb. II,502; Frühnhd.Wb. IV, 1113; Mhd.Wb. I,1005; WMU 290; Ahd.Wb. I,1380.– W-42/28. E.F.

†**Brieferei**
F. 1 Urkunde: *Eine Brieferey aufrichten* „eine Verschreibung machen" SCHMELLER I,351; *die ienige briefferey, welche selbe bey gericht alhier ... aufgericht werden* Biburg KEH 1712 HELM Obrigkeit 250.
2 Protokollführung: *Man ... nihmet die Verhör, Brieferey, Zeugenabhörungen ... alda vor* Geiselhöring MAL 1776 HARTINGER Ordnungen I,237.
3 Urkundengebühr: *das die ... Scharwerchgelt, Briefereyen ... vnmitlbahr ... eingetriben ... werden sollen* nach 1709 BREIT Verbrechen u. Strafe 96.

SCHMELLER I,351.– WBÖ III,949.– DWB II,380; Frühnhd. Wb. IV,1113. E.F.

Briefler
M.: °*a Briefler* Brieftaube Barbing R. E.F.

brieflich
Adj., schriftlich, urkundlich, ä.Spr.: *brieflich oder mundtlich aufsagen lassen* Landshut 1459 LORI Bergr. 53; *bey der Inventur befundene briefliche Urkundten* Instruction Rgbg 8.

Etym.: Ahd. *briaflîh*, mhd. *brievelîchen*, Abl. von →*Brief*[1]; Etym.Wb.Ahd. II,334.

WBÖ III,949; Schw.Id.V,501.– DWB II,381; Frühnhd.Wb. IV,1114f.; Mhd.Wb.I,1005; Ahd.Wb.I,1379. E.F.

†**Briefung**
F., Auflistung, Zusammenstellung: *prieuunga* Rgbg 12.Jh. StSG. I,434,3f.; *Teusch brieffung* Ebersbg 1529 Clm 6009,fol.170ʳ.

Etym.: Ahd. *brieuunga*, mhd. *brievunge*, Abl. von →*Brief*[1].

SCHMELLER I,351.– Rechtswb. II,506; Mhd.Wb. I,1006; Ahd.Wb.I,1383. E.F.

Brieketze
F., langsame Frau: °*a langsams Weibats is, a Briegetzn!* Neualbenrth TIR.

Etym.: Abl. von →*Brie(n)ke*. E.F.

Brieketzer
M.: °*a Briegatzer* „Mensch mit einem Sprachfehler" O'nrd CHA. E.F.

Briel, sumpfige Stelle, Tümpel, →*Brühl*.

Priem, Pf-
M., Priem, OB, NB, OP, MF vereinz.: *Pfriem* Pasing M; *Preimla* BERTHOLD Fürther Wb. 170.

Etym.: Aus nl. *pruim* 'Pflaume'; KLUGE-SEEBOLD 722.

WBÖ III,956 (Primelein); Schwäb.Wb. I,1419; Schw.Id. V,607f.; Suddt.Wb.II,624.– BERTHOLD Fürther Wb. 170.

Abl.: *priemen*. E.F.

priemen, pf-
Vb., priemen, OB, NB, MF vereinz.: *brema* Tabak kauen Hersbruck. E.F.

Brie(n)ke, -en
F., M. 1 weinerliches od. mürrisches Gesicht, °OB mehrf., °SCH vereinz.: °*mach do koa sechane Breankn hea!* Halfing RO; *Breagn* Wb.Krün 7.
2: °*Breanken* „großer, starker, dicker Mensch" Rechtmehring WS.

Etym.: Ahd. *brieggo* swm., mhd. *brieke* swf., wohl germ. Bildung idg. Herkunft; Etym.Wb.Ahd. II,336.

SCHMELLER I,346.– WBÖ III,950; Schwäb.Wb. I,1417; Schw.Id. V,531.– LEXER HWb. I,353; Ahd.Wb. I,1383.– Wb.Krün 7.– W-42/30.

Abl.: *Brieketze, Brieketzer, brienken, brie(n)ketzen, Brienzler*. E.F.

brienken
Vb., das Gesicht zum Weinen verziehen, °OB, °NB vereinz.: °*breankn* Griesbach.

brienken

SCHMELLER I,346, 352.– WBÖ III,950; Schwäb.Wb. I,1417; Schw.Id. V,531 f., 738; Suddt.Wb. II,624.– DWB II,382.– W-42/30.   E.F.

brie(n)ketzen
Vb. **1** das Gesicht zum Weinen verziehen, °OB, °NB, °OP vereinz.: °*möchst nöt brenkatzn!* „wenn Kinder zum Weinen ansetzen" Gangkfn EG.
2 langsam reden, °OB, °NB vereinz.: °*briegetzn* Landshut.
3 langsam sein, trödeln, °OB, °OP vereinz.: °*brigetzen* (Ef.) Scharmassing R; *briegezen* WEG SCHMELLER I,352.

SCHMELLER I,352.– WBÖ III,951; Schwäb.Wb. I,1417.– W-42/29.   E.F.

Prientsche
F.(?), Pfütze, °NB vereinz.: °*Breatschn* Wildenranna WEG.

Etym.: Abl. von österr. *prie(n)tschen* 'weinen, plätschern'; WBÖ III,952.

WBÖ III,952; Schwäb.Wb. I,1418; Suddt.Wb. II,624.   E.F.

Brienzler
M. **1**: °*Bretzler* „einer, der umständlich spricht" Ihrlerstein KEH.
2 langweiliger Mensch, °OB vereinz.: °*bist halt a Breanzler* Kreuth MB.
3 langsamer, umständlicher Mensch, °OB mehrf., °NB, °OP, °SCH vereinz.: °*wie der langsame Breazla, so brieagatzt er so dahin* Thanning WOR; *prē̜atʃla* nach MAIER südmbair.Mda. 190.

W-42/20.   E.F.

Bries, -ü-
N., †F., Bries, °OB, NB vereinz.: *i ha âis Koparatta âiwai s Brisal kriagt* Mittich GRI; *Der Herr Pfarrer hat a Bries … gern mögn* Altb.Heimatp. 52 (2000) Nr.50,25; „Die und das … *Briǝs … Briǝsl·* …" Metzg. u. Küch.Spr" SCHMELLER I, 365; *Ein paar briß das pest umb 5 w., ein schlechz umb 4 w.* Rgbg 1539 Chron.dt.St. XV, 153,28.

Etym.: Herkunft unklar, möglicherweise Abl. von →*Brust*; KLUGE-SEEBOLD 151.

DELLING I,98; PRASCH 16; SCHMELLER I,365.– WBÖ III,1194; Schwäb.Wb. I,1478; Suddt.Wb. II,624 f.– DWB II,399 (Brößchen).– BERTHOLD Fürther Wb. 29; BRAUN Gr.Wb. 65; KILGERT Gloss.Ratisbonense 48; MAAS Nürnbg. Wb. 90.– S-77A48.   E.F.

Briest
M., Biestmilch, °NB, °OP vereinz.: °*den Briest abmelken* Frauenhfn MAL.

Etym.: Nebenf. zu →*Biest*¹; vgl. WBÖ III,951.

WBÖ III,951; Schw.Id.V,856.

Abl.: *Briester*.   E.F.

Briester
M. **1** Biestmilch, °OB, °NB, °OP, °MF, °SCH vereinz.: *Priester* Mchn; *briǝšdǝ* Tagmershm DON nach SBS XI,123.
2 Speise daraus, °OB, MF, °SCH vereinz.: °*aus da Briastmilli wird da Briasta bâcha* Schrobenhsn; „das Gericht aus der ersten Milch … *briǝšdǝ*" Bittenbrunn ND nach ebd. 126; *Der Briester* SCHMELLER I,367.

SCHMELLER I,367.– Schwäb.Wb. I,1417; Schw.Id. V,856.– DWB II,3.– W-42/33.

Komp.: [**Kuh**]**b.**, [**Kühe**]- **1** wie →*B.*1, °OB, °NB, °OP, °MF, °SCH vereinz.: °*Köibröister* „die erste Milch einer kalbenden Kuh" Kottingwörth BEI; *khęibreiʃtǝ* O'eichstätt EIH nach SBS XI,120; „Milch und Speise heißt … *Köybraystar* im Westen der Oberpfalz" SCHÖNWERTH Opf. I,340.– **2** wie →*B.*2, °OB, °OP, °MF vereinz.: ° „*da Küahbriesta* schmeckte sehr süß" Edelshsn SOB; *khęibreiʃtǝ* Biesenhard EIH nach SBS XI,126; *Küǝbriǝstǝ*' „Kuchen von der ersten Milch … einer Kuh" SCHMELLER I,367.

Schwäb.Wb. IV,805.– DWB V,2552.– W-42/33.   E.F.

Priester
M., Priester, katholischer Geistlicher: *da Priasta* Haag WS; *Der Priester* SCHMELLER I,472; *Priǝstǝ*' SCHWÄBL altbayer.Mda. 24; *daz man … sol … geben … alle tag vier phennig. dem briester der die messe spricht* Tegernsee MB 1297 MB XVIII,25; *dye vertribene und awsgestossene priestere vnd andre gaystlich personen* Rgbg 1434 MB XIV,291; *Nachdem wird uns der Priesta den geweichtn St. Johannes Wein zn trinka geben* DAH WESTENRIEDER Beytr. IV,412.

Etym.: Ahd., mhd. *priester* stm., aus lat. *presbyter*, gr. Herkunft; KLUGE-SEEBOLD 722 f.

SCHMELLER I,472.– WBÖ III,951 f.; Schwäb.Wb. I,1417 f.; Schw.Id. V,856.– DWB VII,2115-2117; Frühnhd.Wb. IV, 1117-1120; LEXER HWb. II,294; WMU 1402 f.; Gl.Wb. 465.– S-89I1.

Abl.: *priestern*.

Komp.: [**Kühe**]**p. 1**: °*Küahpräaschter* „Kühbub" Fischbachau MB.– **2**: °*Küabriaschda* „Melker oder Schweizer" Rottach-Egern MB.
WBÖ III,952; Schw.Id.V,856.– DWB V,2581.

†[**Lai**]**p.** Laienpriester: *vnd wolln ... ainen erbergen* [ehrbaren] *priester ainen münich, oder laypriester ... presentieren* Weltenburg KEH 1407 WAGNER Kapfelbg u.Poikam 342; *veroront dz vom Consistorj khein laÿ Priester. die Clester nit Visitiert* 1641 HAIDENBUCHER Geschichtb. 140.
WBÖ III,952; Schwäb.Wb. VI,2418.– DWB VI,78; Frühnhd.Wb. IX,1,863; LEXER HWb. I,1869.

†[**Leut**]**p.** dass.: „*Leutpriester ... Leibpriester, ein Lay- oder Weltpriester; einst geradezu ein Pfarrer*" WESTENRIEDER Gloss. 327; *daz man do von ein lieht habn sol vor des Liȗpprietærs altær* Augsburg 1298 Corp.Urk. IV,268,39 f.
SCHMELLER I,1538; WESTENRIEDER Gloss. 327.– Schwäb. Wb. IV,1212 f.; Schw.Id. V,856 f.– DWB VI,850; Frühnhd. Wb. IX,1,1084 f.; LEXER HWb. I,1944 f.; WMU 1149 f.

†[**Ge-sell**]**p.** einem Pfarrer untergeordneter Geistlicher: *darumb herr pfarher ain geselbriester auf seinen aignen cost haben soll* 1397 Stadtr.Mchn (DIRR) 592,15 f.; „*Daß die Köchinn ordentlicher Weiße dem Pfarrer zugehöre, die Küchenmagd dem Gesellpriester, ist unter dem Volke ... eine allgemeine Sage*" L. v.WESTENRIEDER, Dringende Vorstellungen an Menschlichkeit u. Vernunft um Aufhebung des ehelosen Standes der katholischen Geistlichkeit, o.O. 1782, 289.
WBÖ III,952.– DWB IV,1,2,4049; Frühnhd.Wb.VI,1464 f.; LEXER HWb. III,Nachtr. 200. E.F.

priestern
Vb.: °„*der Schweizer wird die Kühe melken, d. h. briestern*" Thalham MB.
WBÖ III,952; Schw.Id.V,857.– DWB VII,2123. E.F.

Brietschel, Geschwätz, breiige Masse, → *Pretschel*.

Brigandin, Panzerhemd, → *Bragendin*.

Brikett
N., M., Kohlenbrikett, Gesamtgeb. vereinz.: „*Brigéd*, Mz. *Brigéda*" Mengkfn DGF; „*Briketts, das*" [4]ZEHETNER Bair.Dt. 80.
Etym.: Aus frz. *briquette* f., mnl. Herkunft; KLUGE-SEEBOLD 151.
WBÖ III,954.– BRAUN Gr.Wb. 65.– S-94E14. E.F.

Brille, Barille
F. **1** Brille, Augengläser, °Gesamtgeb. vielf.: °*heint honi mei Brejn vogessn!* Ebersbg; „*Båröln*, Mz. *Bårölnan*" Zandt KÖZ; *a Prüln zon Schtoischlong* „Schutzbrille aus Drahtgeflecht" Stadlern OVI; *Dou fei dei Brulln owa, bol s nix zon Sehng gi't!* JUDENMANN Opf.Wb. 31; *do setzt sie Brilln iah af* SCHUEGRAF Wäldler 16; *fürsten und herrn In Teutschlanden ... Nützen ytzt auch kein Prillen nicht* SACHS Werke IX,259,11-13; *mit Fensterscheiben grossen Prüllen auf der Nasen* BUCHER Charfreytagsprocession 59.– Ra.: *da braucht man keine B.* u.ä. das ist offensichtlich: °*dou brauchst a Brlln!* „ironisch, wenn etwas klar ersichtlich ist" Wdsassen TIR; *Da braucht mo do koa Brillen, daß ma dös siecht!* THOMA Werke II,299 (Lokalbahn).– *Du schaust ja üwa dei Gliasa, daß d'Brilln niat o'nützt!* „spottend zu einem Geizigen" Weiden.– *Er hat sich selbst die Brille auf die Nase gesetzt* [sich selbst betrogen] Baier.Sprw. II, Nachlese [226].– Scherzvers: *Leit, ach Leit, hat d'Stöckle gsagt, hat Brülln afgsetzt, hat glesen, hat d'Stum askiahrt, hat Krucka gnumma, hat gmoint as is da Besn* Weiden.– Gstanzl: *und a Bröilln gheat se aaf d'Nosn, und a Schtrouhsock ins Bett, wea döi zwoa vawechslt, dea krögt a grouß Gfrett* Tirschenrth.– Rätsel: *Wos is a silbana Reitar af an rotzing Gal? – D'Brill'n* Neuenhammer VOH SCHÖNWERTH Leseb. 283.

2 Klobrille: *Brijn* Fürstenfeldbruck; *wüija ... àaf da Brülln ghoggd houd, fangda zin Singa raa* LODES Huuza güi 44.

Etym.: Weiterentw. von → *Beryll*; KLUGE-SEEBOLD 152.

Ltg: *briln, bruin, brein* u.ä., *brila* (FFB, LL, SOG; A), *brüa* (LL; FDB), *bruln* (R), *-la* westl.OB, *bril* u.ä. (GAP; TIR; A, DON), *bariln* u.ä. NB, *barei* (VIB).

SCHMELLER I,354.– WBÖ III,954 f.; Schwäb.Wb. I,1418 f., VI,1693; Schw.Id. V,585 f.; Suddt.Wb. II,625.– DWB II,382 f.; Frühnhd.Wb. IV,1124.– BERTHOLD Fürther Wb. 29; BRAUN Gr.Wb. 67 f.; SINGER Arzbg.Wb. 44.– S-13C20, M-155/7.

Komp.: [**Augen**]**b. 1** wie → *B.* 1, OB mehrf., NB, OP, MF, SCH vereinz.: „*Namparäi*, Mz. *Namparäin*" Vilstal; *dröidane Augnbrüln* „Schutzbrille der Steinklopfer" Beratzhsn PAR; *Is eahm sei Augnbrilln abigfalln* KREIS Münchner 171; *Mi'wundert's nur, daß an Augenbrillen Die Herrischen so taugt?* STIELER Ged. 308.– Schnaderhüpfel: *mei Muata hot Augnbruin mit an hüizanan Gschtäng, awa wens drauf un dru ukimb, sicht sö sö do oiwei zweng O'audf* RO.– **2**: *a Aungbrün* „Augenringe" Beilngries.
WBÖ III,955.

[Autler]brille

[**Autler**]**b.**: *Autlabruin* Schutzbrille des Autlers Haimhsn DAH.

[**Dorf**]**b.** scherzh. in Ra.: *dou mou i Darfbrilln huln* „wenn man etwas nicht lesen kann" Etzenricht NEW, ähnlich FDB.

[**Draht**]**b.** Schutzbrille aus Drahtgeflecht, OB, OP, OF vereinz.: *da Schdoahaua brauchd a Dråudbrün* Beilngries.
WBÖ III,955.– ²DWB VI,1309.– S-13C20.

[**Augen-gläser**]**b.** wie →*B.*1, in Ra.: *der hat heint wieda seine blauen Augngläsabrilln aufgsetzt* „er hat von Schlägen ein blaues Auge" Dachau.

[**Stein-hauer**]**b.** wie →[*Draht*]*b.*, OB, NB, OF vereinz.: *Schtoahauabrejn* Zwiesel REG.

[**Ge-mein**]**b.** scherzh. in Ra. *die G. holen / aufsetzen / brauchen* wenn jmd schlecht sieht od. etwas nicht findet, OB, OP, SCH vereinz.: *do braucht ma d Gmoabruin* Haimhsn DAH; *wart awäng, ich hul da amal die Gmoibr(i)lln!* SINGER Arzbg.Wb. 77.
BERTHOLD Fürther Wb. 73; BRAUN Gr.Wb. 183.

[**Schnee**]**b.** Schneebrille, OB, NB, OP vereinz.: *a Schnejprüln* „mit rauchgrauen Gläsern" Stadlern OVI.
WBÖ III,955.

[**Stadt**]**b.** scherzh. in Ra. *die S. leihen / holen / aufsetzen* wenn jmd etwas nicht findet, OB, OP vereinz.: *dir muas ma scho d Stådtbrün aufsetzn!* Ingolstadt.
Schwäb.Wb. V,1655.

[**Stein**]**b.** wie →[*Draht*]*b.*, NB, OP vereinz.: *Stoabrejn* „Brille des Steinhauers" St.Englmar BOG.

[**Wagen**]**b.**: *Wagenbrilln, Deichslbrilln* „Doppelöse an der Deichsel für die Aufhaltriemen beim Zweiergespann" Erding.
WBÖ III,955.– DWB XIII,444.

†[**Zwick**]**b.** Kneifer: *d' Ohfrau ... mit seina Zwickbrilln auf da Nasn* SCHLICHT Bayer.Ld 472.
E.F.

prima
Adj., prima, großartig, °OB, °NB, °OP, MF vereinz.: °*do hone a prima Mächa* „angenehmes Arbeiten" Zeitlarn VOF; *Da Lebakas is prima* JUDENMANN Opf.Wb. 124.
Etym.: Aus it. *prima* 'erste'; KLUGE-SEEBOLD 723.
WBÖ III,956; Suddt.Wb. II,625.– Fremdwb. II,659.– BRAUN Gr.Wb. 472.– W-182/10.
E.F.

Primel
F., Echte Schlüsselblume (Primula veris), OB, °NB, OP, OF, MF vereinz.: °*vo de Brimal griag i Zidrofan* „Ausschlag" Neufraunhfn VIB; *Primala* Bernrd WM DWA I[,K.13].
Etym.: Aus mlat. *primula* (*veris*); KLUGE-SEEBOLD 723.
WBÖ III,956; Schwäb.Wb. VI,1693f.; Schw.Id. V,608; Suddt.Wb. II,626.– DWB VII,2128.

Komp.: †[**Schmeck**]**p.** duftende Primel: „der ältere Bauer steckt sich noch eine Wiesenblume auf den Hut, aber dann nur eine *schmeckende* (Maiglöckchen und *Schmeckprimel*)" ZVVkde 3 (1893) 447.
E.F.

Primiz, -inz
F., Primiz, °OB, NB, SCH vereinz.: *Briminz* Klinglbach BOG; *Sei goldene Priminz is gwest* EBERL Kräutl 132; „und sagt nicht *Priminz*, wie der ... Landbewohner, sondern *Primiz*, wie der Herr Pfarrer selbst" KUEN Bair. 12; *an dem nämlichen Tage seiner im J. 1745 ... gehaltenen Priminz* Münchener Intelligenzbl. 29 (1795) 301.– Ra.: *zu oaner Priminz soll mer si a Par Schuach ablafn* Wasserburg, ähnlich CHRISTL Aichacher Wb. 116f.
Etym.: Aus lat. *primitiae* 'den Göttern dargebrachte Erstlinge der Früchte'; KLUGE-SEEBOLD 723.
SCHMELLER I,469.– WBÖ III,957; Schwäb.Wb. I,1419f.; Schw.Id. V,608; Suddt.Wb. II,626.– DWB VII,2128.– BRAUN Gr.Wb. 472; CHRISTL Aichacher Wb. 116f.; GÖTTLER Dachauerisch 57.– S-89C23.

Abl.: *Primiziant*.
E.F.

Primiziant, -inz-
M., Primiziant, °OB, NB vereinz.: *an Briminziantn åbhojn* Reisbach DGF; *Priminziant* FEDERHOLZNER Wb.ndb.Mda. 169; *Im Chorrock geht er mit der Stoln Den Herrn Priminzianten holn* ZIPPERER Ged. 11; *der fünffte ... dem Herren Primitianten eine Freud- und Trost-Predig hielte* F.X. STÄNGL, Aehnliche Abb. Des ersten U. Höchsten Priesters Christi Jesu, Neuburg 1740, 2.– Ra.: *Der Segen eines Primizianten is mehra wert als zehn Roß* HAGER-HEYN Dorf 267.

SCHMELLER I,469.– WBÖ III,957; Schwäb.Wb. I,1419f.; Südbd.Wb. II,626. E.F.

brimmig
Adj., rot, gerötet, °OB vereinz.: °*bist du brimi* „rot, erhitzt im Gesicht" Ampfing MÜ.
Etym.: Wohl Spielform von →*brinnig*.

Komp.: [**rot**]**b. 1** dass., °OB, °NB, °OP vereinz.: °*a roadbrimöga Hund* „mit roten Haaren" Eining KEH.– **2** von Rotfäule befallen: °*rotbrümig* „Baumstamm" Innernzell GRA.
W-44/38. E.F.

Brims, -mes, Primus, Brimser, Brimmer(er)
M. **1** scherzh. (großer) Kopf, °OB, °NB, °OP, °MF, °SCH vereinz.: *dua dain Brimss af d'Saitn!* Ingolstadt; °*hät der an rotn Brimara auf!* „läuft vor Ärger rot an" Winklsaß MAL.
2: °*Brimas* „große Krautköpfe" Fronau ROD.
Etym.: Spielform von →*Bims*⁴.
W-42/35. E.F.

Brimse¹, †-ste
F. **1** Binse (Juncus), °OB mehrf., °NB vereinz.: *Brimsn* Haunzenbergersöll VIB; *Prims, Primbs, Primbsten* „zu Streu für das Vieh gemäht" Schliersee MB SCHMELLER I,469.
2 Schilf (Phragmites communis), °OB vereinz.: *Brimsn* Bayrischzell MB.
3 †: „in der Adelholzer Badbeschr. ... sind die *Primbßen* gepülverte Badsteine" TS SCHMELLER ebd.
Etym.: Nebenf. von →*Binse*.
SCHMELLER I,469.

Komp.: [**Moos**]**b.** wie →*B.*1: *Mosbrimsn* Seebinse Schliersee MB. E.F.

Brimse², Kruste, Angebranntes, →*Brünse*.

[**Wagen**]**brimse** → *-bremse*².

brimseln, brenzlig riechen, →*brünseln*.

Bringelein, -bring
N., Mitbringsel: *a Bringal* „vom Markt" Simbach PAN; „wenn er die ... Erinnerungsgabe seinem Eheweib als willkommenes *Bringerl* auf ... das Deckbett legen kann" PEINKOFER Werke I,245; „so oft sie kam, hatte sie für die Kinder *a Bringal*" SCHLICHT Altheimld 108.
WBÖ III,960.

Komp.: †[**An**]**b.** Vorbringung des Vorgefallenen: *Johann Stock ... Clagt mit den vor: und anbring* Poppenrth TIR 1759 Wir am Steinwald 7 (1999) 79.
Rechtswb. I,605.

[**Goten**]**b.** Geschenk des Taufpaten (→*Gote*): *Godnbring* „Eierwecken, Eier und Krapfen" Aicha PA.

[**Mit**]**b.** wie →*B.*: *Mitbringal* ebd.; *Schaut's, dös hon i als Mitbringerl von der Kirchen mit hoamg'numma* Welchenbg BOG ZVVkde 8 (1898) 401.
Schwäb.Wb. IV,1702.– BERTHOLD Fürther Wb. 142; MAAS Nürnbg.Wb. 178. E.F.

bringen
Vb. **1** an einen Ort, zu jmdm bringen.– **1a** in eig. Bed., °Gesamtgeb. vielf.: *da Onkl hod ins oiwei an Schdamitzl* [Tüte] *voi Guaddl brunga* G'holzhsn RO; *dea ko d Augndöckln kam ö d Heh bringa vo lauta Schwarn* Hengersbg DEG; *bring a Wåssa!* Stadlern OVI; *Amoi hamd sös a wieda browiad und hamd a n Schtoa weit a d Höh'brot* Regen BRONNER Bayer.Land 330; *Mei, hod dir's Christkindl vül brod!* LAUERER I glaub, i spinn 55; *Attulit pringit* Tegernsee MB 11.Jh. StSG. II,638,45; *beraubt der kron, di der engel pracht het* ARNPECK Chron. 522,38; *vnd hat mir ä holbs brocht khat, auß sein pier* Landshut um 1650 Jb. der Schmellergesellschaft 2012 38,10f.– In festen Fügungen: *unter die* →*Leute b.* herumerzählen, verkaufen.– *Aufs / zu* →*Papier b.– Ins* →[**Ge**]*rede b.–* Ra.: °*des bring i niat as mia* „kann ich nicht vergessen" Neustadt.– °*Dea bringt nix hindre und nix füre* „ist untüchtig" Wiesenfdn BOG.– Auch (Holz) rücken, OB, SCH vereinz.: *s Hoiz bringa O'audf* RO; *Holz bringen* „es aus dem Hochgebirge herabschaffen" SCHMELLER I,361.– Übertr.: (Glück, Segen, Unheil) bringen, OB, OP vereinz.: *des bringt dir koa Glik und koan Segn* Wasserburg; *diese haben uns das Unglück ins land bracht* Bilanz 1782 26.– *Drei Woch'n lang fast haout ma nix* [kein Wort] *aas ihm bracht* Kronau KEM Wir am Steinwald 4 (1996) 24.– **1b** überbringen, übermitteln, OB, NB, OP vereinz.: *bringst eppa*

bringen

an schen Gruas vam Våttan? Mittich GRI; *wir liessen auch das ... an hertzog Hainrich pringen* 1436 SbMchn 1885,353.– **1c** geleiten, OB vereinz.: *i muas an Buam zum Dokta bringa* Wasserburg; *Hab i di net auf an Hof bracht, der wo 's Anschaug'n wert is?* THOMA Werke III,124 (Hochzeit); *die pringent sia sar* [sogleich] *uf in himilo rihi* 9.Jh. SKD 66,13 (Muspilli); *Die frau Jahel ... bracht in über den Sisara* [PN] AVENTIN IV,176,2f. (Chron.).

2 gebären, °OB, NB, OP, SCH vereinz.: *d'Schduat haut an gunga Gal bracht* Hessenrth KEM; *Ein Kind bringen* SCHMELLER I,361; *an Ertl de sei' bringt jetzt dös dritt'* THOMA Werke VI,319 (Wittiber); *Im May bringet die Geiß gemeiniglich zwey Junge, ein Böcklein und ein Geißlein* SCHREGER Speiß-Meister 84.– In fester Fügung *auf die / zur → Welt b.* gebären, aushecken.– Ra.: *dem kenn öh ja so guad, wia wenn öh n söi brohd häd* SCHLICHT Altheimld 10.– *Då mou er Kinda bringa* „Spott über einen Pantoffelhelden" Stadlern OVI, ähnlich OB, NB vereinz.

3 eintragen, Ertrag abwerfen, °OB, NB, OP vereinz.: *dös Feid bringt ebbs* Mittich GRI; *a Gsetz, Dees uns an Nutz'n bringt* SCHUEGRAF Wäldler 9; *daz di alten pinn sůzzer hong pringen wan die iungen* KONRADvM BdN 322,22.– Auch †als Resultat ergeben: *Suma pringt 1194 guldein* 1386 Runtingerb. II,5.

4 zutrinken, sein Bier anbieten, v.a. in fester Fügung *es jmdm b.* u.ä. OB, NB, OP vereinz.: *brocht!* „Prost!" O'audf RO; *ea bringt eam's* „bietet einem Neueintretenden sein Glas an" Seestetten PA; *iatzt bring'i dir's noch amal auf dei' G'sundheit* MEIER Werke I,235 (Scheib'nhofbauer); *Bring dəs!* SCHMELLER I,361; *wan der Teutschen potschaft ... kam, so bracht er in's, trunk inen zue* AVENTIN IV,967,20f. (Chron.).

5 †(Rechte, Besitz) mitbringen, übereignen, in präp. Fügungen.– **5a** (Vermögen) mitbringen, zubringen: *Hât der vodern chint muoter ... varendes guot zuo irem vater pracht* Frsg.Rechtsb. 174-176.– **5b** erblich übereignen, in Besitz nehmen: *ir Burchreht div si von vnsern vodern/ her an vns habent braht* Schnaittenbach AM 1296 Corp.Urk. III,477,43-478,1; *ob er das kaufft/ ererbt/ oder in wechßels/ oder lehensweise an sich bracht* Landr.1616 155.

6 darlegen, vorbringen, OB vereinz.: *der bringts guad* kann alles gut erklären Hohenlinden EBE; *sweren ... daz si den shaden braht haben ... als er geshehen si* Landau 1296 Corp.Urk. III, 525,9f.; *daß sie seine Aygen sind, und nicht des Closters, das will Kalchhofner bringen mit ainem Wechselbrief* Raisting WM 1487 MB VII, 288.

7 †(in eine andere Sprache) übersetzen: *dises Alexanders leben auß latein ins teutsch hat lassen bringen* AVENTIN IV,337,20f. (Chron.).

8 veröffentlichen, darbieten.– **8a** (in Medien) veröffentlichen, °OB, °OP vereinz.: °*eds bringans wieda vui vo di Wahln in da Zeidung* O'schleißhm M; *dou homs nahle im Radio bracht* Bechtsrieth NEW A.-E. GLEISSNER, Genauer betrachtet, Pressath 2013, 94.– **8b** darbieten: *Da Pfarrerzenz' ... Wird heut a Standerl bracht* F. DRUCKSEIS, Hast d'mi'?, München 1907, 17.

9 vorwärtskommen, etwas erreichen, nur in Fügungen *es auf / zu etwas / vorwärts / weit / zu Geld b.* u.ä. °OB, °NB, °OP vereinz.: *wear niks aus si macht, bringts zu niks* Fürstenfeldbruck; °*da Max hats von nix auf an Haufa Geld bracht* Kohlstorf EG; *Deswegen hat er's aa zu was bracht* THOMA Werke V,217.

10 bewirken, zur Folge haben, OB, NB vereinz.: *Hendl essn bringd 's Bodigräb* Wackersbg TÖL; *daz wahsen bringet der stern chraft* KONRADvM BdN 132,5f.

11 in einen anderen Zustand versetzen, °Gesamtgeb. vielf.: °*dö Büacha in d'Reih bringa, dös war a Ackerei!* Rosenhm; *n Wåung in Lauf bringa* Mittich GRI; *dea bringt oin ins Schwitzn* Wdsassen TIR; *jetzt derfst d' ma dös it o'toa, daß d' an Vata in d' Hitz'n bringscht* THOMA Werke VI,374 (Wittiber); *enti niprinc unsih in chorunka* [Versuchung] Frsg 9.Jh. SKD 45,64f. (Freisinger Paternoster A); *Nachdem das heilig römische reich in abfal bracht ist worden durch anrichtung der römischen geistlikait* AVENTIN IV,16,13 (Chron.); *solche in einen gewöhnlichen Form bringen* Alfd HEB 1617 HARTINGER Ordnungen II,445.– In präp. Fügung *auf etwas b.* zu einer Erkenntnis bringen, NB vereinz.: *dea hat mö draufbracht* Simbach PAN; *Guat, dass S' mi draufbringa* Mchn.Stadtanz. 17 (1961) Nr.40,6.– In festen Fügungen: *zu → Schuß / zur → Strecke b.* erlegen.

12 in festen Fügungen *um / von etwas b.* verursachen, daß jmd etwas verliert, einbüßt, von etwas abläßt, NB mehrf., OB, OP, °OF vereinz.: *des bringt n um n Kobf* Mchn; *i bring enk vo da Arbat* „störe euch" Hengersbg DEG; *I will di net von dein Geld bringa!* CHRIST Werke 555 (Rumplhanni); *so man ... die armen witib und waisen umb das ir bringt* AVENTIN I,183,28-30 (Türkenkrieg).

Etym.: Ahd. *bringan*, mhd. *bringen* swv., germ. Wort wohl idg. Herkunft; KLUGE-SEEBOLD 152.

Ltg, Formen: *briŋa*, auch *-e-* OF, MF (dazu SOB).– Konj. *bringad* OB (dazu PA), *braŋad* (IN), *braχt* OB (dazu GRI, PA, PAN; NEW; FDB), *brād* (PA), *breχt* (LL, WS; PAR, R).– Part.Prät. *brōxd* u.ä., auch *-ǫu-* OP, OF, MF (dazu DON), ferner *brōd* NB (dazu BGD, DAH, LF, PAF; CHA, R, SAD; WUG), *-ǫa-* (NEW; BT), auch *bruŋa* OB, NB (dazu AM, CHA; EIH, GUN, HIP, WUG) nach den stv.

SCHMELLER I,361f., 1782; WESTENRIEDER Gloss. 60, 444.– WBÖ III,960-963; Schwäb.Wb. I,1420-1422; Schw.Id. V,690-708; Suddt.Wb. II,627-628.– DWB II,384-390; Frühnhd.Wb. IV,1129-1139; Mhd.Wb. I,1007-1012; WMU 290-292; Ahd.Wb. I,1384-1395.– BERTHOLD Fürther Wb. 29; BRAUN Gr.Wb. 65; Spr.Rupertiwinkel 15.– S-1I19a, 39E37, 49H2, 56C9, 60F27, 79F4, 17, 82A34, 92A2, 93N1, 107/32.

Abl.: *Bringelein, -bringer, -bringerin, -bringet(s)*.

Komp.: **[ab]b. 1** lösen, entfernen: *er bringt den Kopf it o* DINGLER bair.Herz 146; ratschlagen, *wie diser gedrang* [Bedrängung] *abpracht mög werden* Mchn 1514 LERCHENFELD Freibr. 133.– **2** (jmdn, etwas) loswerden, NB, OP, MF vereinz.: *'s Luada hama dönat scho obracht* Eining KEH; *o:bringa* KILGERT Gloss.Ratisbonense 29; *ab-Bringen* SCHÖNSLEDER Prompt. H6ᵛ.– **3** dazu bringen, von jmdm, etwas abzulassen, OB, NB, °OP vereinz.: °*wenn se der wos in sein Dickschedl setzt, bringan an köi zäah Gaal davo o Weiden; Ea hood si in â Weibâdds vâ:gaffd und nimmâ koosch:n o:bringâ* CHRISTL Aichacher Wb. 238.– **4** abschaffen, außer Gebrauch kommen lassen, °OB, NB vereinz.: °*jetz woins an Sewâsdianidåàg a no åbringa!* Ebersbg; *Weil s 'Traəd so thoir is, wəlln 'Bauə'n d· Samstə'-Nudln à'bringə~* SCHMELLER I,362; *āpriŋa* „abschaffen" nach SCHWEIZER Dießner Wb. 2; *denselbigen orden ... den zu unser zeit wider abpracht hat der hochwirdigist fürst* AVENTIN V,322,28-30 (Chron.); *Nain, Herr, an kein ainzigen abgebrachten Feyertag schon per se nicht* BUCHER Kinderlehre 29.– **5** †widerrufen: *vver ... gechlag vnd pot* [Vorladung] *ab praecht* Natternbg DEG 1377 MB XI,408.

SCHMELLER I,362; WESTENRIEDER Gloss. 60.– WBÖ III,963f.; Schw.Id. V,708f.; Suddt.Wb. I,19.– ²DWB I,84-87; Frühnhd.Wb. I,29f.; Mhd.Wb. I,10.– KILGERT Gloss. Ratisbonense 29.– S-49H2ª, 93N4.

[abhin]b. 1 hinunterschlucken.– **1a** imstande sein, etwas hinunterzuschlucken, °OB, NB vereinz.: °*i ho's owebrocht* Piding BGD; *koin Broggn häidi mäija oichibrachd, su houd mii dees allas gägglad* LODES Huuza güi 72.– **1b** versehentlich hinunterschlucken: °*ich ho a Boindl oibrächt, des stäckt ma in Hols* Windischeschenbach NEW; *amal hot a an Fischgra'n oibrocht* SCHWÄGERL Dalust 209.– **2** herunterwirtschaften: °*an Hof owibringa* Maxhütte BUL.

WBÖ III,975; Schw.Id. V,710; Suddt.Wb. I,73.– BRAUN Gr.Wb. 435.

[an]b. 1 anbringen, befestigen, OB, NB vereinz.: *do san Schtangl obrocht* Marschall MB; *in eine ... in der Kirche ... anzubringende Büchse* Sünching R 1792 HARTINGER Ordnungen II,924.– In fester Fügung: *mia hedns a oanö abringa möng* „einen Schlag auf den Kopf geben" Seestetten PA.– **2** †(den Hund) auf die Fährte setzen: *Nachdeme aber die Seufinder ... mit den Daxen angebracht werden* Landr.1616 782.– **3** loswerden.– **3a** (Geld) ausgeben, verbrauchen, °OB, NB, OP vereinz.: °*de ham eahna Gejd scho obrächt an Voiksfest* Siglfing ED; *Wirst s' schon anbringen, die paar Gräten* CHRIST Werke 404 (Mathias Bichler); *Brav tanzn und singer S Geld lustig anbringer* MAYER Raindinger Hs. 79.– **3b** verkaufen, einen Käufer finden, °OB, NB, OP vereinz.: *låu da Häsl a wengall zamrichtn, nacha bringst as glä aⁿ* Zandt KÖZ; *Hat's heier so lang dauert, bis' Eahnare Kerzln obracht ham?* Altb.Heimatp. 60 (2008) Nr.51/52,29.– Übertr.: *de hot nix abracht* „keinen Tänzer gefunden" Poppenrth TIR.– **3c** verheiraten: *dea mecht sei Nandl gean abringa* Sulzbach; *Das Madel ist gut anbracht* „gut verheirathet" DELLING I,17; *du muaßt ... schaugn, daß d' deine vorlauten Schwestern o'bringst* O.M. GRAF, Das bayr. Dekameron, München 1977, 18.– **3d** wie →[ab]b.2, OB, NB, °OP vereinz.: *i bring halt mein Huastn net an* Wasserburg; *Freindlich aa no sei zu dem Zeigl, daß ma 's überhaupt nimmer o'bringa!* Mchn.Stadtanz. 8 (1952) Nr.9,4.– **3e** wie →[abhin]b.2: *dö bringt den ganzn Hof no å* Hengersbg DEG.– **4** darlegen, zu verstehen geben.– **4a** wie →b.6, OB, NB, OP, MF vereinz.: *dea kann alles guat abringa* Hauzenstein R; *so hoamli muaßt d' as it o'bringa woll'n* THOMA Werke VI,449 (Wittiber); *er ... schikt wider zue sein schwägern, ließ in anbringen, er hiet ... gelobt ... ein kupferene pildnüs zu sezen* AVENTIN IV,333,32-34 (Chron.); *welche vor gegenwärtigem Schrannen Gericht etwas anzubringen haben* Kirchbg ROL 1776 HARTINGER Ordnungen I,232.– **4b** deutlich zu verstehen geben: *anbringa* Mchn; *obringâ* „einem Unangenehmes unter die Nase reiben" POELT-PEUKER Wb. Pöcking 35.– **5** †N., Gesuch: *im auf sein anpringen gepurlich antwurt geben* 1476 Urk.Juden Rgbg 93.– **6** †überlassen, (Recht od. Pflicht) übertragen: *sogetan lehen! also si bischolf Berchtolt hiet* *anbracht von bischolf Rudegeren* Passau 1252-1254 Corp.Urk. I,42,28-31; *anBringen* SCHÖNSLEDER Prompt. H6ᵛ.– **7** †begünstigen, fördern: *einen ... hoch anBringen* ebd.

DELLING I,17.– WBÖ III,964f.; Schwäb.Wb. I,179f.; Schw. Id. V,714f.; Suddt.Wb.I, 324.– ²DWB II,782-785; Frühnhd.Wb. I,1011-1013; Mhd.Wb. I,226f.; WMU 92; Ahd. Wb. I,1395f.– BRAUN Gr.Wb. 425; KOLLMER II,36; POELT-PEUKER Wb.Pöcking 35; SINGER Arzbg.Wb. 160.– S-49H2ᵃ, 56E2.

Mehrfachkomp.: **[dar-an]b.** narren, belügen, betrügen, °OP, MF vereinz.: *si niat draⁿbringa laoua* Hessenrth KEM; *Dös gföllt ma, daaß dich aa amal wer droabracht haout* SCHEMM Neie Deas-Gsch. 125.

Suddt.Wb. III,77.– Frühnhd.Wb. V,177.– BRAUN Gr.Wb. 103; SINGER Arzbg.Wb. 55.

[aus-ein-ander]b. 1 lösen, trennen, NB vereinz.: °*schau, daß'd dös Gwurl ausanandabringst!* „z.B. Wollfäden" Pfeffenhsn ROL.– In fester Fügung *die Zähne* (→*Zahn*) *nicht a.* mundfaul sein.– **2** entzweien, OB, NB, OP vereinz.: *a Hairat asanandabringa* Meßnerskreith BUL.– **3** ausplaudern, weitererzählen: *Wann d' no du was ausanand bringa ko'st* THOMA Werke VI,570 (Ruepp).– **4** aus der Fassung bringen, OB, NB, OP, MF vereinz.: *des bringk mi ganz ausanand* Peißenbg WM; *Iatz derf eahm schö' toa ... Sunst bring' i' 'n ausanand'!* DRUCKSEIS G'sund 35.– **5** zustandebringen, bewerkstelligen, OB, NB vereinz.: *der bringt was auseinander* U'zolling FS.

WBÖ III,966.– ²DWB III,1021.– S-7A1.

[durch-ein-ander]b. 1 in Unordnung bringen, °OB, °NB, OP vereinz.: *d Hår duranåna bringa* Schrobenhsn; *wenn a aran andan an recht an schee ausdipfed'n Plan duachanandabrocht hot* BAUER gut bayer. 176.– **2** verwechseln, vertauschen: °*deara iara Naama howi duachanånabråcht* Windischeschenbach NEW; *Gib fei obacht, dass ma's net durchanander bringan!* Altb. Heimatp. 61 (2009) Nr.16,25.– **3** wie →[aus-ein-ander]b.2, °NB vereinz.: *dös is a Hötza, allö Leit bringt a durchanand!* Wimm PAN; *Ehleut derf ma net durchanandbringa* M. ZIERER-STEINMÜLLER, Bayr. Geschichten, Stuttgart 1944,13.– **4** wie →[aus-ein-ander]b.4, °OB, °NB, MF vereinz.: *ganz durchananda bringa* Irlahüll EIH.– **5** wie →[aus-ein-ander]b.5, °NB, °OP vereinz.: °*der bringt nix durchanander* „kommt im Beruf nicht vorwärts" Michelsneukchn ROD.

WBÖ III,966; Suddt.Wb. III,479.– ²DWB VI,1593.

[für-ein-ander]b. 1 zustandebringen, bewältigen.– **1a** wie →[aus-ein-ander]b.5, °OB, °NB vielf., °OP vereinz.: °*jetzt schaug amal, daß d was füranand bringst!* Starnbg; °*i hätt nia glaubt, daß des der Schreiner so schö füranda nd bringt* N'viehbach DGF; *firananda bringa* FEDERHOLZNER Wb.ndb.Mda. 73; *e~ Ding fürənandə' bringə~* „(handelnd) vorwärts bringen" SCHMELLER I,100.– **1b** bewältigen, meistern, °OB, °NB mehrf., °OP vereinz.: °*des hods nimma füranda brocht* „ist vor Kummer gestorben" Frasdf RO; °*da bin i neugiri, wira di Arbat firanandbringt* „wie er damit fertig wird" Passau.– **2** in die richtige Ordnung bringen, ordnen, °OB, °NB vereinz.: °*dös is ebbs, bis i dös wieda füranand bring!* Frauenau REG; *fürənandə' bringə~* „ordnen" SCHMELLER I,362.– **3** begreifen, verstehen, °OB, °OP vereinz.: °*der bringt nimmer alles füranander* „ist schon verkalkt" Döfering WÜM.– **4** wie →[durch-ein-ander]b.2, °OB, °NB vereinz.: °*dea håt was finånd brocht* Parsbg MB.– **5** wie →b.6, °OB, °NB, °OP, SCH vereinz.: *der kaaⁿs guat firananda bringa* gut erklären Dasing FDB; *e~ Ding fürənandə' bringə~* „eine (verworrene, schwierige) Sache (redend) vorbringen" SCHMELLER I,100.

SCHMELLER I,362.– WBÖ III,966.– W-76/60.

[unter-ein-ander]b. wie →[aus-ein-ander]b.2: *dea bringt alle Leit unterananda* Haag WS.

WBÖ III,966.– DWB XI,3,1539.– BRAUN Gr.Wb. 721.

[auf]b. 1 imstande sein, zu öffnen, lösen, OB, NB, OP, SCH vereinz.: *dö bringt d'Augndeckln nöt af* Kötzting; *de kxnipf* [Knoten] *hama gar it aufprǫxt* SCHWEIZER Dießner Wb. 14.– **2** †zum Aufbruch bewegen: *Avitus, überredt künig Dietrich ... bracht'n auf* AVENTIN IV,1140,19f. (Chron.).– **3** beschaffen, aufwenden.– **3a** beschaffen, auftreiben, OB, NB vereinz.: *des Geld muaß i no aufbringa* Haag WS; *denen ihr Gschäft bsteht blos im Geld aufbringa* Bayer. Dorf-Ztg 1 (1834) 128; *Hojbert muaß's íh zohjn und 's ander ... werd't's scha ââfbringà* HALLER Frauenauer Sagen 46; *sollen Ire gnaden ... kein gellt aufbringen noch entlechnen* Mchn 1566 SCHMIDT Erziehung 25.– **3b** aufwenden, aufbieten, NB, OP vereinz.: *daou moußt a Schneid afbringa* Hemau PAR; *Egal wia vui Zeit ma füar den Kauf aufbringa wui* Altb.Heimatp. 64 (2012) Nr.51/52,10; *kaiser Caius ... pracht über die massen vil knecht und volk zu roß zu fueß auf* AVENTIN IV,756,10-14 (Chron.).–

Bei Fragen zur Produktsicherheit wenden Sie sich bitte an:
If you have any questions regarding product safety,
please contact:

Walter de Gruyter GmbH
Genthiner Straße 13
10785 Berlin
productsafety@degruyterbrill.com